全国教育科学"十三五"规划 2019 年度国家一般课题
"适应性学习空间支持下的学习范式研究"成果（课题编号：BCA190081）

适应性学习空间支持下的学习范式研究

沈书生 著

RESEARCH ON LEARNING
PARADIGMS SUPPORTED
BY ADAPTIVE LEARNING SPACES

科学出版社
北京

内 容 简 介

丰富的技术形态构成了富技术的时代背景，并促进了教育生态的持续变革，人们对教育的理解正在发生诸多突破性创新。由于大数据、人工智能、虚拟现实和增强现实等技术的加持，由富技术构建的学习空间将不再仅仅是一种单纯的物理性学习场所，它还可能基于学习个体的行为过程数据的记录与判断，持续创建学习的新场景或新情境，支持个体形成差异化的学习，推动学校教育从教学范式向学习范式转型。

通过与基础教育、职业教育和高等教育领域不同学科教师的长期交流和实践探索，并基于前期形成的关于信息化学习设计五大维度的系列思考，本书进一步就实践过程中如何理解学习范式的变革与具体实践的样式等进行深入剖析，并提供了应用方法的指导。

本书主要适合基础教育、职业教育和高等教育系统从事教学工作的教师，以及对教学和学习转型感兴趣的研究者阅读。

图书在版编目（CIP）数据

适应性学习空间支持下的学习范式研究/沈书生著. -- 北京：科学出版社，2024.11. -- ISBN 978-7-03-080324-5

Ⅰ. G420

中国国家版本馆 CIP 数据核字第 2024256GU3 号

责任编辑：朱丽娜　高丽丽／责任校对：王晓茜
责任印制：徐晓晨／封面设计：有道文化

科学出版社 出版

北京东黄城根北街 16 号
邮政编码：100717
http://www.sciencep.com

北京建宏印刷有限公司印刷
科学出版社发行　各地新华书店经销
*

2024 年 11 月第　一　版　　开本：720×1000　1/16
2024 年 11 月第一次印刷　　印张：19
字数：305 000

定价：108.00 元
（如有印装质量问题，我社负责调换）

前　　言

在教育实践过程中，教育工作者一直在关注个性化学习的问题。在不同的教育场合，研究者和实践者往往会将"尊重学习者的个性、设计有差异的教学或学习活动"等作为衡量教师素质的重要内容，也将其视作教育的追求。就个体的成长需求来说，提供符合个性的、同时又能够彰显个性的学习方式，对于学习者的成长至关重要。但是，如果我们回归到具体的教学实践中，却往往会发现真实的教学场景与我们追求的个性化学习之间还存在着较大的差距。

个性化学习固然重要，但是如果我们依旧坚守原有的一套教学范式，个性化学习必然会流于形式。个性化学习的实现，需要有符合师生开展个性化学习的条件，并有与之相匹配的教学理念与实践范式，同时能够提供可以满足学习者成长需求的多样化路径选择机会，促进高效学习的发生。满足学习者的个性化需要，一方面，需要弄明白如何在国家课程标准体系下，从促进个体核心素养形成的高度理解个性；另一方面，需要弄明白不同个体在成长过程中存在的差异，包括认知风格、学习背景、行为习惯等方面的差异，构建符合个体认知规律的学习路径。

教育范式的形成既与教育理念相关，也与教育的支持条件相关。21世纪以来，现代科学技术发展日新月异，不同的技术形态构成了富技术背景，技术的发展既涉及以内容表征为主要特征的媒体形式的变化，如多媒体、虚拟现实与增强现实等技术，也涉及以万物联结为主要特征的联通形式的变化，如互联网、物联网等技术，还涉及以循证与决策为特征的思维形式的变化，如元宇宙、大数据、人工智能等技术。富技术促进了学习空间的变革，借助现代学习空间的组件变化与算法革新，学习空间不仅可以为学习者提供丰富的学习支持材料，也可以让学习者与真实世界建立更加紧密的关联，还可以结合师生的行为过程判断学习个体的认知状态。

教育的意义在于促进学习个体的高质量发展，高质量的学习个体只有理解了自身之于社会的存在价值，才能够建立学习的主体责任，并产生高品质的学习结果。推动学习个体建立主体责任，离不开教师的主体责任。构建现代学习范式，就是要区分师生的责任，合理使用新型学习空间，建立符合教育规律的教师专业成长观与学生发展观。

要构建新范式，许多实践工作者习惯于追问的问题可能包括但不限于以下几个方面：一是能否概括性地描述新范式的实践样态？二是新范式指导下的教学与学习过程是什么样子的？三是与过去的教学实践相比，新范式体现出了哪些具体差别？等等。要描述清楚什么是新范式，自然绕不开这些问题。但对这些问题的描述本身也提醒我们，要想论述清楚什么是范式是十分困难的，因为实践领域中许多关于范式的问题，都源于教师对模式或样式的理解，并在大脑中形成了刻板印象。有的实践者干脆将范式与模式、样式等混为一谈，在提及与范式相关的问题或讨论时，许多提法都参照了模式或样式。

教学样式通常是指具体的实践做法，是教师可以直接参照并实践的实践行为方式，比如，如果要设计一种技术支持的结伴学习样式，就需要描述清楚适合学习何种内容，如何选择结伴对象，结伴过程中如何相互支持，如何合作与分享学习成果，如何相互评价等，甚至需要描述清楚每一个具体环节或步骤。教学模式通常是指运用特定的教学理念指导教学实践行为时的理论抽象与简化，譬如，如果要构建一种问题导向的协作式学习模式，可能涉及具体的协作主题、问题的结构与层次、协同解决问题的方法、学习结果的呈现等不同方面,而对于每一个方面,通常存在不同的具体实现样式。

范式则是从中观甚至宏观的视角论及教学或学习的实践问题,是在建立了关于学习本质的认识以后形成的关于教育实践行为的系统认识,并依赖于丰富的教学模式与具体的行为样式加以落实。首先,理解范式的关键问题在于,论述者是否建立了清晰的教学观念或教学信念,并在一定的范围内得到了认同;其次,在实践中是否已经建立了贯彻新的教学观念或信念的条件,基于新理念的所有设计或创新是否都可以转化为实践行动;最后,实践中可能同时存在多种不同范式的指导,甚至还可能会产生多范式指导下的实践认知与行为冲突,但冲突的结果最终将推动范式在更大范围的实践。

范式的形成或转型,取决于实践者对旧有范式中存在问题的认识程度。学习个体认识的发生,既与他们的生理发育因素有关,也与他们的生活经历有关。对于特定年龄阶段的学习个体来说,身体、生理与心理等因素的共同作用,会影响他们对外部场景的感知。身处同一外部世界之中,接受了相似的外部刺激,但个体形成的反应却常常不同,有的个体看到的是外部的花草树木,有的个体看到的是花草树木形成的生态圈,有的个体看到的是风土人情与文化变迁,有的个体看到的是方位与交通状况,有的个体看到的是经济发展与商业价值,有的个体看到的是自然资源与气候特征。

个体需要学习什么,依赖于社会对教育目的的认识,学习能否高质量发生,依赖于学习个体的主体性发挥。教育倡导要兼顾德育、智育、体育、美育和劳育,重视"五育"并举,检验教育的质量,同样需要从多维度评判个体的核心素养,从社会对人才的多样化需求的视角,判断个体能否适应社会的发展需求,能否持续推动社会的发展。如果个体将学习视作外部需要,尽管他们也可以在外部力量的作用下完成某些学习任务,并达成一定的学习目标,但如果个体没有建立内在学习动机,缺少主动关注外部世界的意愿,在面对复杂的外部刺激时感知到的就可能是表象,在面对变化的外部世界时就可能难以形成解决复杂问题的能力。

学校教育设计了高效的学习支持体系，富技术背景下的学习空间可以增进学习支持体系的有效性。借助学习空间的复合功能，可以建立适应性的学习支持系统，一方面，可以建立关于学习内容的内在逻辑体系；另一方面，可以形成关于学习者的认知行为的过程监督体系，为理解个体的认知机制与认知困难、优化学习过程设计奠定基础。

从学习者主体责任的视角理解学习，是构建现代学习范式的基本出发点。学习范式重构的核心在于关注每一个个体，努力实现让每一个个体都达到统一高水平的学习目标。实现统一的高水平，离不开外部条件的支持，但更需要唤醒个体的主体意识。当个体的主体性与外部的支持性达成一致时，个体在遇到不同的外部刺激材料以后，就能够采取合适的处置方式，逐步建构关于外部世界的准确与深度理解。符合学习科学的新范式，不仅应当可以促进个体获得较高的分数水平，也应当能够支持个体建立学习的主体责任，还应当有助于个体形成对待外部事物的敏锐性，提升个体主动学习与持续创新的意愿和能力。

包含了富技术的学习空间，具备了行为过程的记录与推断属性，使得空间具有了适应性特征。适应性的意义在于可以诊断学习个体的行为，支持个体形成符合自身状态的行为实践，推动个体在学习的实践中理解学习的价值，构建面向未来的学习力。

目 录

前言

第1章 面向主体差异的适应性学习 …………………………………………… 1
  1.1 如何理解个性化的现实存在 …………………………………………… 2
    1.1.1 学习差异的现实存在 ……………………………………………… 2
    1.1.2 学习差异的问题透析 ……………………………………………… 9
    1.1.3 从学习差异到个性化 …………………………………………… 13
  1.2 理解适应性学习的丰富内涵 ………………………………………… 19
    1.2.1 学习生态的复杂性 ……………………………………………… 19
    1.2.2 建立适应性学习生态 …………………………………………… 23

第2章 责任主体与适应性学习空间 ………………………………………… 55
  2.1 适应性学习的关键责任主体 ………………………………………… 55
    2.1.1 如何理解学习者的主体责任 …………………………………… 56
    2.1.2 适合学习者的主体责任形成 …………………………………… 67
  2.2 面向主体的适应性学习空间 ………………………………………… 79
    2.2.1 现代学习空间的适应性转型 …………………………………… 80
    2.2.2 主体视角下的学习空间重构 …………………………………… 97

第3章 适应性学习空间的内涵解析 ……………………………………… 109
3.1 适应性学习空间要义解析 ……………………………………… 110
3.1.1 让空间具有适应外部世界变化、优化自身功能的能力 ……… 111
3.1.2 让空间具有适应个体需求变化、提供个性支持的能力 ……… 113
3.1.3 让个体具有适应世界发展趋势、变革自身习惯的能力 ……… 114
3.2 空间与主体的双向适应性 ……………………………………… 117
3.2.1 如何理解学习主体的适应性 ………………………………… 117
3.2.2 如何理解学习空间的适应性 ………………………………… 122

第4章 基于新空间的学习范式转型 …………………………………… 129
4.1 学习范式的基本内涵与转型逻辑 ……………………………… 132
4.1.1 学习范式的基本内涵 ………………………………………… 132
4.1.2 学习范式的转型逻辑 ………………………………………… 145
4.2 适应性学习空间与学习范式转型 ……………………………… 154
4.2.1 为什么需要从学习空间出发思考学习范式转型 …………… 155
4.2.2 学习范式转型需要学习空间发生哪些具体改变？ ………… 161

第5章 学习空间中的场景融合设计 …………………………………… 167
5.1 从场景设计到场景融合设计 …………………………………… 168
5.1.1 技术的革新指向了现实世界的场景要求 …………………… 168
5.1.2 空间的存在可以创设支持学习的新场景 …………………… 172
5.1.3 学习空间的变革可以促进场景走向融合 …………………… 175
5.2 学习空间支持下的场景融合 …………………………………… 178
5.2.1 从场景融合的视角理解适应性学习空间建设 ……………… 179
5.2.2 场景融合可以增强空间对学习的适应性支持 ……………… 188

第6章 体现个性化的学习结果关联 …………………………………… 197
6.1 学习结果的呈现及其实践价值 ………………………………… 199
6.1.1 学习结果的内涵及其结构 …………………………………… 200
6.1.2 学习结果的表达及其关系 …………………………………… 207
6.1.3 学习结果的应用及其价值 …………………………………… 214

6.2 学习结果中的同一性与个性化 ··································· 219
6.2.1 同一性指向了个体的共同成长属性 ··················· 220
6.2.2 个性化体现了个体的成长特质差异 ··················· 223
6.3 体现个性的学习结果内外逻辑 ··································· 229
6.3.1 学习结果的内在逻辑 ······································ 230
6.3.2 学习结果的外在逻辑 ······································ 234

第 7 章 学习空间中的师生行为变化 ······································· 239
7.1 适应性理念引发的师生行为变化 ································ 240
7.1.1 AIGC 催生的学习范式变革逻辑 ······················ 240
7.1.2 学习事件中的责任分工与协同 ·························· 243
7.2 适应性空间对师生行为的支持 ···································· 246
7.2.1 适应性空间中的学习支持策略 ·························· 246
7.2.2 适应性空间中的师生行为样式 ·························· 249

第 8 章 体现新范式的学习过程设计 ······································· 257
8.1 适应性视域下的学习样式理解 ···································· 259
8.1.1 过程是范式的具体实践样式 ······························ 260
8.1.2 学习样式是范式的维度重组 ······························ 262
8.2 体现新范式的学习过程与实现 ···································· 273
8.2.1 知识单元是促进认知发生的基本单位 ··············· 274
8.2.2 设计提升认知层次的单元化学习过程 ··············· 282

第 1 章
面向主体差异的适应性学习

  适应性学习是一个内涵十分丰富的学术术语，在当前的教育实践中，许多研究者会从不同的角度来理解适应性学习的概念。在具体的研究中，有的学者将其指向了学习的条件，重点关心如何设计并开发适应性学习系统或平台；有的学者将其指向了学习的过程，重点关心如何设计适应性学习活动，为不同的学习者提供相应的学习策略支持；还有的学者将其指向了学习的结果，重点关心如何设计适应性的学习内容，为不同的学习者提供更加符合其需要的学习内容；等等。

  在教与学的行为中，教师和学生以两种不同的角色承担着各自的责任，但是教师的责任最终也会通过学生的学习行为体现出来。在师生经历的共同活动中，学生的责任在于学会学习并建立认知，教师的责任在于教会学生如何学习并提供适当的支持以促进学生建立认知。对于不同的学生而言，他们对学习支持的需求是存在差异的，如何为学生提供合适的学习支持？哪些支持需要依赖教师的直接参与？哪些支持可借助教师的智慧并将其转移到一些技术工具或平台上？对这些问题的回答，就是适应性学习研究中需要关注的重点。

1.1 如何理解个性化的现实存在

个性化学习是一种尊重学习者差异的学习行为，它需要充分关注每一个学习个体的不同，并能够结合学习目标的要求，为学习者提供既符合其认知基础，又能够调动其学习兴趣的学习方式。

实现个性化，需要同时满足几个条件：一是要能够区分不同学习者的知能基础；二是要能够把握学习者的学习风格或认知习惯；三是要能够及时跟踪学习过程中学习者的行为状态或变化；四是要能够结合不同学习者的具体学习情况建立有差异化的学习目标；五是要能够为每个学习者提供符合其个性的学习路径。

很显然，要在现有的面对面的课堂中依赖教师的面授满足上述条件，几乎是不可能的事。在通常的教学行为中，教师会结合自身的教学经验，并尽可能多地关注学习个体的基本情况，以设计出符合学习者认知需求的教学活动。对于学习者而言，这些教学活动是基本相同（相似）的。一般而言，相同（相似）的教学活动能达成同样的目标，但由于学习者自身的差异，自然会导致目标达成的不一致，进而导致学习者的分化。

1.1.1 学习差异的现实存在

对于学习者而言，在接受新知识和技能的过程中，他们具备的知识或技能基础是不同的，各自的学习风格往往也不尽相同，即存在学习差异。如果教师设计相同（相似）的教学活动，学习者的学习结果就会发生分化。对于学习者之间出现的差异，在过去的教学实践中，人们的习惯认知就是将这些差异看作个人的能力或水平差异，也有的会认为这是一些学习者在学习过程中投入的时间、精力不够造成的。

对于教育而言，尽管在义务教育阶段不主张过分渲染竞争，而是强调学生的综合素养的提升，但由于考试竞争压力等因素的存在，多数学校在实践中往往很难兼顾资源分配的平衡性，通行的做法是依据学生[①]在不同的测试中的不同"成就水平"[②]，对学生进行分类，并依此对学生做出不同的判断与提供不同的学习支持。教师会将学校内的主要资源（也是有限的资源）用于支持成就水平处于"高分数段"的学习者，而对于其他处于"低分数段"的学习者，则可能会任由其自由发展，这一类学生往往得到的关注较少。

1.1.1.1 自主发展：一个需要建立在共性基础上的个性概念

学界中有一种声音：应该给予学生自主发展的机会。然而，自主发展并不等同于随心所欲地发展，对于不同阶段的特定学习者而言，他们的心智水平存在差异。国家主张建立面向不同阶段或不同学习层次学生的相关标准，如课程标准或专业标准，就是要为不同阶段的学生提供一些基本的学习指引。义务教育阶段的标准，主要强调基础性与综合性，关注个体的基本素养与生活旨趣；普通高中阶段的标准，主要强调课程的学科性与专门化，培养个体的学习兴趣；职业教育阶段的标准，主要强调实用性与职业化，培养个体的职业素养；大学阶段的标准，则主要强调专业性与标准化，培养个体的专业素养。

对于不同的学生而言，与之相适应的自主发展需要有明晰的目标指引。教师需要提供适合学习个体需求的资源，且能够有一条清晰的目标达成引导线，只有这样才可能让学习个体找到适当的自主发展路径。如果学习者仅仅是在一个空旷的学习空间里以自己的方式规划人生成长目标，不排除可能会达成自己想要的结果，但

---

① 在语言表述中，根据语境的不同需要，有的时候会用学生、学习者、个体、学习个体等不同的词语来进行陈述。本书中使用"学生"一词时，一般是泛指学校内接受教育的全体人；使用"学习者"一词时，通常指向了某些特定的受教育群体；使用"个体"一词时，则主要用于描述作为一个普通公民的受教育者；学习个体则往往是指某一位特定的学习者。

② 成就水平是指不同个体在具体的行为过程中形成的学习结果与目标期待之间的相对值，是关于个体的行为结果可观测度的描述。判断个体的成就水平高低，往往与判断者有关，也与判断标准有关。如果将考试分数作为反映个体成就水平的标准，那么就可能会认为分数高的学生成就水平就高。

是要达到某些行业的特定标准（如学科领域的课程标准、具体的专业标准等），会十分困难。

自主发展不是不受约束的随意发展，而是在建立了基本的公共秩序或规则之后，学习个体的个性张扬。我国为义务教育阶段的学生设计的国家课程标准，就是为了确保所有的孩子都能够获得接受教育的同等机会，并能够形成面向未来社会应当具备的基本知识与技能，能够形成必备的人文素养与科学素养，能够成为具有国家发展要求的个人情怀的合格公民。尽管我们倡导允许每一个学生充分彰显个性，但前提是需要以国家标准为引领，培养学生的基础素养，否则一切所谓的自主发展都可能会成为无源之水。

1.1.1.2 学习差异：一个需要准确理解才能用对的多义概念

学习差异与学习者的学习背景、学习过程、学习方式、学习投入程度等有关，也与他人对学习者的认同程度有关。对于低年级的学习者而言，他们在学习过程中表现出来的不同认知行为，既可能符合人们的一般认知习惯，也可能与人们惯常的认知方式存在着较大的差异，此时他所在的学习团队对他的行为表现出来的不同态度，就可能会影响其成长。如果他的某些表现（可能是与众不同的，也可能是离题万里的）能够得到所在团队的尊重，并能够获得理解，就有可能增强他们的行为自信，并有可能引导他们朝更加有利于自身成长的方向转变。

学习差异既是学习的原因，也是学习的结果。正是由于学习者的差异，教师在进行学习设计的时候，才需要考虑到其特殊性，并给予其不一样的学习指导，否则就可能会有部分学习者表现出较大的学习困难。经过了特定的学习以后，学习者又会因为其个人的原有差异，对新知识产生不同理解，对新目标形成差异化的认知，进而形成新的差异化目标。

对于教师来说，面对学习者的差异，他们可能会有几种不同的态度。一是回避其差异，用自己的方式组织教学活动，这对于所有的学习者来说都是公平的。在此状态下，尽管学习者的学习结果存在差异，但可能与其原有差异有关，学习者的最终成就分数分布状态与其原始的分布状态是一致的。二是关注学生的差异，针对不同的学生设计略有差异的任务，力求让每一个学生都能够达成目标的基本要求，学生最终的成就分数分布状态都偏向了高水平。三是根据学生的差异，以课程的基本目标为基础，以班级中理解最困难的学生为参照，通过设计统一的教学活动，努力让每一个学习者都能够达到课程的目标要求，学习者的最终成就分数水平可能是表现在平均分的提升方面。

1.1.1.3 成长证据：一个常以学习成绩作为唯一依据的概念

无论教师选择什么样的态度对待有差异的学习者，有一个共同的结果，那就是以课程标准为参考，以能否让学习者达到课程标准的要求作为判断其能力的基本依据。当学习者能够获得较高分数的时候，我们就可以认为学习目标达成了。学校管理者、教师、学生、家长等群体甚至一些反对以高考论英雄的专家，几乎都高度认同这一观点。

【情形1】 你有证据吗？

对于基础教育的研究型教师、研究生等群体来说，他们汇报研究性发现的时候，可能会有一个共同的体会，那就是专家经常会提一个共同的问题，也是让大家觉得难以回答好的问题："对于你的研究结论，你有证据可以证明吗？"

当某一所学校在向其他学校呈现自己的改革成果的时候，为了能够让别人相信自己的做法是有效的，也习惯于提供证据。比较常见的证据形式就是学生的成就水平，包括分数排名的变化、学生参加比赛的获奖数据等，这些都是一些"硬证据"，足以说明方法的有效性。

对于情形1中的情况，如果我们抛开具体的教育现实不谈，仅从教育理念的角度来看，这个问题几乎也可以称为"标准问题"。无论你支持什么样的教育形态，持有什么样的教育态度（甚至是教育偏见），都可以用此问题来进行追问。

这一问题的核心在于"证据"两个字。做出一个判断，就需要证据，但是以什么为证据呢？一种简单的做法就是看学生是否真的发生了变化，而用于描述这一变化的主要指标往往还是看学生是否获得了"较高的分数"。绕了半天，不管持有什么样的教育观念，人们在论述其观念的价值性时，最终都会回到分数这一指标上来，以某种特定的理念可以帮助学生获得较高的"成就水平"作为判定的依据，而"分数"是最直观的成就水平，既可以用于判定学生的学习情况，也可以用于判定学生在群体中的位置。

对于教育而言，能否让学习者获得"较高的分数"是判断教育质量的关键因素。这一命题本身并没有问题，问题是用什么样的方式可以帮助学习者获得"较高的分数"，而且这种以分数来表示的"成就"能够维持多久？这种"成就"会引起学习者的哪些改变？满足了学习者差异的学习，最终依然会用分数来表示学生的"成就"变化，但证明学生"成就"的，不应该仅仅是分数本身，还包括"成就"的持续时间，以及"成就"对学生后续的学习或生活的影响程度。换言之，"分数"是反映学生学习成就的必要不充分条件。

在学校的教育中，现在的许多教学活动都指向了帮助学生获得高分，但是它遭到了许多质疑。学习过程中过分地关注考试的目标与形式，并以与之相匹配的方式帮助学生度过学习的时光，学生在学习过程中将公理、定义、原理或程序等记得滚瓜烂熟，但是对于如何将其应用到解决真实世界的问题中往往缺少清晰的认知，进而就出现了短时记忆、有限记忆等现象，即在运用所学内容解决问题的过程中，存在较大的偶然性，学习结果并不总是能够通过"稳定的高分数"来体现。

这里我们不妨做一个假设，假如在学校教育中可以从A、B、C三个方面来培养学生，促进学生实现三个方面的目标。其中，A直接指向了"成就分数"，包括大量的练习或测试等环节，并可以通过大量的时间投入帮助学生获得相对理想的"分数"，而B、C则间接指向了"成就分数"。按照整体的教育目标设计思路，在教育过程中，如果对A、B、C三个方面平衡用力，且B、C两个方面发挥得当，则只需要在A的方面投入1/3的时间，就能够获得同样的"分数"，并且能够帮助学生更好地巩固知识与技能基础，建立更加持久的学习兴趣，基础教育中的教师是不是就会选择改变他们的教学行为呢？

事实并没有这么简单。首先是上述假设中的B和C，这种探索在已有的教育研究与实践中已经有了许多可靠的证据，但是由于这些新的方式要求教师重新设计其教学行为，并对教师的教学提出了更高的要求，同时也会给教师带来一种操作性风险。这种风险就是长期以来人们大脑中已经固化的那套固有的认知，当大多数家长只看到学生的行为与分数之间存在直接的相关性，而无法理解其间接的相关性时，不排除家长自身就是阻碍教师变化的因素。其次是在于教师自身，当教师对自身的那套教法已经能够做到游刃有余地把控的时候，换一套让自己不得不去重新理解并熟悉的方式，多少会增加其内在抗拒感。毕竟，当教师运用公众习惯的方式组织教学的时候，即使学生会出现较大的差异，教师也可以将其看作学生自身的原因，如果出现了过程的变化，则一切风险可能都会转移到教师自身。

正是上述诸多原因导致教师的教学过程往往会表现出一如既往的特性，教师用统一的方式教，学生用统一的方式学，并通过大量的做题过程，将学生的能力定位在能够解决高难度的学科题目中。学生长期习惯于做题，有的学生已经将学习等同于做题，有的学生甚至在进入高校学习的早期，依然习惯于大量做题，缺少主动关注现实世界、主动分析真实问题、主动思考问题并运用所学知识解决真实世界问题的能力。

1.1.1.4 教育公平：一个需要依赖政策调控才能理解的概念

关于"公平"的争论，几乎可以认为从哲学产生的那一天就开始了。许多研究者围绕"人"这一自然界最为聪明的动物进行了许多讨论，但所有的讨论焦点都毫无例外地指向了一个问题，即"人生来是否平等"？我们从许多生活现实发现，人出生以后，其所在的家庭、所在的地区、所在的国家等就已经给他界定了一系列属性，这些属性将会影响他的生活。

教育公平是教育研究者最关注的话题，但许多研究往往滞后于时代的发展。学者往往习惯于从古典文献中寻找"公平"的真谛，或者从政策的话语中探讨社会对"公平"的理解，或者论述"公平"在社会中的应有之义。如果回到社会现实中来，我们会发现，对于家长来讲，他们关注的或许更多的是自己的孩子会拥有什么样的学校资源。

【情形2】 了却"学区房"没有学位的苦恼①

在城市中观察房价，我们会发现房价和学校资源之间存在着很高的相关性。一些家庭为了给孩子谋得一个好的入学机会，不惜将原来的150平方米以上的房子换成100平方米以下的房子，许多家庭甚至宁愿成为"负翁"。最令家长困惑的是，等到孩子快要报名入学的时候，所购"学区房"的学区范围已经调整，"学区房"并不等于"学位房"，父母因此陷入了新的苦恼之中。

对于情形2中的情况，既有父母的无奈，也有政策的无奈。家长都希望自己的孩子能够上一所好的学校，但社会能够提供的学校资源是有限的，竞争的一个必然结果就是房价虚高。如果只有高收入群体才能够进入好的学区，就会导致学生在入学的起点上出现不公平。

在家长的心里存在着一些基本认知，即孩子在不同的学习环境中会有不同的学习结果。同样的孩子，进了不同的学校，可能会有不同的结果，这是事实。然而，这一事实背后体现出的是人们对学习者差异的另一种理解，即教育条件是导致学生出现差异的原因。

什么是教育条件？除了家长在选择学校，学校也在选择学生，因为在家长看来，好的学校资源是决定教育质量的条件。在孩子入学前，他们会对学校的背景进行大排查，根据学校的师资状况、社会口碑等因素，对学校的优劣进行判断，不惜投入重金以谋求在理想的优质学校获得一个"学位"。然而，学校却将孩子的起始状态作为衡量教育质量的条件。在设计教学活动的过程中，教师关注学生的起始能力，这也是帮助学生达成学习目标的基础。但是，如果教师过度关注学生的起始能力，并根据起始能力的不同对学生进行等级划分，就可能会导致学生在学习过程中遭遇不合理的对待。目前，有一些幼儿园、小学在招生时，除了对学生的各方面的知识与技能进行多角度的测试外，还会关心学生的家庭情况。

对于绝大多数的孩子来说，他们的基本智力水平并没有天生的本质差异，入学之前的差异主要来自家庭对孩子的影响，包括身处不同生存环境的父母给予孩子的不同机会。孩子进入学校并接受正规教育以后，学生之间出现的差异更多的是源

---

① 2021年以来，为了推动教育公平，一些地区开始出台新政，购房家庭所在区域不再对应登记"入学划片"学校，尝试"多校划片"方式，一处房产可能同时存在多个学区，学位出现了弹性。

自其对学习过程的适应程度的差异。

优质学校之"优",在于其优质的资源供给,包括优质的师资、优质的学习空间、优质的学习机会、优质的学习选择权等。当有机会获得优质的资源以后,学习者经历的学习过程将有助于降低(甚至消除)他们在学习中出现的不适应性程度,并帮助他们找到更加符合其认知习惯的学习方式,促进学习者达成学习目标。

就国家层面而言,自然是希望能够为每一个学习者提供均等的、公平的教育机会,但是学校的实际分布格局及其发展现实,却使得这种均等与公平的内涵大打折扣。一是城镇化速度加快,人口分布结构出现了较大变化,基本经济状况较好的家庭流向城镇,不同区域的人口密度和学校规模都在发生变化,从而导致优质的教育资源渐渐地流向了城镇学校,城乡的教育差异依然存在;二是出现了有思想的研究型教师流向优质学校的现象,而缺少流动机会的教师则逐步趋于守旧和保守,由此导致学校之间的差异趋于扩大化;三是学校自身在对待教育的变革方面的态度存在着较大不同,部分学校依然坚守着单一的教育模式,运用工业社会的人才培养思路对待信息社会的学习者,对外部世界变化的敏感性不足,主观的发展意愿同样不足,从而拉大了学校之间的差异。

学习差异是一种必然的存在,学习中的许多要素,包括学习过程的设计,既可能会缩小某种差异,同时也可能会加大差异。然而,教学活动的价值并不在于消除学习的差异(有的时候还会加大差异),而是要帮助不同的学生尽可能地适应相关标准的要求,以缩小学习者与标准[①]之间的差异。

1.1.2 学习差异的问题透析

人们对学校的认知,往往源自学校的历史。事实上,当前的学校发展过程中经

---

① 这里所说的标准,并非特指某一门课程或某一个专业的标准,而是指为了适应未来社会的需要,个体应当具备的关键素养的总称。

常会出现一些"黑马"。一些本来并不起眼的学校，由于其所处的区域处于弱势地位，学校的生源结构相对复杂，这些学校常常不被教育主管部门或者家长看好，但是当这些学校的管理者形成了对高质量教育的追求以后，只要学校能够让教师产生内在的变革动力，学校的办学质量就会出现快速提升，有的时候学校的教学效果会远远超出教育同行的预期。

分析这些学校的发展历程，我们往往会发现其有一些共同特点：一是有一个能胜任的管理团队，且管理者具有面向未来的领导力；二是有一个愿意变革的教师团队，大家能够一起探索学习的变革路径；三是学校能够关注优质教学资源的建设，并能够促进教师共享建设成果；四是教师能够关注学生的成长过程，给予学生更多的表达机会，帮助学生建立学习自信，同时也便于学生之间相互了解，促进学生的共同进步；五是"不唯考试"论，尽管学校也会正常参与地区组织的考试等，但学校不会为了应付考试而中止正常教学进程，不会专门运用几周时间进行考前强化训练，而是将考试看作检测学习效果的一般程序。

真正意义上的"不唯考试"论，并不是说学生不需要通过考试等形式来检验自己的学习成果，而是说学生的学习并不总是以练习或测试的形式来贯穿学习的全程。无论如何组织教与学的活动，学生的学习结果依然会出现新的差异，但是如果我们仅仅将目标定位于应对某一次考试，不在乎目标与学生成长的关系，教师在教学过程中就可能会以一种简单的机械重复或练习来组织教学活动，学生对学习价值的认知也可能会出现偏差，本来可以借助问题的解决来建立的学习兴趣及对知识的相应理解，就可能会因为机械性的做题而止步，并导致学生产生学习挫败感。

同样，当教师的教学是为了达到应试的学习目标时，本来在解题方面有"天赋"的学生同样可能会出现"吃不饱"的情形。当这些学生在课堂中发现所有的学习内容都不能够满足自己的学习需要时，他们将会不得不面临低水平的重复练习的尴尬，这往往也会导致他们对学习的兴趣减退。

【小故事1】 甜酒变醋[①]

据说，瑞典化学家贝采里乌斯是一个不知疲倦的人，他会整天待在自己的实验室里做着各种化学实验。有一天，他的太太过生日，家里宴请了一批朋友，但贝采里乌斯依然陶醉在自己的实验中，直到太太将他直接拽到了餐桌前。他一看那么多客人都在等他，也顾不上洗手，接过一杯蜜桃酒一饮而尽。当他开始喝第二杯蜜桃酒时，突然皱起眉头对太太喊道："你怎么给我喝醋啊？"

太太一愣，自己重新倒了一杯酒来品尝，说道："没错啊，是蜜桃酒啊！"她接过贝采里乌斯的那杯酒尝了一口后大吃一惊："甜酒怎么变成醋啦？"这一怪事让大家都觉得很惊讶。

化学家的不同就在于他们的执着与探索精神，贝采里乌斯仔细观察了自己的酒杯，发现了秘密所在。原来，他在实验室研磨白金时，手上沾上了一些"铂黑"（金属铂的细粉末是黑色的，所以称铂黑），因为他没有洗手，这些粉末在不经意间掉进了杯子里。这一发现，让他兴奋得将那杯酸酒一饮而尽。

经过进一步的研究，他发现这些粉末加快了乙醇（酒精）和空气中的氧气发生化学反应，生成了醋酸。后来，化学家把这一作用叫作触媒作用或催化作用。在一些化学反应中，人们为了改变反应物的化学反应速率，同时又不改变化学平衡，就会寻找一些催化剂（或触媒）。催化剂加速了化学反应速度，但其自身的质量和化学性质在化学反应前后都没有发生改变。譬如，使用电脑播放的不同媒体作品，可以帮助我们更深刻地理解事物的发生、发展与变化规律；使用互联网，可以让我们跨越时空，接触更加广阔的外部世界。在学习过程中，现代技术发挥着催化剂的作用，尽管它们自身的性质没有发生改变，却推动了认知者与认知对象之间产生联系，促进了认识的发生。

【小故事2】 燃烧的金属[②]

19世纪初，意大利物理学家伏特发明了电池。许多化学家将电池应用于化学的分解实验。一次，英国化学家戴维在对熔融的苛性钾（氢氧化钾）进行电解时，

[①] 科学家揭示单原子催化剂性质的普适性规律，建立最大的单原子催化剂数据库[EB/OL].（2023-04-11）[2024-03-05]. http://tech.chinadaily.com.cn/a/202304/11/WS64350b5ca3102ada8b237bc4.html. 文字有修改.

[②] 根据相关资料整理而成.

发现在阴极上出现了具有金属光泽的小珠。他仔细观察后发现，有的小珠会立即燃烧并发生爆炸，伴随着光亮的火焰，有的小珠没有燃烧，小珠的表面慢慢变暗并出现了一层覆盖的白膜。戴维将这种小珠投入水中以后，小珠立即出现了火焰并在水面急速运动，还伴随着燃烧发出了声音。于是，1807年，戴维发现了金属钾，不久又发现了金属钠。这两种物质具有许多相似性，在储存的过程中，考虑到物质的密度不同，可以将它们储存在煤油中，有的时候也会用液状石蜡储存。

教育活动的对象是人，人和其他物质不同，因此在教育活动中很难有类似化学物质的催化剂，但同样存在类似的催化作用。催化作用的实质在于激活了本来相对沉寂的某些区域，让原先处于平静状态的某些元素变得活跃起来，并促进了机体的反应。

如果教师仅仅将自己看作学生学习的助力者，在教育活动实施前后，教师自身没有发生任何变化，教师可能就相当于一种普通的催化剂，而且这种催化的作用是相对稳定的。但对于成长型的群体而言，师生关系可能更加类似于水和钠的关系，本来各自都呈现出相对稳定的状态，在没有外在干预的情况下，都会保持相对的稳定性和平静性，但两者接触以后产生的巨大能量，是很难用"反应"一词简单概括的。

一种高质量的反应，一定是参与反应的各种要素综合作用的结果，很难说谁比谁发挥了更大的作用。如同在煤油里的钠，它就是安静的，而到了水里以后，钠与水都变得活跃了。教学中的机械重复，就可能会导致教学相关的各个要素变得独立，如同没有表现出活性的钠与水一样，在各自的生存环境保持着某种静默。

当教师发现学生的考试分数等于或低于平均水平的时候，很可能是因为学生还处于静默状态之中，还没有遇到可以让他产生"反应"的物质，缺少外部适当条件的支持，无论我们怎么去责怨，他们都可能会像"储存在煤油里的金属钠"一样，除了无可奈何，不会产生任何实质性的变化。学生在学习过程中表现出来的分数差异仅仅是一种现象，但这并不能够表明学习者之间存在着某种天生的差异，因为出现这种现象的原因还包括以下方面。

一是教师对学生进行了简单的归类，以自己为标准，适应自己的方法的学生，就被教师纳入了"好"学生的范畴，而不能够适应的，则有可能是教师放弃的对象。

二是学生在某些科目方面表现出了倾向性，并由此导致了偏科的现象，这使得他们在部分学科领域表现出了较强的自信，而在另一些学科领域却又常常会表现出极度的失落。

三是学习是新知识与人的原有知识体系的联结，学习方法的单调性导致学习的知识只是依赖于某些单一的训练方式建立的联结，而这种联结的材料不具有高黏度，容易导致知识的剥落。

在上述所有情形中，有一个共同的结果，那就是最终受到牵连的都是学习者。当学习者在某些学科领域表现出差异且难以达到教师的期望时，其实他们就已经被教师看作学习"困难者"，其中的部分学习者要么会被教师当作平时教育其他孩子的"靶子"，要么会被教师忽略。当学习者失去了对自己的判断，同时又不能得到外部的支持时，他们中的部分成员就有可能会成为教师眼中"不合格"的学习者。

1.1.3 从学习差异到个性化

因为学生存在差异，所以他们存在不同的需要。教学方式对每一个学习者而言并不总是最合适的，学习者往往会表现出差异，加之学习者在不同学科领域方面存在某种倾向性，所以他们在学习不同学科领域的内容时，往往会表现出学科间的差异性。学校教育的价值，就在于能够发现学习者的差异，并能够给予其最大程度的指导和帮助，为他们提供合适的方法，以使学习效果最大化。

在前文中，我们提到一种观念，即"不唯考试"论。对于"不唯考试"论，容易产生的一种误解，就是不关心学生的考试成绩，存在这种误解的家长和教师并不在少数。如果以这种"误解"作为正解，那么这一观念一抛出来可能就会遭到很多人的抵制。毕竟，在实践领域进行人才选拔时，人们最终都习惯依据分数进行筛选，如果在实践中试图倡导抛弃对高分的追求，就已经"冒犯"了许多公知秩序，我们自己都是无法接受的。

"不唯考试"，并不是反对考试，更不是说不要以分数高低来评判学习者，而是说不能够将考试与学习过程等同起来。就如同农业生产一样，农民对农作物的生长过程进行合适的打理后，就不会担心没有好的收成。在学习者的成长阶段，不应该总是通过知识与技能的讲解和做题等简单的形式，来检测其学习状况，而是应当设计多样化的学习活动，满足其不同需要，便于学习者选择符合个人需要的学习方式，在不同的体验过程中，引导学习者建立知识与技能的内在思维逻辑，提升学习者的整体能力。当学习者建立了稳定的认知结构和逻辑以后，不管他们经历什么样的考试行为，都有可能在考试中获得更加理想的分数，获得更高的成就。

给予学习者合适的学习方法，需要考虑许多要素。学习者的差异化存在，既有可能源自个体已有的知识基础与技能，也有可能源自他们所处的复杂生活场景，还有可能源自外部刺激物的呈现方式。要充分尊重学习者的差异并提供个性化的学习支持，需要同时满足一系列条件。

1.1.3.1　能够区分不同学习者的知能基础

对于同一个班级的学生而言，在入学前，有的在同样的学校，有的在不同的学校，即使是同一所学校，也可能接受的是不同教师的教学，因此学生的知能形成方式存在着较大的不同。尽管学习者的考试分数可能相近，但分数并不等同于知能基础。对于获得相同分数的学习者而言，他们的知识点构成、解题技巧、对问题的理解都可能不同。此外，学习者的某些误操作、粗心大意、短时记忆等，也有可能会影响他们的分数。只有区分学习者的分数构成的不同可能性，才能够对其已有的知能基础做出大致的判断。

合理地对学习者的知能基础并进行判断，是设计教学活动的前提。如果想完全依赖考试分数对学生进行准确判断，前提是考试试题经过了精心设计。事实上，设计试题也是一项十分专业化的技能，包括试题的形式、难度、权重等系列因素都需要得到重视。可以将测试活动看作学习活动的重要组成部分，却不能过分依赖于这类活动，学习过程中还需要设计更加丰富多样的活动形式。如果学习活动过于单一，尽管能满足部分学习者的需要，却容易忽略其他学习者，同时也容易让一部分学习者因为基础的不同而陷入困境中，时间久了，他们就有可能会真正地成为所谓的学习"困难生"。

1.1.3.2 能够把握学习者的学习风格差异

学习科学的许多研究都已经证明学习者存在着不同的学习风格。有的学习者倾向于阅读，有的学习者则可能希望聆听他人的讲解；有的学习者可能期望自己把控学习过程，有的学习者则可能希望由教师领着往前跑；有的学习者可能喜欢在独立的学习状态下完成学习过程，有的学习者则可能喜欢在团队协同的状态下完成学习过程；有的学习者可能喜欢通过练习题的方式来巩固所学知能，有的学习者则可能喜欢结合实践或具体项目来理解所学知能。当人们在一种与自身的预期不太一致的状态下参与学习活动的时候，学习的效能就会下降，当外部的环境能够激活其某方面的需求，并让其处于某种兴奋状态时，就有可能会提高学习效能。

学习者的学习风格会通过学习行为表现出来，对于行为本身，有的与学习者的个人习性有关，也有的是在学习过程中慢慢养成的。对于其中的部分有利于促进其成长的行为，需要帮助其维系，而对于可能阻碍其成长的行为，甚至是一些坏的习惯等，则需要引导其学会改变。这里需要慎重思考的是，如何判断某些行为对学习者可能是有危害的，这一点至关重要。如果我们将某种与教育者不一致的学习风格简单地判断为是坏的习惯，学习者就不得不以另一种可能不是特别适合自己的风格来参与学习活动，这样可能会加重学习者的学习负担。同理，如果过分尊重学习者的习惯，并将学习者某些错误的习惯理解成是学习风格，则有可能会助长学习者形成错误的习惯[1]。

---

[1] 在生活中，我们有的时候会遇到一类个体，他们在与别人交往的过程中，往往喜欢以强势的话语形式表达个人的见解，容不得别人有不同意见。当他们意识到自己的这些方式可能存在不妥的时候，往往会以自己的个性耿直等作为搪塞的理由。如果外部世界过分包容这种行为，往往会让这些个体更加觉得自己的这种个性是与生俱来的，是个人的独特风格。在笔者看来，这种状态其实并非个体的独特风格，而是一种简单的处事习惯，是个体在缺少了批判性思维等品质以后表现出来的一种简单的处事行为。对于具有这种简单的处事习惯的学习者，学校在教育过程中就有必要设计相应的学习活动，以改变这种习惯，帮助学习者建立体现包容性、能够学会移情、能够从他者的视角观察和思考问题的行为习惯。

1.1.3.3　能够及时跟踪学习者的行为状态

学习者的行为状态，是"前序"学习的结果，同时又是"后序"学习的原因。当学习者接受的新知能与原有知能能够建立匹配时，学习就更加容易发生，此时学习者的认知困难就会降低。降低学习者的认知困难，并非给学习者提供低难度的学习内容。在学习过程中，需要适度减少认知困难，就是要避免学习者在陷入学习困境时感到无能为力。任何认知过程都会充满困难，合适的学习活动在于不断让学习者遭遇一定的学习困境，同时又能够让学习者在遭遇困境的时候可以有所作为，帮助学习者建立持续的认知冲突，激发其解决冲突的内在愿望，使学习者的思维处于激活状态。当冲突产生以后，学习者能够借助自己的努力，逐步调和冲突，渐渐产生对新知能的持续追求，学习就会更加高效。

在知能形成的过程中，学习者的理解方式、对知能的理解程度、对不同知能需要的反应时间等往往各不相同。当学习者出现了某些认知困难以后，对于他们而言，最需要的就是能够获得相应的学习支架，帮助自己克服困难。对于学习中存在的困难，解决者固然是学习者本身，但是如果学习者不具备解决问题的内外部条件，就有可能会陷入困难之中，并导致困难越聚越多，最终陷入学习的困境而无法逃脱。

1.1.3.4　能够合理设计差异化的学习目标

关于差异化的学习目标，学界存在着几种不同的理解方式。有的研究者认为应当考虑到学习者的差异，给予学习者不同的目标要求；有的研究者认为应该在目标达成方式方面建立差异，以满足学习者形成同一目标的要求；还有的研究者认为应当给学习者提供差异化的方式，以追求同一目标，当这种努力失败后，就为学习者设计不同的学习目标。

这些不同的差异化目标观念，体现了学者对"因材施教"的不同理解。但是，在具体的实现过程中，往往难以同时并用，并由此导致了学习者的分化，最终结果往往就是因为同一化而加大差异化，因为差异化而导致差异。换言之，当教师在学习过程中忽略了学习者的差异化，对学习者实施同一化的过程与方法以后，自然会导致部分学习者因为难以适应这些过程与方法，在分数方面落后于其他学习者。然而，阶段性的考试，如中考与高考等，则以此差异作为标准对学习者进行了重新分类，让处于不同分数段的学习者获得了不同的后续学习机会，进而也形成了社会分工的差异性。

社会分工不是建立在人们的兴趣基础之上，而是建立在考试分数的基础之上，尽管这有其存在的合理性，但同样存在着诸多缺陷。首先是分数的形成与学生得到的学习支持存在着相关性，而这种支持往往具有不可选择性，部分学生的分数低就是因为缺少适合他们的支持；其次是部分学生在学习中得到了较低的分数，但他们却付出了与获得较高分数的学习者同样的学习代价，甚至还得承受更多的学习"暴力"（譬如，老师和家长的批评与责骂等），他们在学习过程中难以获得愉悦的学习体验；最后是初中以后的分流，有很多学生会进入中等职业学校学习，即使有的学生本来就喜欢与职业类学校的专业相关的内容，但他们在初中以前阶段学习的内容，却很少会考虑到这一类学生的职业学习要求，很难为他们未来的职业类专业学习奠定基础，他们甚至还得消耗更多的时间和付出更大的代价去承受低分数之痛。

从理论上来说，初中以前的学习是帮助学生建立面向未来的核心素养，但是初中的分流现实告诉我们，分流的依据就是分数，而且高分者进入了普通高中，低分者进入了职业学校，加之社会的收入分配也与学习者未来的职业状况存在着较高的相关性，这一系列问题的客观存在，都使得教育面临着极其复杂的挑战[①]。在上述问题未能得到有效解决以前，在目标的设计方面，对于基础教育阶段的学习者而言，确立有差异化的方式以帮助他们达成统一的目标，更加符合各方面的预期。

---

① 这里所说的挑战来自许多方面，譬如，如何理解高的分数与学习过程的关系，如何帮助家长理解做题并非获得高分的最佳方式，如何让家长懂得孩子适当地完成一些拓展性活动，可能更加有利于孩子理解学习内容，更加容易获得高的分数，等等。许多家长可能认为，只要孩子多做题或练习，就更加容易获得高的分数，而无法理解什么是"适度"，无法理解一旦超过某些学习的限度可能带给孩子的伤害，有的伤害甚至是不可逆的。

1.1.3.5 能够提供体现个性化的学习路径

学习者的个性比较复杂,并且会通过外化的学习行为而呈现出差异化,同样,学习者的不同行为表现也可能会因他人的判断不同。因此,如果将对学习者的判断完全交由人[①]来进行,就必然会融入大量人的因素,与生俱来的某些认知缺陷就有可能会导致他们在对他人进行判断时出现偏差,并可能由此拉大学习者的学习水平与目标水平之间的差异[②]。

如果能够有一种方法,既能够对学生的行为进行准确的判断,又能够体现教师对学生成长的助力作用,既能够发现学生存在的不足,又能够对造成这些不足的原因进行分析,能够发现学生获得相应分数的内在原因,甚至能够为不同学生提供更加匹配的学习策略建议,给予学生更加精准的学习指导,就有可能会促进学习效能的提升。

这里涉及学习路径的问题。学习路径是指学习者为了达成学习目标经历的学习过程中,在每一个特定的时间序列中完成的具体学习事件的关系图谱。简单地说,学习路径就是学习者的学习行为轨迹。不同的学习需求和学习风格等因素的共同作用,会导致学习者在学习路径方面存在许多不一样的要求。譬如,为了达成某一特定的学习目标,有的学习者希望能够阅读文字材料,有的学习者希望能够看到相关内容的概览图,有的学习者希望能够观看一定的学习视频,有的学习者希望能够在解决真实问题的过程中碰到相关问题时再学习,也有的学习者希望在对话与交流的过程中学习新知能。

学习者的不同需要,如果仅仅依赖于教师在课堂中满足,那么教师最合理的做法一定是综合每个人的需要,通过适度的取舍,采用自己认为最有价值的教学组织方式来完成教学指导。这种由教师主导的教学结构,以教学目标的达成和教学任务的完成为导向,学习者则依赖教师提供的活动安排方式进行具体的学习行为,就效能而言,可能是最佳的,但对于每一个具体的学习者而言,却不是最好的。

---

① 这里所说的"人",包括学校的教师、学生、家长等不同身份的人。
② 这类现象在生活中比较常见,譬如,有的家长对自己的孩子充满了无限期待,希望孩子在各个领域都能够成为天才,于是就不顾孩子的已有基础,给孩子设计了许多额外的学习活动或任务,导致每一项任务都难以精致达成。当家长的目标越来越高,而孩子的表现水平却没有太大起色的时候,这种差异就拉大了。

因此，当前的学校教育需要思考的是，能否找到更加合适的方式，在保留现有教学优势的前提下，尽可能地满足学习者的个性化需要，为学习者选择适合自身认知特征的学习过程提供条件。

1.2　理解适应性学习的丰富内涵

"适应性"本来是一个生物学上的术语，说的是生物体与环境的关系，如果生物体能够存在于某种环境之中，并能够在此获得健康成长，就可以看作存在适应性。当环境发生变化以后，生物体可能会有几种变化，有的生物体依然能够在新的环境中生存下来，有的可能会直接被淘汰，还有的生物体则可能会经过变异，以一种新的进化的物种形态而存在。当生物体与环境之间因为适应性而达成了一定稳定的平衡状态时，就建立了新的生态。

学习系统也是一个生态系统，各个要素之间存在着千丝万缕的联系。不同于其他生态圈，在由人构成的这种学习生态中，人作为最活跃、最积极的要素，其情感、智力及超越于其他物种的复杂思维能力等，都有可能使包含了人的生态具有更大的不确定性。学习生态中的每一个要素的略微变化，都有可能会导致其他要素发生相应的变化，并有可能彻底改变这一生态自身。

1.2.1　学习生态的复杂性

任何生态系统都不是坚不可摧的。当一个生态系统中的某些变量发生了改变，或者后来有新的变量入侵以后，就有可能会导致原有生态的彻底颠覆，并需要较长时间才能修复与重构。新技术的出现，同样可能会影响和改变教育的生态，一方面，可能会导致教育的环境发生变化；另一方面，教育的内容也可能会发生变化。同时，师生在交往过程中的行为方式等也会发生相应的变化。

新技术进入教育领域以后，教育者与受教育者都有可能与其建立适当的关系。由于手机与网络等媒体技术趋于普及化，人们使用技术的机会进一步增加。人们可以随时随地地阅读、交流、娱乐，也可以利用每一个时间空隙学习，技术支持下的新的生活空间，使人的各类行为无所不在。在此种情形下，如果学校教育还想试图以原始的生态观来建立教学秩序，必然会出现生态圈的恶变与生态体系的凋零。

【小故事3】 杂草也要生存[①]

在农业生产过程中，除去杂草就是一项基本任务。在农耕时代，人们主要依靠人工方式锄去杂草，但在现代社会中，人们却更多地会依赖除草剂。2010年，媒体报道了美国关于除草剂使用的一些新闻。美国孟山都公司于20世纪90年代末制造了"农达"除草剂（通用名字叫作甘草膦）以后，人们发现它简直就是一个化学奇迹，作为一种广谱除草剂，由于使用简便安全、分解快速、对环境的影响小，农民可以在农田里喷洒除草剂，杀死杂草而对庄稼无害，因而销量迅速上升。但是，由于农民过度使用除草剂，一方面科学家需要去研究能够抗"农达"的农作物，另一方面也导致抗"农达"的杂草迅速滋生。为了对付这些超级杂草，农民被迫喷洒毒性更强的除草剂，导致他们不得不同一种叫作长芒苋[②]的杂草做斗争。这种杂草在20世纪90年代末开始严重危害农田，每天可以长七八厘米，能长到两米多甚至更高。它们会把农作物全都盖在底下，更加严重的问题是，它们非常结实，收获的时候还会损坏收割工具。在一些农场，人们只能依靠手来拔除杂草，即不得不采用以前的劳动密集型耕种方式。

---

① 小故事3和小故事4主要结合除草、除虫的人工与药物实践现象、不同媒体报道素材等综合整理而成。

② 长芒苋原产于美国至墨西哥北部，是一年生草本植物，株高可达300厘米，2016年12月被中华人民共和国生态环境部列入第四批外来入侵物种名单。

第1章
面向主体差异的适应性学习

【小故事4】 小虫不想灭种

2010年9月，美国国家虫害管理协会（National Pest Management Association）发表报告称，由于人员流动增加等，臭虫已经在美国多个地区泛滥成灾，严重影响了人们的正常生活。臭虫过去主要在住宅作恶，现在却频繁出现在旅店、写字楼、餐馆、电影院、医院和学校等场所。更令人感到不安的是，臭虫已经具有了抗药性，市场销售的室内杀虫剂对它们基本已经失效。为了摆脱臭虫的困扰，一些人只能选择对人体有害的户外杀虫剂和夜间驱虫剂，对人的健康产生了严重影响。美国国家环境保护署（U.S Environmental Protection Agency）不得不发布通告，禁止人们在室内使用仅供户外使用的化学杀虫剂来灭杀臭虫。

上述两组例子中，分别提到了抗除草剂的杂草和抗杀虫剂的臭虫。杂草或臭虫最初或许都不是除草剂或杀虫剂的对手，但当它们中的一部分躲过了生命的浩劫以后，反而以一种更加顽强的方式生存下来，增强了自身的抗药性。如果继续依赖技术公司来开发新的产品，总会有新的产品能够战胜这些杂草和臭虫，但必然也会出现生命力更加旺盛的新的杂草和臭虫。如此简单的思维方式，带来的结果就是对农业生态的破坏。

新技术的出现，改变了人们的生活方式，可以使人们从繁重的体力劳动中解放出来。但是，新技术出现以后，伴随而生的一系列新问题又可能会使人与人的关系陷入新的尴尬境地。在对待新技术的时候，不仅仅需要适应它，更需要理性地去判断它，需要思考如何合理地利用技术，分析技术的优势与不足，理解技术可能给教育领域带来的新变化，同时也要确保这种变化不会因为新技术的出现而导致教育生态的灾难。

学习生态之所以复杂，主要在于学习生态比其他生态更加多变。尤其是随着技术的发展速度越来越快，一系列新技术正在以一种入侵的姿态不断冲击着教育，其中包含许多看似合理却又让实践者难以快速适应的观念。第一，技术往往会促进人类的进步；第二，进步的技术应该成为教育的技术，同时教育领域也应该关注技术的内容；第三，一些新技术出现以后，教育者就需要不断地适应这些技术，并运用技术为教育服务；第四，新技术不断出现，但新技术与原有技术之间并非总是存在着某些"自升级"的关系，甚至会出现技术之间的零关联性；第五，如果新技术与人们正在使用的技术没有关联性，新技术自然需要取代正在使用的技术；第六，当新技术的出现速度超越了人们对其的理解速度时，技术的用户往往会在技术面前表现出徘徊与犹豫不决；第七，当用户对某些技术持有不确定性的时候，他们就不会轻易布局技术的发展规划；第八，当某一个领域的人群对技术的思考水平低于社会平均思考水平的时候，就有可能会导致本领域因为保守性或低敏感度而处于行业的低端。

这些观念的交叉作用，导致在实践过程中有一类群体往往会以观望者的姿态出现，甚至会为原有的学习生态增加一层人造的屏障，以避免生态出现突变。在许多教育工作者的眼里，尽管原有的教育生态可能存在问题，但这种生态毕竟是可以控制的，也是人们熟知的，因而也是易于被大众接受的。故此，在实践过程中，试图维系旧的教育生态，并通过对外部变量进行阻击式控制，以满足生态系统的稳定性，已经成为许多教育保守者的通行做法。

与此同时，一些教育改革者则是在不断呼吁需要为新技术让路，尤其是教育领域需要开辟出专用的通道交给技术，包括将技术纳入教学体系、运用技术来组织教育活动等。有的改革者甚至会表现得更加激进，他们尽管还没有发现好的方法去变革教育本身，但对于教育实践中出现的抗技术性、技术破坏性、技术封锁性等却表现出了极大的不满。以激烈的言辞声讨教育中的保守主义，但又难以形成有效的问题解决路径，尽管言之凿凿，但难免空洞，这种缺失具体方法指导的说教往往会使说教者陷入激进主义的陷阱。

保守主义与激进主义具有共同的危害性，前者会让人"遁世"，后者则可能会让人"惧世"。"遁世"的自我封闭，试图让教育成为人类世界的一个与世隔绝的"原始生态"圈，对于处于真实世界的每一个学习者而言，当他们以一种完全不同于真实世界的方式学习时，会面临一种什么样的体验？"惧世"则是来自理想与现实之间的无限脱节，是对真实世界的简单逃避，既试图让自己生活在现实世界，又想让教育发生在虚拟的世界，无论对教师还是学生而言，都是一种矛盾的决断。

1.2.2 建立适应性学习生态

每一个学习个体都有自己的认知习性,有的演变成了某种风格,有的演变成了一些习惯。学习个体具有学习的能力,需要建立一定的学习自觉,更需要建立一定的学习理想,但是他们不一定能够建立适合自己的学习理想。如果将一切都交由学生自己去决断,对于部分学生,尤其是低年龄阶段的学生而言,很可能会凭着自己的主观兴趣做出选择,这种选择既有可能不符合学习标准,也可能会让他们的学习结构出现偏差,甚至可能会因为自身的判断不准确导致知能缺失,进而使自己成长的脚步变得迟缓。

学校教育的存在价值,在于能够引领学习个体朝着社会需求的方向发展,以满足学习个体日益增长的对人类美好生活的向往。学习是一个引领的过程,也是一个激活的过程,更是一个适应的过程。引领在于帮助学习个体确立自己的发展理想,懂得需要学习;激活在于帮助学习个体发现自己的潜能,使其愿意学习;适应则在于帮助学习个体从自身的实际状况出发,通过建立与自身相符的学习方式,实现个体的自我持续成长。

学习生态是学习赖以发生的各种关系的总和,既涉及学习的条件,也涉及学习的结果。适应性学习生态关注生态系统的自组织性,通过生态内部诸要素的和谐、稳定、健康的协同,在学习者与学习外部条件之间建立了相互支持关系,服务于学习者的需要设计外部条件,通过外部条件优化学习过程,促进学习者建立最佳的学习路径,实现生态系统的稳定与平衡。学习生态是整个社会大生态的一个组成部分,因此教育系统在设计学习生态时,需要围绕整个大的生态系统体系进行整体架构,需要明晰处在学习生态圈中的人都有自己特定的生活圈。教师在设计学习活动时,不仅要关注学生,还要关注学生的生活圈,以建立与之相贯通的学习生态圈,这样的学习系统才可能变得稳定。设计适应性学习生态,需要从人的成长过程中可能影响其发展的诸多要素出发,以"人"的视角看人,用"人"的方式培养人,以满足不同行业的多样化人才需要的长效思维,为每一个学习者创造适合的学习机会,同时也要能够为社会的整体发展储备合适的人才。

1.2.2.1 实现所有学习个体的全纳入

在人才的培养过程中，学校（尤其是基础教育）的任务不是选拔人才，而是帮助学习者构建学习力，以提高其终身学习与适应的能力。因此，学校有责任将每一个学习者纳入其培养体系中，并结合他们的学习特点，给予相应的学习指导。

在纯粹依赖于教师的教育时代，教育行为会表现出纯粹的工业模式，以统一的标准为参照评价每一个学习者，达到甚至超越的则为合格品，而其他的可能就会被当作处理品或次品。在工业化的模式中，判断效率的主要依据是成功次数与成功率，由于标准的单一性，这种判断也会相对简单。如果学校也以标准化的方式来判断学生，对于一对多的师生结构而言，一方面要求每一位教师关注每一个学习者，另一方面教师的时间和精力又比较有限，这就使得教师不得不对照标准有选择性地培养学习者，并努力让部分学习者早点过关，从而可能会导致学习者的成功次数（基于原有标准的）减少，成功率也会下降。显然，这种低效的教学是很难被接纳的。

无论是何种教学模式，都需要追求高的成功率，但人们对成功的理解却有着较大的差异。工业化模式中的成功，既依赖于对标准[①]的理解，也依赖于师生之间的默契，当两者之间能够达成一致的时候，成功的机会就会增加。对有经验的教师而言，他们之所以能够让自己的学生获得更多的成功机会，主要在于他们可以尽可能地关注更多的学习者，并能够设计出满足更多人需求的学习方式。与此相对的是，有的教师在实践过程中往往会通过学生的表现对他们进行甄别，对缺少默契者直接选择忽略。

学校教育中的师生结构关系往往是一对多的。不同学校的师生结构比例存在着较大的不同，当学生和教师的比例达到或超过某一个阈值时，教师就很难关注每一个学生。教育领域倡导教师要关注每一个学习者，其实质在于要帮助每一位学习者建立学习的责任感与自信，引导所有学习者建立学习的旨趣，积累学习的经验与方法，能够找到通往成功的路径，为建立适合学习者的学习行为方式创造条件。由

---

① 关于标准本身，也有许多不同的观察维度，有的是从结构层面设计标准，也有的是从综合的层面设计标准，还有的是从内容的层面设计标准。但无论怎么描述，标准都是已有的认知，都是基于当前的已有认知建立的，就此意义而言，标准一定是滞后于社会发展的。

此看来，如果想依赖工业化模式来改变教学效能，就需要改变师生的结构关系，包括师生比、师生的协同、师生的默契、师生的相互认同等方面，而这些方面的变革已经进入了一个瓶颈期，或者说已经达到了某种极限。

每一个个体都有接受教育的权利，而且都应当公平地接受教育。关注全体学习者，既要考虑到如何为学习者提供均等的学习机会，还需要考虑到一些特定学习者的具体情况，为他们均等地使用机会创造条件[①]。教育要纳入全体学习者，就需要关注每一个学习者的具体状况，而教师凭借自身的力量能够做到的，最多是关注每一个学习者的表象，往往难以深入其内部学习过程，很难对学习者做出与其实际状况相匹配的判断，难以给学习者提供与其真实需求相一致的行为指导。

适应性的学习生态是一种多组件[②]相互适应的生态，是由人和外部条件构建而成的综合生态，包含了丰富的科学技术元素与自然元素。依赖于技术的作用，可以实现对学习者的行为过程的记录。学习者的学习行为是复杂的，这也是学习者自身学习情况的真实反映，如果对此行为有更多的记录，不仅可以得到学习者的行为轨迹，还可以呈现出学习者的行为状态，借助技术支持下的学习者学习行为数据的分析，就可以对学习者的许多行为进行更加完整的描述。但是，技术自身并不具备判断学生能力的功能，真正能够理解学生的还是教师。当有经验的教师群体能够将他们的共同智慧集成到适应性的系统中以后，系统就可以依赖对每一个不同个体的行为的分析，给予其准确的判定与学习指导。

以数学学习为例，对于同样的学习内容，譬如，"勾股定理"，如果学生在理解勾股定理的相关内容时出现了困难，可能存在多方面的原因：有的学生可能是对直角三角形概念的理解不完整，有的学生可能是对平方和的理解不准确，还有的学生可能是对开平方的知识掌握不到位，也有少数学生可能是对简单的基础计算还不够熟悉。如果教师在对学生的起点进行判断时排除了这些因素，认为学生应该不存在上述某一种情形，那么出现这些真实困惑时，可能会影响学习者的后续学习，进

---

① 均等的机会只是解决了教育的可能性问题，譬如，给予每一个学习者同样的教材或光盘，似乎机会就均等了，但有的学习者能够理解教材或使用光盘，有的却无法理解或使用，这与他们的学习条件有关。

② 所有构成生态的要素，其基本单位都可以称为"组件"，通过组件的不同组合，可以创建出丰富的新的小系统，再由一些小系统相互作用，可以构建出更加复杂的系统。

而出现新的认知困难。借助适应性学习系统的支持，教师可以发现学生的问题所在，在后续的学习中就可以适当地给他们提供不同的任务引导，从而帮助学生实现相应的学习目标。

1.2.2.2　构建新型的混合学习空间

学习空间是学习发生的场所，学校教育就是将学习者集中到特定的区域，帮助学习者系统完成学习任务。根据学习任务的性质不同，学习活动被安排在了学校的不同场所，譬如，对于以知识为主的内容学习，通常安排在普通的教室里；对于技能类的课程，往往会有专门的实践场所。

信息技术进入教育领域以后，学习空间发生了越来越大的变化。学习者的学习可以通过线下与线上相结合的方式进行，关于线下学习的场景，大多数人已经比较熟知，对其空间建设也基本上有了一些共同的认知。2020年，由于全球出现了新冠疫情，世界各个国家都开展了在线教学实践活动，保证了教学的正常进行。但由于疫情来得比较突然，应对仓促，对在线教学的规律的整体把握不足。

线上学习应该如何与线下学习进行配合？对于兼顾了线上学习与线下学习的混合型学习空间，在具体建设中需要考虑哪些特殊要素，以及需要具备什么样的条件等方面，还存在较大的认知差异。从已经经历的大规模在线教学实践来看，支持在线的学习空间在具体功能、建设规范、应用方式等方面比线下空间有更高的要求。

建设新型学习空间，需要考虑的问题很多，首先是空间的构成问题，一个合理的学习空间到底需要什么样的要素，这些要素能够干什么，在学习过程中学习者如何支配学习空间，学习空间的使用与学习时间的分配存在什么样的关系，这些都是决定空间存在的基础性问题；其次是不同类型的独立空间之间的协同问题，在学习空间的变化与适应过程中，如何实现过程的衔接，如何设置空间之间的变化传输路径，都会影响空间作用的发挥；最后是空间使用的便捷性问题，如果空间的使用要求有更高的门槛，就可能会让师生在空间面前止步，并可能会影响不同领域的人对空间的态度，进而可能会直接制约空间的发展。

学习空间的建设，是教育新基建①的重要组成部分，是为了满足不同的学习需要，服务于学习者的成长需求。如果在空间的建设过程中仅仅关注空间的环境设施建设，却没有对学习的内涵进行探索，没有变革学习的过程与行为范式，那么学习空间就有可能仅仅是为了满足现有的教学需要，可能会流于形式，甚至可能会成为制约教育发展的新阻力。

不同企业设计的在线学习空间往往相对独立，开发的产品仅仅试图解决局部问题，不同企业之间缺少分工与协同，导致同类功能的产品重复出现，而一些涉及教学变革关键问题的技术功能却无人关注。对于许多产品，研究者往往围绕某些单一功能进行创新，对教育系统变革的关注有限。就企业的发展本身而言，强调产品的特色或许是合理的，但如果这些产品缺少统一的标准，难以整合进学校的综合学习空间体系之中，就容易出现企业的产品相互独立、各不兼容，进而形成各种孤立的"小空间"。

在当前的教育实践中，出现了许多错误做法。一些教育工作者将技术理解成助力教师布置作业的利器，企业为了迎合这些需要，将作业作为学习空间的核心技术或关键特色，学习者进入这些学习空间以后，体验更多的往往是大量的作业训练。一方面，家长期望自己的孩子能够不断沉浸于学习氛围之中；另一方面，部分技术产品提供了无限量的作业包，以满足家长让孩子处于毫无节制的学习状态中的需要。这两方面的叠加，使得一些学习者的学习负担不断加重。

技术可以记录学生在作业过程中的学习时间投入，记录他们做题的正误等"过程数据"，但对于学生为何会做错，对于同样的错题，不同学生可能存在什么不同的需要等，却关注得较少。就技术的使用而言，似乎是通过将技术带入课堂促进了学习形式的多样化，但就技术的使用价值而言，如果教师不能够合理使用这些"过程数据"并对教学做出适当调整，这种做法恰恰是体现出了技术的缺陷，没有能够发挥技术对教育的助力作用，相反，可能还会对教育形成反作用。

---

① 2021年7月，《教育部等六部门关于推进教育新型基础设施建设 构建高质量教育支撑体系的指导意见》印发，强调要聚焦信息网络、平台体系、数字资源、智慧校园、创新应用、可信安全等方面进行新型基础设施体系建设，提出要"建设物理空间和网络空间相融合的新校园，拓展教育新空间"。

适应性的学习空间，应该从助力的角度进行渗透，以弥补以往教育模式存在的诸多缺陷。借助混合型的学习空间，教师可以在知识获取、问题探讨、问题的主动发现与求解等方面对学习者进行有针对性的引导，以更加具有指向性的方式，帮助不同学习者解决在学习过程中遇到的困惑，帮助他们克服学习中可能面临的困难，并激发其求知的兴趣。

我们依然以数学中"勾股定理"的学习为例，在学习过程中，有些学习者可能需要阅读适当的材料以巩固对相关定理的认识，也有的学习者需要通过小组交流等方式来理解相关定理，这就要求学习空间能够有两种不同的方式供学习者选择。对于学习者来说，他们在认知过程中也存在不同，譬如，一些个体可能借助简单的图形就可以理解定理，而另一些个体则有可能在理解了定理的实践价值后才会建立关于定理的学习冲动。所以，对学习空间的设计，可能既要考虑如何满足知识表征与描述的需要，也要考虑如何满足实体演示的需要。

现在的教学特别重视创造性，数学教学也不例外。譬如，在进行"勾股定理"的教学时，如果教师能够借助相关定理，引导学生设计一些生活化的制品，同时借助 3D 打印技术等将其转化为具体的设计模型，这时学习空间就需要能够同时满足学生的制品创意、制品设计和打印等方面的需求，这又会对空间的布局及构成等提出新的要求。

1.2.2.3　建立全空间下的学习思维

如果学习偏离了教育的本质，一切都将失去意义。学习过程不仅是习得知识与技能的过程，还是升华知识与技能的过程，升华的效果将会表现在知识的价值实现方面。当学习者能够将其所学运用于解决生活中的问题时，只有他们能够不断思考所学知能与真实世界的关系，意识到了知能的价值，学习才有可能真正发生。

广义上的知识包括一切知识和技能，是人类社会对世界的认识的总和。学校教育就是要帮助学习者正确对待知识，能够从前人的已有发现中学会懂得如何适应外部世界并改造外部世界，减少生产或生活过程中的摸索。学习知识既可以帮助学习者形成一些基本能力，也可以帮助学习者更好地认识未知世界。在学校教育过程中，一些学习者发现所学知识不能够改变其行为，也许他们可以在考试中获得比较高的分数，但这些知识却很难持续保持，也有可能会在大脑中处于静默的状态。

在每一个学科的学习过程中，学习者形成的知识与能力体系都是相对独立的，不同学科来源于科学领域的分类要求，承担着不同领域的学科责任。具体学科的知能通常是来自同一自然或社会领域的不同方面，不同学科之间本身又是相互联系的。如果以一种孤立的视角去接触新的知能，学习者就可能会仅仅凭借其记忆能力建立学科知能体系，这种依赖记忆的知能往往是"弱结构"的。当学习者能够从真实世界中发现问题，并能够运用学科知识，甚至是综合运用多学科的知识来解决问题时，这时形成的认知结构既有可能是"知能-心智"双结构的，也有可能是"强结构"的。

学习的目的就在于帮助人们不断地适应社会。对于知识本身而言，当人们能够理解并运用它来解决实际问题时，就表明人们已经可以解决关于已知世界的问题。但是，生活世界是复杂多变的，知识本身也是复杂的。在解决问题的过程中，当遭遇认知冲突时，学习者就会去学习新知，而当新知依然难以解决问题时，他们就有可能不断建立新的认知，并探索新知，以满足日益增加的问题解决的需要。

从知识与知识的关系角度而言，我们可以将学校教育中的知识分为几种不同类型：第一类是基础性知识，这类知识是人们关于世界的一般性认识，是认识和理解其他事物的基础，包括一些公理或定理等；第二类是生活性知识，是人们运用基础性知识来解决真实世界的问题的知识，是一种面向生活世界的知识；第三类是创生性知识，是人们在解决问题过程中运用已有知识进行推演并建立的新知识。

知识的产生是与特定的问题情境相关的，但许多知识是可以脱离具体的情境而存在的。以数学学科为例，当人们进行物质生产和交换的时候，就会产生测量和计算的需要，于是就产生了数学领域的知识。譬如，为了测量的方便，古人发明了"斗"的概念。"斗"既是一个容器，也是一个度量单位，可以借助"斗"来测量粮食的体积。为了更好地测量体积更小或更大的物体，人们还提出了"升""石""斛"等概念，并规定了"一斗为十升""一石为十斗"等。这些规定性产生以后，对于普通的生产者和消费者而言，就可以运用这些基本的度量单位来进行正常的生产统计与交换了。

为什么一定需要这些度量单位？度量的意义仅仅是用来交换吗？其实即使不交换，对于生产者而言，度量也是十分重要的。当生产者对自己生产的粮食数量有了把握以后，就可以做到心中有数，并能够控制好基本的粮食消耗，维持正常的生产与生活。

最初，度量是用于测量外部事物的基本状态的，包括长度、重量、体积、温度、时间等。对自然界和人类社会的认识不断加深以后，人们开始更多地关注与度量相关的事物，并创造了更多的度量概念。譬如，人们可能会考虑如何测量人体的健康程度。影响人类健康的指标有很多，其中身体质量指数（也称体质指数、BMI, body mass index，BMI）是目前常用的衡量人体胖瘦程度及是否健康的一个标准，可以用人的"体重"除以"身高的平方"得出的值来判断人的健康程度。

许多领域都会涉及"度量"，简单的度量是可以直接借助工具测量出来的，如身高或体重等，而一些复杂的度量则需要依赖关系的建立来度量，如 BMI。在许多领域，人们对领域中相关事物的认识往往还停留在简单的度量方面，因为复杂的度量需要依赖对相关要素关系的描述，这就涉及算法的问题。通俗地说，算法就是不同变量或要素之间的关系，包括算术运算，如加、减、乘、除、乘方、开方等运算；逻辑运算，如或、与、非、异或等运算；关系运算，如大于、小于、等于、不等于等运算；数据传输运算，如输入、输出、赋值等运算。简单算法包含的是简单的关系，而算法与算法之间的关系则构成了复杂或高级的算法。

算法的概念出现以后，就可能会出现许多可能性，譬如，为了解决一个问题，可能会发现许多不同的关系，并建立许多不同的算法。在多种算法出现以后，就涉及算法的优选问题，于是自然就会产生一些判断算法质量的指标，譬如，易理解程度、准确程度、时间消耗、空间消耗、可靠程度等，进而促进了人们对算法的持续优化。

上述概念的演变，总是与人们的问题解决需求相联系。只有当人们发现原有的知识体系难以解决新问题时，才会试图建立新体系。新体系是对已有体系的有限继承、重组或重构。许多知识往往依附特定的情境而产生，又会脱离具体的情境而存在。当人们将脱离了情境而独立存在的知识运用于具体的情境中去解决新问题时，就会面临知识的选择、知识与情境的关联、知识的取舍、知识的运用等问题，此时就会形成对知识的继承、重组与重构等关系，而这一切都将依赖于人们的思维过程。

从知识到思维，再从思维回到知识，才有可能真正理解知识。如果脱离了真实世界，仅仅将学生置于单一的学习世界，那么其学习就可能会止步于较低的认知层次。将学生带进全空间，包括学校的面对面的学习空间、在线的学习空间、生活空间等，学生就有可能结合问题解决的具体需求，将外在的学习动力转化为自身的内在学习动力，从而建立全空间下的学习关联，实现多种能力的对接，形成完备的能力体系。

1.2.2.4 提供多样化的学习支架

对于教学与学习的关系，有诸多理解，但所有关系的核心都是"支持"，教学就是对学习的支持。儿童进入学龄阶段，就开始了"正式学习"的历程，但是直到进入大学以前，他们的许多学习行为往往都会受到家庭的影响，甚至由父母决定他们的主要学习历程，例如，成长早期是否参与课外辅导、选择什么样的学校、在日常的学习中投入多少精力等，都由父母决定。

在成长过程中，学生差异的形成，家庭的影响是主要原因之一。就教育的目的而言，家长与学校具有高度的一致性。具体的教育形式和过程却会存在较大不同。纵观教育的发展历程不难发现，中小学生花在学习上的时间正在呈现上升趋势，这既有学校的原因，也有家庭的原因。从孩子的健康考虑，政府正在试图通过出台政策或文件进行干预，以帮助中小学生获得更多自由支配的时间，但这些外部措施往往会引起不同利益相关者产生完全不同的认知。

如何建立"家庭-学校"教育之间的有效衔接，是一个十分复杂的问题，家长如何理解学校教育的完整性与渐进性，学校如何理解家长在教育过程中出现的"内卷性"现象，这些都将会转化为一系列社会问题。2020年在全球范围内出现的大规模新冠疫情，对整个教育生态产生了极大的影响。在教育生态的重构过程中，一些学生由于无法适应教育形态的变化,学习成绩出现了波动。一些家长发现自己的孩子取得的成绩与自己的预期产生了较大差异以后,他们的情绪波动波及了孩子,导致教育领域出现的意外事件有所增加。

从众多的社会现象都可以看出家庭在整个教育领域的作用,甚至有可能会成为影响教育变化的主因。在学校教育中,绝大多数家长往往都会认同学校的教育规划或行为方式,甚至会为进入这些学校而不惜付出巨大代价[①]。事实上,家长群体并不总是会满足学校的所有行为,现实世界中往往会存在一种"发声家长"现象。这类"发声家长"往往是极少数,但是他们又善于发声。当他们发现学校的某些行为方式与自己预想的方式存在差异时,常常会借助教育投诉系统或网络媒体等"发声",对某些现象的细节进行放大,进而引起社会关注。在遇到类似问题时,一些学校管理者往往会迫于压力而不得不调整学校的教育计划,甚至有可能会对某些有意义的教学改革采取简单的"叫停"处理。

学习者的差异,既可能表现为家庭与家庭之间的差异,也可能表现为认知起点与方式之间的差异,还有可能表现为对外部变化的适应能力之间的差异。当学习者表现出了差异性以后,他们就会产生差异化的学习需求,从而会对学习支持有更高的预期。家长与教师都是学生成长过程中的重要支持者,都可以被视作学生学习过程中的支架,都为学生的成长提供了助力。教师作为重要的学习助力者,其岗位责任就在于帮助学习者找到一条适合自己的学习路径,便于学习者更好地达成学习目标。

对于学习者而言,在接触正式学习之前,其学习意愿往往是相对朴素的,此时家庭会成为他们建立学习意愿的主要影响因素。学生会借助家庭这一"支架"并根据自己的主观需要进行选择性学习,譬如,当对某种食物建立了兴趣的时候,他们就会想方设法得到这种食物,包括形成对不同食物的有差别的期待、观察食物的获取渠道、熟悉成人的购物方式、建立对货币的认知、开始喜欢得到货币、能够模仿成人运用货币购物等。这种源自真实生活的需要,会让学习者产生学习的内在诉求,但这种诉求常常是自发的,且是不完备的。

---

① 这里所说的代价,包括家长前期投入的调研学校质量的成本、为进入学校而购买学区房的成本等。

对于行为个体而言，从早期的简单认知行为到求知欲望的形成，需要得到引领，因为引领是另外一种形式的"支架"。引领不是简单的说教，而是为学生建立了一个"连通器"，在外部对象与学生的内部动机之间建立了一条通道。这条通道的出现是对个体内在力量的激活，是对存在于个体内心的那份静默的触及与搅动、碰撞与摩擦。一旦行为个体对外部对象产生了反应，能够将其转化为自我观察与思考的动力，甚至对学习可能建立的未来价值产生了较高的认同，并能够为之做好准备，学习就可以开始了。

学习支架就是用于帮助学习者达成学习目标的一系列支持条件，既有来自外部的，也有来自学习者自身的；既有物质层面的，也有精神层面的；既有自然层面的，也有社会层面的。譬如，在数学学习过程中，为了帮助学习者理解数的概念，有的教师会借助一些实物供其练习数数；为了帮助学习者理解几何与图形，有的教师会借助一些实物、实物模型、计算机模拟的图形或图像等帮助其理解空间概念及其关系。这些帮助学习者建立认知的方式，都可以被看作学习支架。在地理学习过程中，为了理解不同区域的特点，学习者就需要了解其经纬度与海陆位置、涉及的国家范围、自然区域特征与地形分布、气候、河流与湖泊等方面的内容，那么教师在学习之前就可以以这些结构化的内容作为支架，引导学习者进行系统学习。

学习支架的形式较多，其存在的意义对每一个学习者而言不尽相同。有的支架在于帮助学生接触外部对象，有的支架在于帮助学习者理解外部对象，还有的支架在于帮助学习者在不同认知对象之间建立关系。在教学实践中，当教师为学习者设计了一定的学习支架以后，他们往往会希望学习者能够借助支架获得成长。在此过程中，教师会通过问题引导、提供比较点、提取关键词等形式帮助学习者理解阅读材料，建立概念关系。学习支架可以帮助学习者在原有的知识与新的知识之间建立起某些关联，进而可以帮助其选择适合自己的内容。

适应性学习强调的关注每一个个体，转化到学习个体中，其实就是要为每一个行为个体提供符合其需要的学习支架，帮助他们建立与自己的认知能力相匹配的学习行为。譬如，对于刚刚接触代数概念的学习者来说，他们已经具有了一定"数"

的基础，并且能够运用"数"进行简单的运算，但是为什么还需要进一步学习代数呢？这是因为仅仅依靠一般"数"的运算，难以解决更加复杂的问题，或者会使得解决问题的过程变得更加复杂，此时就可以借助"未知数""方程式"等来帮助学生理解数的关系。再如，在语文学习过程中，学生已经能够简单说出一些完整的句式，这个时候，教师就可以帮助他们学会理解修辞手法，引导学生学会运用比喻、夸张、排比、对偶、对比等方法来提升表达的效果。

在学习过程中，游戏是一种常用的学习支架形式。譬如，在学习数学的时候，当学生初步形成了代数概念并理解了代数的关系以后，教师就可以设计一些有趣的游戏性的题目供其思考。

【示例1】 数学中的小游戏——猜数

教师让学生说出任意一个小于 500 的三位数，然后要求他运用此三位数乘以 334，并让学生告知结果中的后三位数（可能是 082），那么教师就可以很快地判断出学生说的三位数是什么了。

在这个例子中，如果学生给出一个三位数乘以 334 后的结果中的后三位数是"156"，那么教师很快就可以报出学生原来所说的三位数是"234"。你知道这是为什么吗？

这就是一个运用了"代数知识"的数学小游戏。这是为什么呢？假设学生想的一个三位数是"X"，那么，学生的运算结果是 $334 \times X$。对此结果进行一些简单的处理后，我们会发现一个有趣的现象，如果将"运算结果"乘以"3"，就可以得到这样的结果："$334 \times X \times 3 = 1002 \times X = 1000X + 2 \times X$。"我们可以发现，原来的"运算结果"乘以 3 以后，结果的后三位是 $2 \times X$。于是，我们就可以得出一个判断，即只要学生提供了"运算结果"的后三位数，那么我们将其乘以 3，再取后三位除以 2，就可以准确推算出他原来所说的三位数是什么了。现在学生给出的后三位数是"156"，那么教师就可以根据此数字乘以 3 再除以 2，得到"234"，说明学生想的三位数是"234"[①]。

[①] 这是一个关于数学的例子，如果你不是数学学科老师，阅读到此处不太容易理解，不妨稍微休息一会儿，尝试着做几次，并试一试，看看结果对不对。建议你还是稍微停顿一下争取读懂这个例子，建议其他读者能够思考如何从学科知识中找出有趣的内容设计游戏化活动，数学老师可以进一步思考如何设计出类似的数学题目。譬如，如果让学生说出三位数，然用它乘以"667"，并提供结果的后三位数，又有什么情况会发生呢？这个地方就需要读者自行理解了。

上述例子中这种简单的"猜数"游戏，如果放在数学学习的不同阶段，可能会产生不一样的学习效果。如果在学生学习了代数以后使用，可以启发其进行代数应用转换训练，如果还没有开始学习代数，则可以用于训练学生的基本乘法运算能力，帮助学生在趣味化的活动中形成数学的求知欲。对于数学学习，如果巧妙地使用一些数学中隐含的规律，常常能设计出许多很有趣的学习支架。

【示例2】 数学中的小游戏——找规律[①]

如果让学生任意写一个三位数，如234，再把这个三位数的数字倒过来写，就成了432。如果我们用其中较大的减去较小的，就可能会发现有几种情形：如432–234=198；再写几个：434–434=0，871–178=693，231–132=99，这样一看，好像结果是很随意的。好，继续写几个看看：

342–243=99，564–465=99，574–475=99；

321–123=198，753–357=396，723–327=396；

……

到了这一步，我们可能已经发现了一些秘密：所有的结果中，可能是0或99，还有一些其他的三位数。在这些三位数中，中间值都是9，两边的两个数字的和也为9。再进一步观察，如果我们将结果的三位数再做一次顺序颠倒，如198变成891，再将两者求和（即198+891），则会发现所有的结果都是1089。

在实践中，我们常常会发现，有的课，教师的教学很活泼，教学效果也很好，而有的课，尽管教师很投入，学生却学得特别累，这些情形往往与教师提供的学习支架有关。每一个科目中都存在着许多隐含的规律，也包括许多容易混淆的内容，如果能够对一些具有特殊性的内容进行设计，形成有丰富支架支持的学习活动，就可以增加许多学习的乐趣。譬如，在语文或英语等语言类课程的教学过程中，对一些易混淆、易读错、易写错的字或词进行归纳，也是一种支架，借助这些支架可以反复强化，帮助学生形成辨析力。需要注意的是，这些活动的设计必须与学生的能力起点相一致，如果题目难度过大，超过了学生的认知水平，有可能会起到完全相

[①] 这是一个数学方面的例子，建议数学老师和有兴趣的读者可以阅读，其他读者可以跳过去。阅读者可以进一步思考：这里面又包含了什么样的代数关系呢？这些内容就需要对数学有兴趣的读者去思考了。为了不偏离本部分的主要写作意图，此处对此数学问题不再做进一步的阐述。

反的作用。

【示例3】 容易读错的字

下列词语，如何准确发音？角色、戛然、更夫、霰弹、潜在、纤维、茅厕、挟持、可汗、剖析、狙击、针砭、惬意、倾慕。

能否准确读出这些词语？屏气与摒弃、薄纸与淡薄、剥皮与剥削、埋怨与埋伏、拘泥与忸怩、果实累累与罪行累累。

学习不是简单的模仿，更不是由教师简单替代学生完成某些特定的过程，而是要引导学生通过学习相关内容，提升解决复杂问题的能力。因此，对于每一个具体的学习个体而言，他们需要获得如何解决具体任务的指导，包括解决任务所需要的基本条件、如何有序地满足这些条件、如何结合个人的差异获得特定的支持等。这些都可以被视作学习支架。在上述数学例子中，学习者可以借助"未知数""方程"等支架来解决新问题，还可以将上述例子作为支架，建立和发现更多的数学关系，以深化自己的数学发现和提升数学知识的应用能力。

学习支架的形式是多种多样的，每一种类型的学习支架对于每一个个体的意义也是不同的。学习者在学习过程中遇到的问题各不相同，因此他们需要获得的支持也不相同，而对于外在的支持，每一个个体的需求程度也会表现出差异性。譬如，在写作训练过程中，在刻画人物形象时，有的学生可能是找不到人物的关键特征，有的学生可能是找不到合适的词语来描述，有的学生则可能是找不到合适的表现手法。所以，支架的设计，并不需要因循特定的格式，也不应当追求统一性，而是要从学习风格丰富性的视角出发进行多样化的设计。

设计学习支架，旨在帮助学习者发现解决问题的方法，而非替代学习者解决问题。譬如，在前面的例子中，引导学习者观察三位数的规律，就可以为学习者提供一个思考的支架，便于学习者在数字运算的学习过程中发现其中的某些规则，并能够借助这些规则创新算法，形成运用数学解决实际问题的能力，将一些易混淆的字放到一起，就可以让学生在对比中发现易错点，可以帮助他们学会将更多容易混淆的词汇进行对比，从在使用中减少错误，甚至还有可能启发学生将该方法运用于学习其他语言，或者用于区分化学中的符号或公式，达到举一反三的效果。

除了用于启发思考之外，支架还可以用于帮助学习者理解知识，增强记忆，促进知识在大脑中的长久保持。譬如，借助表格、概念图、维恩图等形式，可以丰富知识的表达形式与知识的关系呈现形式，可以建立概念之间的关系，比较概念的异同，便于学习者深入把握概念的差异。

在实践中，有时为了解决一些复杂问题，学术界会创造一些新的概念，如"大数据"。一些学者因为不满学术界不断产生的新概念，有的时候会用调侃的口吻来描述一些概念的变化，有些学者会将"大数据"与"统计"等同，认为这本身就是一个概念。其原因主要有两个：一是在实践中有的使用者将大数据理解成了统计；二是有一些研究者不需要使用这些新概念的内涵。事实上，这两个概念是存在关系的，学界提出了"大数据"的概念，是因为统计关注的是借助统计学的已有发现描述和分析问题，对数据之间的关系及发现，往往以统计科学的解释为依据，同样的数据往往会产生同样的结果。"大数据"这一概念，侧重于建立证据思维，形成基于证据的决策。对于这些概念之间的比较，如果不能够找到比较的关键点，就可能会带给人们换汤不换药的感觉。

对于适应性学习生态而言，建立合适的支架有着更加显著的作用。理想的适应性学习生态，应当能够更加准确地把握每个学习者的学习情况，能够为学习者的学习做出更加准确的诊断，为学习者提供有针对性的支持。当然，如果完全依赖系统本身来判断，并依赖系统自身提供的支架来帮助学习者学习，是难以满足学习者的整体发展需求的。毕竟，教育是一个"弱构"的体系，它的生成性决定了不可能依赖事先建立的完全自治的封闭系统来完成教育活动，教师作为这套系统中最活跃、最积极的要素，将会以其特有的顺应力、应变力与适应力等，将封闭的技术系统人文化，使得技术与人可以高度融合，并借助教师的持续补充，丰富系统的支架内容，提升系统的适应性。

1.2.2.5 记录学习行为的全过程

对于学习者而言，其学习行为与学习结果之间有着高度的相关性。因此，当发现学习者未达到理想的学习结果时，如果教师能够回溯学习行为，就有可能对结果的成因做出准确的判断。

　　学习行为是学习者在实现学习目标的过程中经历的各种活动的综合，是促进学习目标实现的基本条件。学习者的起居、生活习惯、生活环境、交往方式等，都与其学习有关。学习者在学习过程中的行为习惯、阅读习惯、学习顺序等，同样会影响学习的结果。但是，由于学习者处于一个广阔的时空中，学习行为的记录并非易事，尤其是对学习行为的判断往往也很难做到精确，这都增加了记录学习行为的难度。

　　为什么说学习行为的记录很难？这与人们对学习行为的理解有很大关系。一个摆在学习利益相关者面前的经验性事实是，人们总会将投入的时间成本理解成学习者获得理想学习结果的充要条件，却难以理解学习成果往往与学习者的学习方式关系更密切。在大多数的家长眼里，孩子的行为可以大致划分为"学习行为"与"非学习行为"，也有"正式学习"和"非正式学习"的分类方法。一些家长往往容不下孩子的"非学习行为"（准确地说应该是非普遍意义上人们认同的练习、读书等表象性学习行为），如果孩子完成作业的速度快了，就可能会被家长安排更多的作业，家长总是尽可能地让孩子将时间花在自己认为的"正式"学习上。正因为如此，学习者就可能会出现学习效率下降的情形。对于许多家长来说，他们可能宁愿看到孩子整天坐在书本旁，也不愿意对改善学习效率的方式进行思考。

　　从本质上看，学习行为是学习者的行为，是学习者在学习过程中主观意愿的表现。但是，由于学习者所处的环境使然，学习行为中往往会夹杂许多非学习者自身的因素，而这些因素又会在一定程度上影响学习结果。因此，学习行为数据反映的也不一定都是学习者的真行为，即使有了更加多样化的方式完整记录学习者的学习行为数据，也很难对这些行为做出绝对科学合理的解释。因此，对于教师和学习者而言，好的策略建议需要建立在教师和学习者的智慧的基础上。

　　在适应性学习系统的建设过程中，需要解决的一个重要问题就是要能够分析学习行为数据，能够理解这些数据与学习结果的关系，并要能够运用人、机器等熟悉的语言，将这些关系表述清楚。当前的许多技术产品都会高举优化学习的旗帜，并在实践中占领了大量的应用市场，但就结果来看，往往是借助技术产品的存储和推送优势，以"量"的形式为教师和学习者提供充足的练习题，却很少提供更加丰富的内容呈现方式，在帮助学习者理解方面，也缺少多样化的指导策略。同时，学习的过程和方法趋于简单化甚至单一化，"看和练"是目前许多技术产品为学习者提供的基本学习样式。

技术处于持续的发展中，对于适应性学习系统而言，需要秉持"持续学习"的思想，既需要不断纳入新技术与新方法，也需要建立机器学习的思维方式，让系统能够在学习者和教师的共同作用下不断完善，让用户的每一次应用都可以促进系统的自我学习，帮助系统建立更加完善的策略库，为学习者提供日趋完备的策略体系。在系统的研发过程中，相关人员必须准确理解学习可能存在的各种"难处"，如此才能保持系统的持续适应性，并能够建立更加符合学习者健康成长需求的适应性学习生态。

第一，要弄清楚行为与结果的关系很难。学校安排了许多学习活动，家长也会给孩子布置许多学习任务，这些都会转化为学生的学习行为。学校和家长让学生参与这些活动或任务，都是认为这会影响他们的学习结果。如果学生的学习结果不尽如人意，就会认为是他们的学习行为存在不当。学校也好，家庭也罢，给予了学生太多的行为方式，这些行为的设计目的都是服务于学生的学习的，倘若学习的结果与行为之间缺少正相关，那就要求家长和教师重新反思到底如何才能设计出符合学生成长需要的学习活动。

在现实世界中，许多学习者以同样的成绩水平进入了同样的班级，并接受了同样的教学，但为什么会出现差异？在前文的讨论中，我们将其与学习者的学习风格联系了起来，而风格是内在的，它会通过学习者的外在行为表现出来。譬如，在学习过程中，有的学习者习惯于发声式思维，有的学习者却习惯于静默式思维，这就是两种不同的行为方式。如果教师自己倾向于其中的一种，很可能会要求学生也采取同样的方式，这样学习结果就会表现出差异。在此种情况下，行为与结果之间的关系表现出来的差异性，就会导致系统的开发者、教师和学生对策略提出质疑，而应对质疑的最好做法就是研究并发现更多的行为与结果的关系，包括与特定的人相关的行为和结果的关系，避免千人一面。

第二，要弄清楚哪些行为影响学习很难。在学习过程中，有些行为对学习的影响是显性的，有些是隐性的，还有的会因人而异。尽管技术的出现为收集学习行为数据提供了更好的机会，但是技术的局限性同样会很明显。譬如，在小组合作学习过程中，不同学习者的参与度、发表观念的深度、结论的证据、发表观念的次数等，哪些数据容易收集，哪些不容易收集，哪些数据被认为是有效的，哪些可能会是无效的？在对数据的有效性判断方面，如何利用好人们的个体经验，并排除个体经验的干扰？这些都需要进行系统的研究。

学习行为有时还会通过学生解题的过程表现出来，并体现在具体的解题过程中。譬如，如果学生阅读了古典小说、熟记了大量的唐诗宋词，他们就有可能会在写作中引用故事中的人物形象，或者引用一些优美的诗句。学科之间的差异性，也会使学生表现出不同的学习行为。譬如，在学习数学的过程中，可能会涉及读题与设计二元一次方程组，并通过解方程组来展示学生的数学问题解决能力，而解方程组的时候，又可能会用到代入法或消元法等不同的解法。这里面就呈现出了许多不同的学习行为，学生使用的解法不同，既有可能与题目的多种解法有关，也可能与学生对不同解法的掌握程度有关。

增加学生的学习行为，就是要帮助学生借助阅读或交流讨论扩大阅读面与提高使用能力，这既可以丰富学生的知识，也可以引导学生学会理解不同的解题技巧，提升学生的综合性问题解决能力。研究与学科相关、与学习者的学习风格相适应的学习行为，并将其运用到现代学习过程中，将成为未来教师的重要责任。

第三，要准确分析学习行为很难。一个显而易见的现象是，不同的行为可能会有不同的结果，同样的行为也可能会有不同的结果。譬如，在课堂教学过程中，教师往往会对高分的学习者表现出更多的宽容，而对于低分者，则会表现出相对高的要求。高分者的某些行为可能会被视作其获得高分的条件，而同样的行为也可能会被看作低分者分数不高的原因。高分者的课间休息会被理解成"劳逸结合"，而低分者则可能会被认为正是因为其不能够高度投入，才导致其水平低下。

学校里普遍存在皮格马利翁效应。对不同学习者的态度不同，与教师的个人认知和情感有关，而这种个人情感对学生的影响往往是无法估量的。如果我们过分依赖教师的个人经验，不排除可能会出现两极分化。部分学习者会因为得到更多的认同，持续保持高效的学习态度和积极性，而另外一些学习者则可能会因为获得的认可度不足，产生懈怠与逃避的情绪。借助技术的作用，则有可能会减少人为的误判，通过系统分析学习者的行为过程，实现多行为之间的关联与分析，从而确定影响学习者效能的行为，发现其中的真实关系。

在一些科目的学习过程中，比较常见的做法是教师讲解知识与学生理解新知，并借助反复的练习来检测学生的认知理解程度。做题本身就是学习的过程，而学习关注的是变化与成长，如果做题仅仅是想通过不断练习来保证学生会答题，而不在乎其解题思路的巩固与能力层次的提升，那么需要做多少题，将会成为一个永远无解的问题。

美国心理学家米勒（Miller）在 1956 年发布了研究成果，发现人加工信息的能力是有限的。他发现了"神奇的数字 7 加减 2（7±2 法则）"。他认为，人们的记忆能力是有限的，在记忆了 7±2 个信息组块后，人的大脑就会感到十分吃力，并会导致信息接收困难。[1]做题也不例外，当学习者做题的数量超过了一定的界限以后，同样可能会出现解题迟缓现象，并导致解题的效率下降。在一个小时内，不同学生做题的数量往往是不同的，解题除了需要训练解题思路外，还需要训练速度。如果学生的大脑处于思维静默状态，必然会导致解题能力下降。因此，假设我们设计了一个题目以训练学生的解题能力，需要同时考虑的因素包括解题的数量控制和速度控制，即通过合理设计出既利于训练其思维技巧，又便于其理解新知识，同时还能够提升其反应速度的题目，促进高效学习的发生。

第四，要找到恰当的方式表征行为很难。学生的学习行为往往与他们的认知习惯相关，而教师对学生学习状态的判断，也与自身成长的经验有关。当经验具有了高度的相似性甚至一致性时，往往能够强化师生之间的相互依赖关系。这种相似性或者一致性，往往是以一种自我判断出现的，但到底有多大程度的相似性，往往是难以勾画的。如同思维一般，在实践中，我们常常会说要培养学习者的思维能力，但又发现思维过于抽象，难以通过具体的表征方式记录人的思维过程，因而往往需要进行转化。

---

[1] 转引自李建国. 人工智能与认知心理学[J]. 西南师范大学学报（自然科学版），1986（2）：142-146.

许多学者一直在思考如何运用恰当的方式描述学生的学习行为与学习结果。英国学者东尼·博赞（T. Buzan）1964年从美国哥伦比亚大学毕业后，在大学开设了创新思维训练的课程，并创建了思维导图，用于帮助人们表征思维。思维导图通过引导人们设计出图文并重的表征方式，以"层级"的方式引导其建立主题与从属概念之间的关系。美国学者诺瓦克（Novak）以奥苏贝尔（Ausubel）的教育心理学为基础，于1970年提出了概念图及绘制技巧，以帮助学习者理解科学教育中的相关概念，避免学生陷入机械学习，促使其进行有意义学习。①

在学科教学中，对于面对面教学，我们可以借助单机方式，通过使用安装在个人计算机上的专门软件，帮助学生通过图示化建立概念或思维关系。对于在线教学，也可以运用一些在线工具协同建立概念或思维关系。但是，对于学习者建立的概念、知识、思维等方面的各种关系，其中包含了什么样的内在逻辑，如何从中判断学习者的知识掌握程度等，往往难以精确描述，只能凭借教师和学生通过某些互动行为共同判断。事实上，个体到底具有多强的能力，个体自身都很难做出准确判断，只有当个体身处某一个特定的问题情境之中，并经历特定的问题解决过程时，其问题解决能力才有可能反映出来。②对这种能力的判断，同样会存在主观性，因此仅仅依赖单一的方式记录学生的行为是不妥的，而寻求多样化的表征方式又会对教师提出更高的要求。

技术可以帮助教师完成多样化的表征与记录，但表征与记录的对象并非源自技术自身，而是来自教师对教育的理解与转化。如今的技术能够实现的各种功能，无不是人类智慧的结晶，人类对教育的理解程度会通过技术表现出来。但是，就当前的许多技术产品来看，更多的产品仅仅是在帮助教育工作者实现对传统教育范式的强化，如提供了大量的演示材料、阅读材料或练习材料等。过去对作业对错的判断主要依赖人工方式，现在可以用机器帮助教师完成部分这样的工作；过去靠学

---

① 赵国庆，陆志坚. "概念图"与"思维导图"辨析[J]. 中国电化教育，2004（8）：42-45.
② 我们可以从体育比赛中运动员的表现来判断他们的运动水平，譬如，对于跳台跳水，有的时候如果仅仅观察个别运动员的单一运动行为，很难判定他的实际表现水平，如果将他们置于一个群体中进行比较，则有可能会做出相对准确的判定。

生自己整理错题集，现在可以由机器帮助学生整理错题集。这些变化确实对教学产生了助力，但是这种助力主要还是基于原有的教学范式表现出来的，对学习结构的关注明显偏少。如何从学生的学习过程中发现他们的行为多样化，并借助技术的转化来记录这些行为，还有许多内容需要深入研究。

第五，要跟踪学生的所有学习行为很难。当前，教育领域出现了许多关于用户行为分析的研究，其中的大量数据主要来源于网络。中国互联网络信息中心提供的数据显示，到2020年底，我国中小学生平均每周上网时长大约为26.2小时，如果去掉学生的睡眠时间，我们会发现当前的学生平均每天在线的时间不足25%。[①]2018年以来教育部发布的相关文件中，针对技术的使用提出了许多限制性规定，其中对教学过程中的设备使用类型、设备使用时长等，都有了许多具体的规定性要求。这一系列因素的出现，都会使技术的应用变得更加复杂。关于如何记录学生的行为，还有很多问题值得深入思考。

在无技术或弱技术的时代，教师主要借助自身的力量来记录学生的行为，并通过人工方式对学生的行为进行分析，进而形成对学生的判断。当技术变得更加丰富且普及面越来越广以后，技术为行为的记录提供了方便，比如，对于在线学习过程，学习者的登录（进入和离开）时间、学习时长、不同界面的停留时间等都会清晰地留痕，系统还可以记录学习者的发帖数量、练习情况等；对于面对面课堂，可以借助教室内安装的监控设备完整地记录学生的学习状态。但是，这里的两种记录本身也是不相同的，前者记录的是行为细节，可以对每一个体的情况做单独统计和分析；后者记录的则是一个完整的视频，其中的每一个体的行为细节，还需要借助其他技术加以切割和分析，而这方面的技术目前虽然已经有所突破，但整体来看还不尽如人意。换言之，即使有了完整的录像资料，也不一定能够准确地分析学生的学习行为。

然而，学生的学习并非总是处于一种可以记录的状态，学生的学习状态并非总是能够按照我们的意愿得到记录，全方位记录学生的行为状态是否符合教育伦理本身也值得仔细推敲。近几年来，一些研究者为了更好地分析学生的学习过程，甚

---

① 中国互联网络信息中心. 第47次中国互联网络发展状况统计报告［EB/OL］. (2021-02-03) [2022-05-01]. https://www.cnnic.net.cn/n4/2022/0401/c88-1125.html.

至给学生戴上"头环"用于记录学生脑电波的变化，借以判断学生在学习过程中是否能够做到精力集中、是否存在开小差的现象。这种过度应用技术、滥用技术记录学生行为的做法，已经完全背离了学生行为分析的初衷，将教育过程变成了监管过程，使得教育研究完全违背了伦理。

完整地记录学生的行为，是一件不可能做到的事，跟踪学生的每一个行为，更是充满挑战，包括伦理层面的、技术层面的、教育层面的、心理层面的等。如果对学生的学习行为进行符合伦理的跟踪与定位，对其行为轨迹进行记录，有可能会及时发现学生在学习中存在的问题，帮助其步入高效学习的征程。但是，相似的行为不一定会产生相似的结果，同样的结果也可能源自不同的行为，学生的差异可能会使他们的学习行为与结果之间呈现出不同的特征。简单化地记录学生的行为，却不能够对这些行为进行合理的判断，也可能会导致对学生做出不准确的策略指引，甚至会给学生带来过多的限制，还有可能侵犯学生的隐私等，这些都是需要系统研究的问题。

借助技术记录学生的行为，存在一个合理范围的问题。适当的技术支持，可以助力学生的成长与发展，譬如，借助技术的跟踪，可以提醒学生可能存在的风险，便于学生对自己可能存在的问题或面临的风险做出预警。但是，如果范围越界，总是试图让学生时刻处于技术提供的生活环境之中，那么当学生有一天离开了这种由技术提供的环境的时候，可能会因为不能适应变化了的环境而出现"生存"能力下降。

学生的行为是复杂的，从其行为过程中可以找到他们学习效率高或低的原因，也可以从中发现学习的共性，为其他学习者提供学习策略引导，减少学习者的低效重复学习。如同在今天的学习中，我们也许可以告知学生关于历史的知识，也可以让学生理解古文明的形成原因，却没有必要让每一个学生在课堂重新体验"钻木取火"的过程。前人的经验，就是后人学习的起点，任何一种学习只有在前人研究的基础上，才有可能使得当下的学习相较于以往有更大的进步，也才有可能让学生适应知识爆炸带来的新变化，进而建立与时代发展相适应的学习体系。

1.2.2.6 促进学习决策的精致化

当前,"精准决策"可以被看作与智慧教育联系较为紧密的高频词之一。精准决策,就字面意义而言,有两个方面:一方面是"精准","精"强调的是高效性,"准"强调的是可靠性,其依据必然是对学习进行全程记录过程中积累的大量数据;另一方面是"决策","决"强调的是判断力,"策"强调的是应用性,其依据则是源于大量数据产生的多种可能性。因此,精准决策就是根据一种高效的方式,对学习过程中积累的大量数据进行分析,以形成多种可能的行为路径设计,便于实践者为学习者提供合理判断的依据,并为其推送更有效的应用策略,支持个性化学习。

精准决策的执行者是人,但支持精准决策的基础是适应性学习系统。借助适应性学习系统可以记录学习的相关数据,也可以运用系统中包含的学习分析模型对学习的情况做出判断,进而发现导致学习效率发生变化的原因,由此延伸出学习的策略指导。适应性学习系统中的若干模型是在一定量的训练集的基础上形成的,是对学习者的许多学习行为进行综合分析后形成的,是学习行为的模型集。但是,人作为学习过程中最活跃、最积极的因素,其行为的形成与内在原因等变量一直处于持续的变化之中,依赖纯粹的技术系统是无法对学习做出准确判断的。它需要依赖人们对学习规律的持续发现,并能够将这些规律转化为不同的变量,通过多变量的适当转换,建立有利于进行学习分析的算法模型,使得系统的性能更加完备。

技术支持决策存在两大困难:一方面,技术的发展并不能够完整地反映人们的意图;另一方面,人们对行为作用机制的理解,并不总是能够准确地反映行为本身。从当前技术发展的实践来看,技术的学习支持能力远远低于人们对教育的认识程度,加之教育中存在许多复杂变化往往难以进行简单的量化处理,也很难建立准确的表征,因此系统支持决策的难度也就自然增加了不少。同时,由于技术对人的身心健康可能产生的不确定性影响,一些政策或文件的约束性也可能会限制对学习过程数据的收集,这都会影响数据的可靠性,进而使得决断的依据变得不再稳定。这些问题的出现,使得我们在实践过程中不得不面对许多新的挑战。

在实践过程中，促进学习决策的精致化，需要关注的问题很多，主要包括以下几个方面。

一是学习系统收集数据的可能性。学习系统为收集数据提供了可能，是不是所有的学习系统都能够收集到有效的数据，或者说是不是所有的数据都能够通过学习系统来进行收集呢？这是一个需要研究的问题。从现阶段的教学情况来看，我们的学习绝大多数情况下都是出现在面对面的课堂中，在这个过程中，如果想依赖系统收集学习的基本数据，几乎是不可能实现的。

在面对面的环境中，如果要收集学生的学习数据，大多数也只能依赖教师的经验或者学校的监控设备，而这些数据不仅难以准确反映学生的学习行为，也很难进行分析。如果借助学习系统，我们需要思考的是，借助学习系统收集的相关数据如何与学生的学习行为进行匹配？学习是否能够在特定的系统中组织展开？在这种基于系统的学习过程中，学习活动应该如何设计？设计这样的学习活动，是否能解决教学中存在的问题？我们设计的新的学习过程，是为了记录数据而进行的改变，还是为了满足学习的需要？实践中出现了许多学习系统，可以借助这样的系统收集数据，并不代表这种系统就是最合理的学习支持系统。

这些问题如果处理不好，就有可能会导致在设计学习过程中出现"为了技术而技术，为了收集数据而收集数据"的问题。尽管可以获得大量的数据，但是这些数据不一定能够为我们提供指导，甚至还有可能会产生大量数据垃圾。当数据垃圾积累到一定程度以后，教师就有可能会将其看作认知负担。如果数据不能够转化为决策的依据，就有可能逼迫我们远离数据；如果数据不能提供帮助，就有可能会让我们在新的技术面前产生畏惧，甚至会让我们渐渐远离技术本身。这都是在实践中需要认真思考的问题。

二是学科差异对决策的不同要求。假设所有的学习行为都可以找到相对应的数据表征方式来进行记录和表达，同时我们也能够收集所有的学习数据，那么是不是根据数据类型和内容就可以提出相似的决策建议呢？对于不同的学科而言，学习者在学习过程中产生的数据形式有什么差异？会不会因为学科的差异，在利用这些数据进行决策时存在不一样的要求呢？

教师在设计过程中经常会认为要对学习者进行不同的指导，形成个性化的学习设计，这些观点都体现了数据的重要性。正是基于对不同个体产生的差异化数据的分析，才有可能对学生的需求做出差异化的判断。但是，对于不同学科而言，学习者在学习中投入的时间、花费的精力，包括他们在理解概念时形成的概念之间的关系等，会不会因为学科不同而不同？假如学习者在学习过程中对语言的理解能力偏弱，那么他们就可能会难以读懂一道数学或物理题目，在解题过程中就自然会出现因为理解而带来的困难；反之，当学习者不能够理解数学的相关知识的时候，那么他们在进行语文学习的时候，也同样存在无法对语文学科涉及的相关数量描述进行准确理解的问题。例如，在阅读古诗词的时候，如果数据显示大多数学生读了 7—10 遍就能够记住这首古诗词，而有一名学生读了 25 遍都没能记住这首古诗词[1]，那么我们就有理由去怀疑他在阅读过程中有没有真正将注意力投入其中，或者说没有让自己置身于学习的情境中，没有摆正学习的心态。如果以"小和尚念经有口无心"的方式来学习，就不会产生好的学习效果。

数据仅仅是数据，数据与决策之间的关系，主要依赖于对数据能够建立比较准确认识的人及相关系统。人或系统对数据的分析机理存在一定的相似性，但是也存在诸多不同。人可以更好地通过数据判断学生是如何学习的，而系统往往只能对学习中可以记录的数据进行统计学层面的处理，并借助一些认识规律对学生的行为进行判断。

譬如，学生在学习过程中分配时间的方法、在知识点的编排序列等方面都可能会存在差异，借助特定的学习系统，这些行为数据是比较容易获取的，但是指向学生的理解或思维过程的数据既难以记录，也难以分析。如果学生对概念的理解存在差异，就要看是什么样的原因导致了对概念理解的偏差，会不会是对一些相关概念的理解出现了偏差，是个别人还是许多人都存在这种偏差？因为对这一概念的理解会影响后续对相关概念的理解。这些类似的现象可能在有些学科中表现不明显，而在另一些学科中则表现得特别明显。

---

[1] 这是一个真实的例子，一位家长曾经告诉我，他的儿子早晨起来后站在阳台上高声读一首只有四句的古诗，父亲发现儿子已经读了 25 遍，父亲都听得会背了，他喊儿子来背，发现儿子却没有记住。

【示例4】 读懂刘禹锡的《乌衣巷》

　　　　朱雀桥边野草花，乌衣巷口夕阳斜。
　　　　旧时王谢堂前燕，飞入寻常百姓家。

　　这是唐代诗人刘禹锡所作的一首诗，被后人归入他的怀古诗中，也是他在途经金陵所作时的几首诗作之一。如果我们就以"怀古"为主题来理解这首诗，或许也可以读出这首诗的味道。但是，如果我们从诗人所处的历史背景来阅读这首诗，或许会读出不一样的风格与诗韵。刘禹锡曾经是唐朝的重要改革家，由于改革失败得罪权贵被贬，直到公元827年重新被重用，前后经历了23年。诗人的《乌衣巷》，是他去洛阳赴任的路上途经金陵时所作。当我们知道了这一背景以后再读这首诗，会有什么不同的感受呢？

　　再如，对于语文教学中的阅读学习，需要让学生在阅读过程中理解课文的每一段之间的关系。如果学生能理解第一自然段，却没有理解第二自然段和第三自然段，但他又理解了第四自然段，那么这个时候教师就有必要思考，他所理解的第四自然段，是真正地理解了文章的意图，还是只是理解了该段落中字面的意思呢？对一篇完整的文章而言，如果读者没有理解文章中不同自然段之间的关系，不能够理解不同的段落的铺垫建立的某种序列关系，不能够理解不同的段落之间建立的结构关系，就不可能形成对文章的深度理解。对唐诗宋词的阅读更是如此，唐诗宋词的每一个词语和每一句话，都是作者在精雕细琢后形成的，既讲究词汇，又讲究句式，还讲究藏意，前后文存在着高度相依关系，如果读者不能够读出作者的情感，无法理解作者写作中包含的深刻用意，就很难把握文章的精髓。如果在教学过程中不能深入挖掘文章背后的内涵，而是仅仅凭借经验做出一些简单的判断，那么教师的教学决策就有可能会产生偏差。

　　三是数据存在形态的多样性。大数据的概念出现以后，对许多行业产生了积极影响。人们利用大数据技术改善生产结构，实现市场调节，促进产品流通，为市场注入了新的活力。教育界也对大数据进行了广泛研究，教育工作者期待能够借助教育大数据，更好地优化教育资源的配置，支持个性化教学，提升教育的品质。对于教育领域而言，数据本身并不是一个新概念，在没有出现大数据概念之前，数据就已经存在并在教育领域得到广泛应用，但是人们确实没有重视数据的教育价值。

"教育大数据"的概念出现以后，教育领域的研究者对其形成了许多不同的判断，有的研究者将其视作概念的炒作，没有实质性的内涵变化，也有的研究者认为大数据仅仅是一种事实性描述，是本来就存在的客观事实。在很多情况下，人们甚至将"数据"和"信息"等概念混为一谈。看报纸时，有人认为报纸给我们提供的就是信息，但是如果我们重新回归到信息这一定义上就会发现，信息实际上是被用来帮助我们消除不确定性的东西，而报纸提供的内容是否能够帮助我们消除某些不确定性呢？事实并非如此，我们并不否认在报纸中可以获得部分自己认可的信息，但其实我们真正获得的是数据。对报纸上的数据进行综合以后，我们会根据报纸中的内容进行判断，判断之后对它的理解才是信息。

对于教育中存在的大数据，如何让其成为改变教育并促进教育变革的因素，才是研究教育大数据的价值所在。数据的表征形态是多样的。我们看到的一张照片、一幅画面、一段文字、一个班级的学生成绩表等，其中都包含了大量的数据。在实践中，有的人会将数据等同于数字，其实数据可能以数字的形式来表现，但是并不是所有的数据都一定是以数字的形式来呈现的。当看到两个人站在一起的时候，如果发现一个人的身高比另外一个人高，我们就会判断出谁比谁高一些。这个时候，我们看到的是两个人，并且是根据两个人给我们留下的印象来做出判断的。此时，不需要具体的身高数据，就可以从外在的表现中获得相关数据，并根据这些数据来做出谁比谁更高的判断。

在面对面的课堂中，教师有可能会组织学习者通过分小组的方式来进行学习。在这个过程中，学习小组的活跃程度是不一样的，教师会根据自己的判断，对不同学习小组进行评价。教师的评价主要借助小组的表现形式，以及教师在这个过程中看到的学生参与状况、小组讨论的结果等来进行。由于观察中的诸多限制，教师很难对学生的小组活动做出相当精致的、准确的描述，甚至有可能有一些学习小组因为看上去更活跃，导致教师认为他们的学习成效也一定会高于其他学习小组。但是，事实也许并非如此，有可能表面上相对平静的学习小组的学习成果更能够体现出应用的价值。假设能够借助一个合适的学习系统，那么学习系统就有可能会综合判断学习者形成的学习作品,并能够对学习作品做出相对精确的评判。

图表、照片、文字、数字等都可以帮助我们呈现数据,但并不是所有的数据都可以轻易借助我们熟知的方式呈现,有时候还需要借助特定的符号来帮助我们准确记录相关数据。但是,我们用于记录数据的方式越多,借助系统对数据进行判断的可能性就越小,因为记录的形式越多,对系统的要求就越高。系统并不像人那样聪明,它们能否阅读符号,首先取决于开发人员能否将这些符号及其意义输入系统,帮助系统从更多的角度来理解各种符号、图表的意义。同时,还要将记录下来的数据通过适当的方法表征出来,进行合理的推理,以便得出与学习相关的结论。

四是系统与人的相倚关系。在前面的论述中,我们已经多次谈到了系统和人的关系。我们说系统和人是一种相倚关系,系统会依赖于人而存在,并因为人而使得其可以具备一定的教育价值,能够在具体的教育过程中借助人和系统的交互作用充分体现出价值。

实际上,系统本身的教育价值与系统的研发团队有着很大的关系。如果研发团队对教育的理解深刻,那么就有可能将对教育的理解转化成特定的表达方式,并借助系统来实现。如果研发团队只是对教育感兴趣,却不关注教育的基本规律,或者仅仅依赖面对面授课的方式来理解教育,那么他们开发出来的产品就很难对教育产生真正的促进作用。产品的教育功能的实现,也只能依赖应用者本身。

"智慧教育"等概念日益普及以后,学习空间自然也会发生重大的变化。教育管理者、教师、学习者会在智慧化的环境中组织开展教育教学活动。但不管如何,人依然是这一空间中最活跃、最积极的因素。人应该具有驾驭系统的能力,而不是为系统所驾驭。他们应当能够根据系统的优势,发挥系统在个性化教学中的支持作用,但是同时他们也应该能够充分关注系统可能存在的缺陷,为系统的进一步完善提供决策支持。

学习者是变化的,如果仅仅依赖系统对其学习做出简单的判断,那么学生就有可能会因为系统的局限性在学习中受到极大的限制。运用技术工具支持学习,并不是可以完全放手,更不是可以不再思考,而是要花费更多的精力和时间,对学习中可能出现的诸多新问题（尤其是系统无法预先设计的问题）进行更多的思考，以便形成更好的决策支持。

借助现代化学习系统来组织教学，一个比较容易出现的问题是技术系统提供的学习行为或者学习方式有可能是相对单调的或者单一的。如果仅仅借助这样的方法方式，让学习变成一种人与机器相互作用的过程，不排除学习将会变得更加呆板和无趣。如果让学习者置身于这种呆板的学习环境中，其会丧失学习的兴趣，也会削弱学习的价值。

学习本身具有社会性，而社会性的主要特征就在于变化性。面对面的课堂教学，一个最大的好处就在于学习者和教师可以产生积极的互动关系，学习者之间也可能产生互动关系。借助技术系统支持教学活动，如果不能够重新设计教学活动，这种互动关系就有可能会产生滞后性，不利于学习者的自由表达和灵感的激发。新型的个性化的学习系统，有必要考虑如何探寻并合理设计反馈与交互的时间，引导学习者在恰当的时间周期内进行互动，并能够合理设计学习者与教师之间的交流反馈时间，以帮助学习者在恰当的时间获得合适的学习支持。

对于学习者而言，他们需要的知识可能会与过去的学习者需要的知识存在同一性，也可能会因为他们所处的学习环境的变化而产生特殊性，有许多情形是在过去的学习中几乎没有碰到的新问题和新情况。在系统的设计过程中，对于一些可以预设的问题及相对封闭的问题，系统可以提供一些基础的问题解答系统。但是，对于什么样的问题可以借助系统中的基础性知识库或解答库来帮助学生解答，什么样的情况下需要靠教师或者学生在讨论和交流中来进行解答，既涉及学习活动的设计问题，也涉及技术本身的问题，都对系统自身的相关功能及呈现方式等提出了很高的要求。

精准决策，还要追求精致化。这是因为在进行精准决策的过程中，不排除可能会由于过分追求所谓的"准"而花费了太多时间，导致效率降低。本来可以靠简单的经验就能够解决的问题，由于数据的介入，不排除会增加数据分析的难度和时间成本，同时也有可能会因为表征方式的简单化或者过分的复杂化，对教师的要求更高。当教师将有限的精力分散到了复杂的技术应用过程以后，就必然难以将主要教学精力放到学习活动的设计中，进而会影响学习的效果。精致，就是强调要为教师着想、为学生着想，让他们可以在友好的人机交互中关注技术，在理解技术的教育价值的基础上喜欢技术，并愿意运用技术来促进自身的学习行为。

精准决策，真的不是一件容易的事。以数学学习为例，学习者在解答一个二元一次方程时，如果答题出现了错误，我们如何对其错误的原因做出判断呢？这看起来是一个比较简单的问题，如果进行认真分析，就有可能会发现，其实它的原因有可能是多方面的，最常见的原因可能就是学习者粗心，也可能是他们本身就没有掌握相关的知识点，不懂如何运用相关的知识点来解决问题，或者说就是因为练习的频率不够，不能够熟练地在有限的时间内解决问题。

对于在学习过程中出现的几种不同情况，如果我们在决策过程中不能够准确区分，就很难找到学生出错背后的"真"原因，从而会给学习者推荐同样的策略。过去的教学，往往会采用统一的策略推送方式，对于学习者来讲，这种统一的策略并不总会有效。如果是因为粗心，就需要引导学生理解如何避免粗心。他们需要的不是进行大量重复性的练习训练，而是要进行去粗心化的训练，否则再熟练的解题技巧也可能会毁于粗心的过程中。对于本身没有掌握知识体系的学生而言，不是让他们多做练习，而是要让他们重新理解知识体系及其关系，通过深入掌握知识体系来进行练习，提升其运用相关知识解决实际问题的能力。

学习系统作为一个生态系统，需要服务于变化的人，尊重人的多样化需求，满足不同的学习条件。这个生态系统既要能够满足面对面的学习需求，也要能够满足在线学习需求，还应当能够满足独立个体的自主学习需求；既能够满足学习者的特定学习阶段的需求，也要能够满足他们的整个成长历程的发展需求；既能够服务于独立的个体，也能够服务于不同的群体，从而使得教育生态系统体现出生态特征。虽然所有学习活动都发生在特定的时间周期内，但是学习生态系统是无法割裂的，不可能存在完全独立于整个大的教育生态的"特定学习生态"。忽略了学习生态的整体性，就有可能会导致学习出现封闭。对于学习者而言，这种封闭的教育难以引导学习者从一个更加宏观的生态体系中来理解学习与应用的关系，会导致学习困难。

适应性学习系统是包括技术和人的完整生态系统。在信息化学习应用过程中，一方面要避免教师和学生过分依赖技术化的系统，而忽略了自身在学习进程中的主体作用，因为人作为教育生态的核心，他们对技术的认识是提升技术效能的关键；另一方面也要避免过分强调人的因素，而忽略了合理采纳有效的信息化工具来助力人的成长行为的过程。"巧妇难为无米之炊"，同样，巧妇也难为"无灶"之炊，没有合适的工具支持，人们就会耗费更多的精力，走更多的弯路。只有巧妙地区分技术和人的优势，让技术助力人而不是取代人，才能处理好教育中人和技术的关系问题。

未来，人会遇到更多的新情况和新问题，也会面临许多新的挑战。人的学习是终身的，并且将会更多地依赖个体的主动学习，以建立对社会变化的无限适应。进入终身学习阶段后，人们也许会更多地借助书本或其他技术体系来完成新的学习任务。此时，教师等外部的人对学习个体的作用就会退居其次。如果在学校教育中过分强调教师对学生学习的支持作用，不排除会降低学习者面向未来的学习力，难以适应未来社会持续的发展与变化。

我们处在一个变革的时代，也会进入一个变革速度日益加快的时代。在这样的情况下，如果我们试图不断追求进步，但又不关注和探索新技术对学习的支持作用，不关注学习需要出现的新变化，那么很有可能会无法适应知识的爆炸式增长对人类提出的新要求。社会变化在不断加速，学习的速度必然也需要加快，如果我们依然运用旧的体系来完成学习，自然难以满足新时期的学习要求。适应性的学习能适应这样一种变化，强化对学习效能的设计，便于学习者不断适应变化率持续增长的外部世界，并能够为适应这一世界的变化持续成长。

从更加广泛的意义上理解学校，我们可以将学校看作学习空间的聚合体。在此空间中，教师可以将其设计的教学资源通过适当的方式传递给学生，学生也可以根据认知需要选择适当的学习资源要。

为什么一定要用使用"学习空间"这一概念？这是因为如果仅仅依赖于学校的概念，人们会将学习理解成必须在特定的物理空间进行的"正式学习"，大脑中建构的关于学校的形象往往是以满足"面对面"的学习需求为基础的专门性的组织机构。学习绝对不仅仅是专门的组织机构的任务，因为学习者才是真正的学习责任主体，包括学校在内的各种组织机构及其提供的外部支持是帮助学习者实现学习目标的基本条件。学习者只有建立了学习的主体责任，并能够置身于适应性学习空间中，认知才会持续发生。

第 2 章
责任主体与适应性学习空间

2.1　适应性学习的关键责任主体

对于教师和学生的关系问题，过去的论述中已经明确了几个重要观点：首先，教师和学生都具有主体性，因为主体性是个体的基本属性，是与生俱来的，是作为个体的人拥有的基本权利；其次，在教与学的过程中，师生的角色分工不同，他们的主体责任也不相同，教师的主体责任在于帮助学生找到更加合适的路径和策略，引导和帮助学生完成学习任务，而学生的主体责任则在于发现与自身的成长需求相适应的学习策略或路径，并形成个体的认知方法，建立终身学习的能力；最后，教师和学生作为不同的主体，其主体责任存在差别。不同的主体只有准确完成了各自的主体责任，学生才能够建立与自身的认知基础相适应的一套有利于持续成长的学习力。

大量的论述都已经指向了一个基本事实：在学习过程中，最为关键的责任主体是学习者，外部的一切学习支持条件都是为了满足学习者认知发生和个体成长的需要。对于每一个独立的学习个体而言，一切的外部支持条件都会服务于其成长需要，支持个体学习的学校、教师、资源形式等都有可能会发生变化。但是，个体自身却是不变的，其成长需要与自身认知的基础相适应，并需要外部支持。支持学习个体认知发生的中介物就是学习空间。能够充分体现学习个体的差异，并能够结合个体差异提供差别化的学习支持，就是适应性学习空间。

2.1.1 如何理解学习者的主体责任

让每一个个体都拥有平等的接受教育的权利，既是个体适应社会发展的基本诉求，也是国家发展的必然要求。学校不是世外桃源，也不应当存在与现实社会的实际需求相背离的教育。学校的所有教育目标与教育内容都必须与社会的发展需求相适应，引导学习者建立主体责任。

2.1.1.1 学习者需要建立与社会相适应的责任

个体是社会的细胞，不同的社会学家对个体与社会的关系有不同的描述。以霍布斯（T. Hobbes）[1]为代表的一些学者认为，人是从个体开始并构建社会的，但涂尔干（É. Durkheim）[2]却认为是因为社会的存在才使得个体可以存在。[3]尽管其在个体和社会的关系方面的认识存在不同，但本质是一致的，即每一个学习者都具有两大属性——个人属性和社会属性，两者缺一不可。

教育的第一要务在于教会学生成为一个社会人，而非个体人。所谓社会人，是指身处社会环境中的个体能够运用社会的规制来约束和塑造自己的行为，能够在参与社会活动、进行社会交往的过程中，遵守社会的公序良俗，自觉履行社会责任与义务，促进社会秩序的优化与发展，成为维系社会发展的主体。

---

[1] 霍布斯，英国学者，他认为人都害怕因为暴力而死亡，因此他认为需要建立社会并形成社会契约来约束和保护个体。

[2] 涂尔干，法国学者，他认为社会相对于个人而言是具有更高层次的，社会决定个人，而不是个人决定社会。

[3] 詹姆斯·皮科克. 人类学透镜[M]. 汪丽华，译. 北京：北京大学出版社，2009：15.

人类之所以能够区别于自然界的其他生物体并发展成为具有高度社会性的物种，是因为人类从产生之初起就有了社会依赖性。自然界的大量动物在出生以后不久就进入成年期，并具有了独立生活的能力，而每一个人从出生那一天起，就无法回避对他人的依赖，借助他人的支持和帮助，才能够逐步发展成为具有独立行为能力的个体。人的物种天然属性决定了人是以"类"的形式而存在的，作为"类"而存在的人，需要建立一定的公共秩序，每一个个体都必须在这种秩序的约束下生活。

现代课程标准重视核心素养的培养，核心素养的"核心"指向了社会的基本秩序与规范要求，强调个体必须从社会的视角出发，依据社会的核心诉求开展学习活动，能够服务于社会的发展要求培养个体的综合能力。一方面，学习个体因为具备了这些素养才能够适应社会的变革；另一方面，社会因为拥有了大量具有核心素养的个体才有可能持续健康地发展。

社会人的形成需要由学习个体在持续的社会理解与社会行为中产生。社会是一个复杂的概念，社会的规制是人类社会在长期的发展过程中逐步形成的，是人们在长期的生产与生活实践中形成的，并会随着社会的发展而完善。社会具有层次性，社会文化是不同层次的社会具有的典型特征，是具有社会性的人在长期的生活过程中慢慢形成的体现社会共识或生活习惯的特殊约定，且这种约定会成为该社会层次的人共同遵守的行为习惯，并有可能会转化为一种民俗。

民俗是小社会的共同约定，是一种区域性的文化，当其与大社会的约定出现不一致的时候，就存在两种可能性：一种是当民俗并不触及社会核心价值观的时候，就有可能会根据该民俗的特点，建立对传统文化的保护与传承；另一种是当其中的某些元素与核心价值观存在冲突的时候，就有必要对其中的部分元素进行调整，去除不合理元素，保留积极元素，促进民俗文化与社会发展相适应。

成为社会人并建立了社会责任以后的个体，才会成为促进社会发展的人。每一个个体都不是以独立的形式进入社会，而是以社会成员的形式进入社会，每一个个体与社会之间都具有唇齿相依的关系。个体的社会性不是社会赋予的，而是由作为社会个体的社会人的属性决定的，是个体的主体性的体现。在学生的教育过程中，学校或家庭如果抛弃了社会性属性，仅仅试图培养学生的个体属性，那么学生在完成了学习以后就很难建立社会责任，最终也将会被社会淘汰。

社会性是人的禀性。在实践过程中，学校或家庭有的时候会以获得较高的分数作为衡量学生学习质量的标准，对学生的培养只关注其在某些特定学科中的表现，忽视了社会性，导致社会上出现了一些学生厌学、倦学、避学等现象，甚至还可能会演化为一些极端行为。譬如，社会的信息技术水平发展到一个较高的阶段以后，学生就可能会对技术产生兴趣，甚至可能会出现"技术依恋"现象。如果学校或家长采取了极端方式，强制性地要求学生与技术决裂，而学生又对技术心存眷恋，此时的任何不当处理方式都有可能会对学生产生伤害，导致学生的社会性缺失。

社会责任的形成，离不开社会性的参与。为了培养学生的社会性，一些学校采取了多种做法：有的学校是以独立于学校日常教学行为的方式组织开展社会性活动，如组织一些专题性参观活动；有的学校是以主题化或专题化的方式设计一些社会性活动，如以项目化学习形式，引导学生介入一些简单的社会问题中；有的学校会在学校内设计出专门化的校本特色课程等形式，引导学生聚焦于某类社会问题进行专门性训练。

以专门化的方式培养学生的社会性，是促进人成长的主要形式之一。但是，社会性本身是无法独立存在的，如果以独立化的形式培养学生的社会性，对于学生而言，建立的社会性就可能是不完整的。社会性的培养，需要融入所有的学科体系之中，并借助课程内容的社会价值反映出来。唯有如此，才有可能真正建立起学习的价值，并使其体现在学生的成长过程中。

现代学校的办学质量的高低，与管理者的水平有较大关系。2020年初，笔者对江苏省中小学大规模在线教学进行了调研（调研对象的基本信息如表2.1所示），同时还组织了多所学校的面对面访谈。调研显示，在当前的学校管理者群体中，任职年限超过10年的校长占比超过36.8%。

表 2.1　江苏中小学大规模在线教学调研中的对象分布

问卷对象	问卷数（份）	有效问卷（份）	有效率（%）
局长	205	198	96.6
校长	4 047	3 668	90.6
教师	233 696	226 956	97.1
小学生	1 242 347	1 116 456	89.9
中学生	526 732	449 650	85.4
家长	1 295 184	836 886	64.6

注：本次调研是受江苏省教育厅的委托，由南京师范大学教育技术学科专家团队承担，五大群体的调研分别由柏宏权、沈书生、朱彩兰、曹梅与赵丽等老师牵头，由李艺和沈书生进行总协调，近30位博士和硕士参与具体调研实施、研究报告和指南的起草等工作。本数据是团队共同调研综合统计的结果，后续章节中使用调研数据时，会注明"2020年江苏省中小学大规模在线教学调研结果"

本次调研主要聚焦于2020年春季以来全球范围内暴发的大规模新冠疫情背景下，各国普遍采取在线教学的应对策略。特别是针对江苏地区的基础教育领域，在经历了在线教学的实际运作后，我们重点关注了教育领域不同主体的反应，以及他们对在线教学认识的变化情况。接受调研的群体涵盖五大主要人群，旨在深入了解这些既是教育利益相关者又是教育过程中不同责任主体的群体在面对教育系统的一系列变革后，如何理解和关注在线教学的变革。我们特别关注他们如何适应这些外部变化，并调整自身以支持学习者顺利参与教育教学实践过程。对于涉及不同主体的相关内容，在后面的有关章节会结合具体的主题进行深入探讨。

结合调研和访谈等方面的综合数据可以发现，有些校长较长时间在同一所学校任职，也有些校长任职一个阶段后会到其他学校继续任职，学校校长的任职时间较长，对建立学校的文化会有一定的帮助。但是，这也带来了诸多风险：一是封闭思维的风险，当校长在任职过程中逐步建立了一套学校的管理思维以后，他们往往会为了完善自己的话语体系，抛弃外部的其他变化元素；二是自我陶醉的风险，有的校长会不断宣扬自己的教育文化元素，但对于其与外部文化的异同几乎没有认知；三是"掩耳盗铃"的风险，在实践过程中，一些校长也会倡导教师参与教学改革，但本质依然是自己认知的那一套，没有从学校存在的现实出发，许多改革常常流于形式。

教育是一个由不同利益相关者构成的复杂系统,在此系统中,所有的利益相关者最终都会围绕学习者这一"中心主体"开展活动。对于学习者而言,要建立相应的社会责任,建立和社会的发展相一致的责任,教育工作者需要充分理解并尊重学生的成长需求,家长也要充分关注孩子的发展需求。在培养孩子的过程中,每一位利益相关者都要不断反思:最终期待孩子成为一个什么样的人?我们的孩子是社会人,而不仅仅是一个个体,更不能被简单地视作一个家庭人,他们是独立的人,但又不能够脱离社会而独立存在。

当前,社会对学校的认知正在发生变化,家长心目中的"名校"正在从有限学校逐步走向无限学校,一定程度上是受到了名校管理者任职时间相对较长的影响。新成长起来的名校,大多数管理者任职时间相对比较短,提升学校办学品质的内在诉求往往会高于其他学校。因此,他们会更加注重学校之间的交流,也更加容易接纳新生事物,注重对学校教学实践中存在的问题进行分析和判断,进而形成更加有效的策略。

在学校管理中,如果管理者自身缺少社会性,却要求教师具有社会意识,并能够培养学生的社会责任,几乎是不可能的事。只有将学校管理者的社会性纳入考核其品质的指标体系之中,才有可能提升管理的整体水平,并促进学习者形成社会责任。因此,需要引导学校管理者将社会性责任作为社会性的主要内容,同时教育管理部门也应当将社会性责任纳入学校管理者的核心素养体系中。学校以培养人为己任,学校培养的人最终需要回归社会并服务于社会发展。学校管理者可以有自己的自由思想,并形成自己独特的教育理论,但是这些思想和理论都需要遵循根本的社会性秩序,因为他们的想法会直接影响整个学校教育的人才培养方向,甚至决定所培养的人能不能为社会发展服务。

2.1.1.2 学习者需要建立与群体相适应的责任

社会责任,是从未来社会的整体视野对学习者提出的基本诉求。事实上,即使建立了一定的社会责任,也并不能表明学习者总是能够在特定的社会领域发挥关键作用。社会是一个复杂的系统,包含了无数的子系统,每一个个体又处在不同的子系统中，同时会与多个不同的子系统产生交往或作用，从而使得个体可以承担其作为社会成员的基本责任。

个体所在的子系统，会以群体的形式表征。个体在与整个社会进行互动的过程中，可能会同时涉及不同的群体，并通过在不同群体中的行为过程体现个体的社会性。学校作为一个小社会，既是整个社会的重要组成部分，自身又包含了许多子系统。学生在成长过程中，除了要接受学校的系统教育以外，还需要与家庭、朋友进行交往，在此过程中也会慢慢养成许多方面的能力。

学生作为独立的个体，其独立性是建立在社会性基础之上的，通过参与不同群体及不同活动，才能够彰显其个性特征。个性需要受到群体性的约束，同时也会受到社会性的制约，当群体性的约束机制难以发挥作用时，社会性的约束机制便会产生作用。譬如，个体可能会以家庭成员、班集体成员、特定组织成员、社区成员等不同的身份行使个体的权利。

家庭既是组成社会的基本单元，也是一种小型的社会组织。对于家庭而言，会存在许多不同结构，如同辈型、两辈型、三辈型等，甚至有少数家庭可能会出现四世同堂、五世同堂等。一旦家庭中出现了两辈或两辈以上的结构形式，就会产生一些教育现象。家庭中辈分较高者常常会以特有的行为方式管束辈分较低者，并慢慢形成一套家庭管束的行事逻辑，这种行事逻辑通常被称为"家庭教育"。当孩子还处于比较低的年龄阶段的时候，家庭教育通常是由上而下的，是由年长者对年幼者进行教育。但也有一些开明的父母在孩子年龄比较小的阶段，就愿意与孩子以一种平等的方式进行交往，在与孩子交往的过程中学会如何提升自身的综合素养。

孩子从小生活的家庭中的每一位成员的行为方式，都会对孩子产生较大的影响，并成为孩子效仿的对象。在年龄较低阶段，孩子需要呵护，家庭又是唯一可以为其提供呵护的场所，孩子逐步建立了对家庭的信任关系。即使孩子会受到来自家庭成员的呵斥与批评，但由于他们对外部的世界几乎一无所知，因此依然会将家庭视作最安全的场所。

对于尚未走进社会的孩子而言，他们的主要榜样作用就来自家庭成员。报告《中国儿童发展指标图集（2018）》显示，2015 年，我国有 64.7%的孩子与父母共同居住，有超过 1/3 的儿童单独与父亲、母亲、祖父母或其他成人、其他儿童居住甚至自己居住[1]，报告认为缺失与父母的共同生活可能会导致儿童的认知滞后。当他们与其他家庭发生交往，或者有了更多的机会参与一些包括其他家庭成员参与的活动以后，孩子观察的对象群体就会扩大，他们的行为方式也将不再仅仅限于模仿，还会产生比较、对比等行为特点，并会逐步影响自己的行为方式。孩子与外部世界的接触越多，他们的自我思考能力就越强，独立性特征也会越来越明显。

家庭建立以后，家庭的主要行事逻辑并没有经过专门机构的训练，而是家庭成员在交往的过程中通过磨合慢慢建立起来的，并受到家庭中居于优势地位[2]的成员的支配。家长对孩子的管束方式，大多是源自其自身对教育的认识，而这种认识又受到成长经历、工作经历、工作环境、社会氛围等方面的影响，并与其对孩子的成长期待有很大关系。

以 2020 年以来的大规模在线教学为例，由于许多学生不得不以居家的方式进行学习，就迫使许多家长需要和孩子处于同一个学习空间中。在此学习空间中，学习者在教师的引导下，借助家庭提供的各种学习支持条件完成学习任务。在过去的面对面学习过程中，这些支持条件都由学校提供并由教师来设计如何使用，如媒体、工具、系统、平台等技术支持条件。如果学生在学习过程中遇到了与技术支持相关的困难，教师会帮助他们解决。但是，学习者采用居家的方式开展学习活动以后，就不得不占用家庭的许多资源，如电脑、平板、手机、网络等，需要在父母的眼皮底下完成学习活动。

对于每一个家庭来说，家长支持孩子学习的具体状况各不相同。譬如，在疫情刚刚发生时，许多单位采取了居家办公的方式，但也有一些行业出现了"逆行者"，他们需要奋斗在抗疫的第一线，于是就同时出现了由父母、爷爷奶奶、哥哥姐姐等支持孩子学习的不同支持方式。不同的支持者在孩子的学习过程中表现出来的状态各不相同。2021—2022 年，由于疫情的影响，许多学校采用了面对面教学和在

---

[1] 国务院妇女儿童工作委员会办公室，国家统计局，联合国儿童基金会. 中国儿童发展指标图集（2018）[R]. 2018：134.

[2] 如果一个家庭中只有同辈，且双方始终处于较为平等的地位，可以视作共同分担优势地位，但此种结构形式的家庭中往往不存在教育关系。

线教学交替的方式，家长对孩子的学习支持变化更大，隔辈的学习支持与辅导逐步成了在交替过程中孩子居家在线学习的主流方式。如何建立适当的支持关系，形成有效的居家状态下的在线学习支持样式，适应不同年龄阶段孩子的特点，帮助孩子顺利完成居家学习任务，同样成为当前教育实践中需要思考的新命题。

在近30年的高校教育经历中，笔者接触了不同层次的大学生，也经常深入基础教育场域与广大一线教师打交道。从与不同对象的交往中可以发现，大多数家庭在教育子女的过程中都曾经使用过不同程度的"暴力"方式，能够做到与孩子友好沟通并完成教育行为的家庭少之又少。在孩子成长早期，如何规范和约束孩子的行为，是一个复杂命题；如何构建一套行之有效的规则，需要专门的研究者进行更加深入、系统的研究。

家庭成员的受教育程度，往往会影响学校教育的实践过程。我们通过对一些小学管理者和教师的访谈发现，小学附近的高校在国内的影响力越大，小学教师在班主任工作中遭遇的挑战往往越多。一些学校表示，有的班级有近半数家长有过境外学习经历，这些家长往往有比较独立的教育主张，并且家长的主张也各不相同，但是每一位家长又常常会以自己的认识为基准评价学校的具体教育行为方式，并对学校提出若干要求。当家长之间的想法无法达成一致的时候，如果家长都想干预学校的教育过程，往往就会导致学校或教师畏首畏尾，难以建立一套既符合教育规律，又能体现学校特点的教育体系。

群体责任是一种体现了包容思想的责任，是个体在与群体的其他成员进行交往过程中表现出来的一种容他性的社会属性，是个体能够理解其他个体的不同特质并能够与之建立和谐交往关系的属性。群体形式有两类：一类是松散型群体；另一类是紧密型群体。前者往往是因为某些特殊的需要临时组建而成，一旦任务完成，群体就自然解散；后者则会因为特定的目的而要求个体之间保持较为深入的交往，而且这种交往关系有可能会持续到某一个群体的使命完成以后。

【思考】 如何理解团队成员的相互关系？

某学校有一个信息化教学研究与应用核心工作团队，包括A、B、C、D、E、F、G、H、J、K共10位成员。其中，A是团队的负责人，50岁，中学特级教师，其他成员的年龄为30—40岁。团队中的核心成员主要有B、C、D、E，他们会经常性地组织申请一些项目，并思考如何引导团队完成项目。通常的做法是由A、B、C、D、E一起召开小组会，商定项目的申请方案与基本规划等，然后分别由B、C、D、E中的一位负责落实具体项目申报书的撰写等。一旦项目申请成功，全体成员会围绕项目开展研究工作。

最近，A遇到了一些困惑：一是团队成员B和C都顺利地晋升了中学高级教师，学校让他们承担了更多的责任，他们都被安排了新的任务，带领不同团队开展新的研究工作；二是学校给A的团队塞进来了两位年轻教师M和N，他们两位刚刚入职，都是新教师；三是D和E都需要申请项目，准备职务晋升，尽管表示愿意参与团队的活动，但是投入的精力明显不够；四是F、G、H、J、K几位老师觉得自己在团队中被边缘化了，他们经常会一起议论A老师，认为A在做事的过程中存在有失公允的情况；五是在团队获得各种奖励以后，A总是主张采用平均分配的方案，而不区分团队成员的贡献率，但在A看来，自己对团队中所有成员都是一视同仁的。

类似于上述团队中的情形，估计在许多学校或团队的建设过程中都会存在，如果不能够处理好这些问题，可能会成为影响团队发展的因素。通常团队的负责人都是由具有一定影响力的成员担任，他们可能在所在学科具有一定的学术声誉，具有更广阔的视野，更容易把握该领域的发展方向。但是，在团队组织申报项目的过程中，难免会出现由成员共同围绕主持人一起申请重要项目的情形，这就会涉及成员的排名、成员的责任分配、成果提炼等具体事项，如果团队成员难以达成一定的共识并形成一些团队成长的基本规范与规则认同，就很难形成有品质的团队。

在学校教育过程中，班级是最常见的群体，是学生成长的主要平台。许多学生可能会在一种相对稳定的群体中度过一个较长时期的学习，并与群体中的其他个体建立了不同的学习关系。有的班级中往往还会包含若干小群体，小群体的形成或者是因为学习任务的需要，或者是因为相互之间存在某些共同的兴趣与爱好。每一个个体就是通过不同的群体展示个体的特征，并逐步进入这些群体中，通过个体在群体中的参与度等建立起群体责任。

在学生成长过程中，有的个体善于与他人打交道，也有的个体更加愿意独处，很多研究往往将这些特质理解成个体的外向型和内向型特征。事实上，这些特征并非总是由个体的先天因素决定的，而是与个体在成长过程中接触的群体有关。在参与群体活动时，如果个体对群体中的其他个体的行为出现了认知差异，他们既有可能会采取无视的方式，也有可能会采取针锋相对的方式。此时，如果能够引导个体从不相容到相容，从回避差异到认同差异的多元化存在，从差异化的现实中帮助个体理解包容差异的可能性与必要性，探索接触差异与适应差异的思维方式，个体的群体责任就会逐步建立并养成。

教育中的一切现象背后都存在原因，但是往往较为复杂。学生在成长过程中经历了许多事情，并会接触许多群体。这些事情或群体都会成为影响个体成长的重要因素，而事实或群体之间的不同组合形态，也往往会使这些因素之间的关系变得更加复杂。培养学习者的群体责任，最为关键的就是要引导每一个个体学会建立包容的思维方式，能够审辨性地看待身边的问题与思考问题，能够以一种更加积极的心态处理好与群体中其他成员的关系，能够以更加宽广的胸怀理解社会中可能存在的复杂性，只有这样才有可能建立正确的价值观，并体现出不同的群体责任，从而为个体的成长奠定基础。

2.1.1.3 学习者需要建立与自身相适应的责任

个体的社会责任与群体责任的形成，与个体进入社会或群体的程度有关，也与个体自身的认识基础有关。如果个体在成长过程中主动或被动地逃避社会现实，或者试图回避特定的群体，他们构建的知能体系就必然会独立于社会或群体，导致社会性的缺失。

在实践中，我们经常会遇到一些案例，即部分家庭往往将个体置于社会之上，建立"以孩子为中心"的育人思维，一切围着孩子转。当孩子表现出与群体或他人不一致的行为时，有些家长往往会毫无原则地支持自己的孩子，将其看作对孩子的"尊重"。尊重孩子，是强调父母与孩子之间应当平等对话，能够在观点出现冲突的时候相互理解，能够在抛弃辈分优势的前提下形成观点的碰撞，并逐步达成一致。

如果将尊重理解成是无条件地支持孩子所做的每一项决定，就容易导致孩子产生排他性。

父母是孩子的第一任老师，是孩子行为的"镜子"，孩子是家长的"影子"。许多人一生中都特别中意父母做的饭菜，家乡的环境会经常出现在人的梦境中。生活在苏中地区的人饮食口味偏咸，生活在苏南地区的人饮食口味偏甜，这是因为从小生活的环境一种特有的"味道"，这种味道会深深地植根于个人的身体，并伴随人的一生。家庭对孩子的影响不仅包括饮食，还包括认知。如果父母知书达理，孩子往往也会表现出较好的交往习惯，如果父母经常争吵，孩子的脾气可能也会比较暴躁。

上述现象不一定必然发生，毕竟孩子接触的群体并不仅仅是家庭，甚至有父母发现家里几个孩子的性格各不相同。这会不会与孩子在成长过程中遇到的不同对待方式有关？对于多子女家庭，有没有可能对第一个孩子更加严苛，而对第二个孩子却有些宠溺？或者在有了第二个孩子以后，会不会习惯用一个孩子的优点去批评另一个孩子的缺点？多子女家庭对待孩子的态度，会不会表现出性别方面的差异？

个体的主体责任会通过行为表现出来。在特定的行为过程中，个体需要与不同的群体进行交往，借助对话等互动行为建立符合社会规范的个体责任。个体责任的形成与个体接触的群体有极大的关系，如果个体总是将自己限定在一个小的群体之中，其建立的社会责任就可能会受制于群体的范围而表现出比较小的格局。

与不同的群体进行交往，有助于个体建立更宽广的视野与格局。但是，如果个体接触的群体过多，也可能会带来更大的风险。譬如，个体可能会发现自身与群体之间存在"话语代沟"，或者发现自身与群体之间存在"能力体系代沟"。不同学术圈有不同的话语体系，不同专业领域也有不同的专门术语。在与不同群体打交道的时候，有的个体会用自己的弱项与群体中的强项比较，也有的个体会用自己的强项与群体中的弱项比较。此时，往往会出现几种不同的结果：第一类是回避自己的优势而纠结于自己的劣势；第二类是自信于自己的优势而忽略自己的劣势；第三类是维持自己的优势并弥补自己的劣势；第四类是强化自己的优势而忽略自己的劣势；第五类是放弃自己的优势而追求弥补自己的劣势；第六类是既看不见自己的优势，也不清楚自己的劣势。

网络出现以后,"去中心化"成为描述群体社会性的一个基本概念。事实上,网络自身往往具有管理者优先权。在此过程中,所谓"去中心化"仅仅是社会性交往中的理想模型。个体进入某一群体以后,群体中的参与者会自动地分化,并自动形成"中心化"。譬如,我们观察任何一个社会性群组都会发现,群组中的活跃个体往往只占较低的比例,大部分活动往往都是由极少数人在支配。

在交往的过程中,如果对个体的思维要求与个体自身的实际思维水平无法达成一致,就有可能会导致个体在群体活动中出现"隐身"或"潜水"现象。此时,就需要为个体提供合适的通道,便于其借助适当的方式将困惑呈现出来。如果群体对这些出现异常行为的特定个体无动于衷,甚至要求所有人必须依据群体中居于主导地位的个体建立的规则秩序行动,就有可能会制约这些人的发展,甚至可能会导致其寻求逃避,进而表现出较低的韧性。

学校需要结合学生的年龄特征,充分考虑到个体的认知特点,设计体现不同社会化程度的学习活动,既要考虑到能够帮助学习者建立什么形式的社会责任,又要考虑到学习者在这种活动中是否有能力建立社会责任,让学习者既愿意参与其中,也有能力面对其中可能出现的各种复杂问题,进而通过个人努力去解决这些问题。

2.1.2 适合学习者的主体责任形成

学习变革中存在的最大难点就在于如何构建一种能够得到所有利益相关者认可的教育理解。对于国家而言,基础教育的核心价值是在追求教育公平的同时,为个体提供最合适的教育机会与发展机会,建立与未来社会需求相适应的人才观,形成体现社会发展需要的人才储备结构。一方面,要满足每一个学习者获得高质量教育机会的需求;另一方面,要努力让每一个学习者都可以在健康的教育氛围中接受教育。

2.1.2.1 建立与年龄相适应的主体责任

对于个体而言，影响他们接受教育的因素是多方面的，既有来自国家层面的课程标准的要求，也有来自社会层面的人才能力要求，还有来自家庭层面的超越平凡的特殊发展要求。

"内卷"已经成了当前教育领域引人注目的问题之一。许多家庭从孩子出生开始，就让其参与不同机构的培训之中，有些孩子几乎每天都会有不同的培训主题，一些孩子的童年已经完全处于"培训"的浪潮里，甚至会一浪高过一浪。不排除有一些培训能够聚焦于孩子的天赋，促进了其某些特长的发展，但是当一些培训机构将目标定位于特定的学科，并以如何快速帮助学生获得解题技巧作为培训的主要"卖点"的时候，教育的"内卷"现象已经达到了一种让人"窒息"的地步。

青少年阶段是人格形成的关键期，青少年不能绕开具体的人格特征进行学习，也不存在与人格无关的独立学习。学校教育的基本任务是育人。育人包括多个方面的内涵，如学科领域的知识与技能、认识世界的过程与方法等。如果忽视了对学生进行价值观的引导，无论学生在知识与技能领域能够走多远，也很难将其定义为一个"完整的人"。健全的人格是形成"完整的人"的基础，是一种面向社会和未来的个体属性，是个体在实践过程中能够正确面对外部世界的变化，抛弃个人的主观独断与偏见，学会包容外部世界并与外部世界和谐相处的一种属性。

个体的人格塑造，离不开社会性行为。从当前的学校教育设置的课程体系来看，在人格塑造方面，无论是从内容体系的设计来看，还是从具体的培养过程来看，所占的份额都比较有限。如果忽视了人格的塑造，即使学校给予学生再多的东西，都可能会使其转变为学生谋取个人利益的工具或手段。这些学生甚至可能会因为精于算计，最终蜕变成为"精致的利己主义者"[①]。如果这个问题得不到重视，个体接受的教育程度越高，产生的负效应就会越大。

学生的认知发展是一项系统工程，片面的教育难以促进学生认知的发展。学生的认知成长目的在于面对真世界时能够解决真问题，在设计教学活动的过程中，如

---

① 北京大学中文系教授钱理群先生在 2008 年该校 110 周年校庆期间接受采访时，表示出了担忧。他担忧教育会导致未来的一代人成为"精致的利己主义者"。这一词语很好地概括了缺少社会性的人格的特征。

果远离了真实的世界，学生建立的知能体系也必然是独立于真实世界的。

我国课程改革的基本路向可以概括为以下几点：一是从书本走向现实；二是从知识技能走向实践应用；三是从知识点逻辑走向单元逻辑；四是从单一学科走向跨学科；五是从知识思维走向学科思维。学科之间的边界壁垒正在逐步被打破，项目化的学习范式正在逐步得到一线教师的认同。我们需要认识到的一个现实是，我国基础教育领域的教师数量是千万级的，教师队伍结构复杂，许多教师已经习惯了以书本、知识技能、知识点逻辑、单一学科和知识为基础的教学行为方式，其对在此基础上构建的教学行为过程驾轻就熟。要突破已有的教学行为方式，需要教师既能够真正发现原有的教学行为方式是否真的存在问题，了解是否有新的行为方式，还需要悟透新的行为方式如何才能改进教学效果。

将真实世界的真实事件纳入教学体系，其实质就是将现实问题解决纳入学生的认知行为体系中。这样学生就可以从问题出发，建立以解决问题为基本诉求的认知目标，并能够在认知过程中寻求问题解决的良策。前者可以促进学习者建立学科与真实世界的关系，后者可以促进学习者建立问题与问题解决团队的关系。当学习者能够巧妙地处理好与团队成员之间的关系，并能够建立协同解决问题的思维时，就能够将人格的培养落实到认知的具体过程中，并能够逐步感知到学习的价值，增强学习的内驱力。

学生的认知与年龄高度相关，回避年龄，就违反了认知规律。在现实世界中，很多家长都有"望子成龙"的心态，甚至有的家长还会表现出过于急切的反应，通过让孩子参加不同的兴趣班、增加作业等方式，让孩子处在高速运转中。对于特定阶段的孩子来说，生理年龄、心理年龄等决定了他们在某一个年龄阶段只能完成与其年龄相适应的事情。如果忽视了孩子的年龄特征，忽略了孩子在实际发展过程中的认知能力、心智水平、生理机能等方面的特殊性，给予孩子过高的能力期待，是难以实现外部目标的。

以皮亚杰（Piaget）为代表的一批研究者从儿童的认知发展特征出发，尝试探索不同年龄阶段孩子认知发展水平的差异，并将孩子的认知发展水平分成了不同的阶段。在现实生活中，有的个体可能会在某些事实或行为反应中表现出高于其他个体的特质，因此皮亚杰提出的关于儿童认知发展阶段的划分可能只具有普遍意义上的价值，而不一定能够完全映射到每一个特定的个体身上。但是，对于绝大多数儿童来说，他们的认知发展过程必然会遵循一定的发展顺序。如果外部对学习者的要求超越了其实际能力水平，就会导致他们在认知过程中面临巨大困难。

对于年龄，不仅要从生理层面理解，还要从心理层面或认知层面理解。比如，对处于高中阶段以后的学习者而言，当他们从不同地区进入同一所学校时，除了文化背景差异，原有的学习行为方式或问题处理方式都有可能会让其表现出较大的差异性。大学本科或研究生阶段的教师给学习者安排相似的任务后，往往会因为其展现出的不同能力水平而做出不同的评价。在此过程中，一个常见的现象是教师可能过于简单地认为部分学生能力不足，甚至可能错误地认为现在的学生与过去的学生在学习能力或水平上存在差异。

事实上，对于上述现象，如果简单地将其归因于当下的学生水平有所下降，是不公平的。新时代的学生接受的教育内容，在总量和覆盖面等方面普遍超过了过去的学生。然而，从认知层面考虑年龄差异时，我们不难发现其中存在一种"代沟型"的认知现象。具体来说，部分教师可能倾向于使用过去的教学方法来评估现在的学生，同时区域差异也导致在教育内容的选择上存在差异。这些因素共同作用，使得同一年龄阶段的学生接受了差异化的教育内容。因此，部分地区的学生可能未能接受到与其年龄相匹配的教育内容，从而在认知层面产生了差异。

进入新的学习阶段，学生的跨区域性会明显增强，采用同样的方法作用于学生群体以后，其表现出来的结果也会存在差异，并可能会让教师产生学生群体的整体水平下降的印象。尤其是学习者在参与专题项目、科研训练等新的研究问题时，他们在具体活动中的状态会存在差异。对于这些差异，我们可以通过认知年龄的概念来理解。

对于不同的学习对象，每一个学习者可能会投入不同的时间。譬如，学生甲和乙在某一个学习阶段同时经历了四种对象的学习，即解析几何、小说阅读、写作训练与视频制作等，但他们的学习投入时间却不同，如表2.2所示。

表 2.2　不同学习对象的学习时间投入　　　　　　　单位：小时

学习对象		基础时长假定	学生甲	学生乙
学习时间分配	解析几何	80	120	60
	小说阅读	40	50	100
	写作训练	60	120	80
	视频制作	40	10	60
总时长		220	300	300

学生甲和学生乙在学习过程中花在不同学习对象上的时间不同，但学习的总时长是相同的。假定通过做一种统计学分析发现不同课程有一定的基础时长要求，学习"解析几何"的学生至少需要投入 80 小时，学习"视频制作"的学生至少需要投入 40 个小时，才能够形成相应的技能。事实上，我们可能会发现，对于有的学习对象而言，学生可能需要花费更多的时间才能够巩固相关内容，有些内容的学习投入的时间越多，对相关内容的理解就会越深刻，学习结果也会更好，有些内容的学习则不然。譬如，小说，阅读得越多，学生的阅读面就会越广阔，因为不同的小说主题与故事等本身都是不同的；对于"解析几何"中的某些公式，学生一旦投入足够的时间，就可以理解并应用。

在具体学习过程中，当学生投入某一学习对象的时间达到一定的基础时长以后，就可以达成学习的基本目标，如果低于基础时长，就可能会影响学习结果。学生乙可能对视频制作感兴趣，并且愿意花费更多时间来进行视频制作的学习与实践，那么当他进入新的学习阶段以后，视频处理能力就会成为其强项，并明显高于学生甲。不同学习者在某些特定学习对象上的投入时长的差异，就是认知年龄的差异。如果教师忽视了学习者的认知年龄差异，很容易挫伤其学习积极性。

考虑学生的年龄差异，不仅仅是要求教师根据学生的年龄差异设计教学活动，同时也要求教师能够引导学生建立与其年龄相适应的主体责任，提醒学生在能力存在缺失时，要能够及时弥补特定年龄阶段的不足，避免因为个人的偏好或区域学习差异造成的认知结构失衡。引导学生在不同的学习对象上投入必要的基础时间，本质上是要让学生自觉地建立并承担相应的学习责任，形成内在的主体学习意愿与学习冲动。

2.1.2.2 建立与现实相适应的主体责任

在学习过程中，我们倡导要让学习者建立学习的主体责任，还要强调如何让这种主体责任与其所处的现实社会相适应。在长期的教育教学实践过程中，一些学校设置的教育目标与教学内容等，通常会聚焦于知识与能力体系，侧重于已经形成共识的学习内容。这就可能会同时存在两个问题：一是学习的内容体系可能会滞后于社会的发展；二是没有结合时代的发展场景设计相应的学习过程、帮助学习者理解学习内容，使得学习过程与时代发展脱节。

新的课程改革越来越强调以下几点：一是要从中国整个文化发展历程和社会实践中理解学科的学习内容；二是能够引导学生通过学科内容的学习建立学科知能体系与学科思维；三是要求学生能够将在学科中学习的内容还原到社会实践中，能够运用所学知能或建立的学科思维解决社会实践中的真实问题。国家层面上已经通过课程改革，借助课程标准的持续修订等，应对实践中存在的问题。但是，教师如何将修订后的标准及标准中显示出来的思想转化成教育者的实际行动，引导学生在建立主体责任的过程中，不断思考目标和个人成长的关系，理解如何通过课程学习强化个人的主体责任等，是构建现代学习范式无法回避的问题。教育领域要构建现代学习范式，需要弄清楚学习的意义是什么、谁才是学习的责任人，引导不同主体承担起属于自己的教育责任。

第一，学习是为未来服务的，需要促进学生建立学习自觉。研究学校的教育问题，研究者经常倡导要"以学习者为中心"。如何理解学习者的中心地位？这种中心地位是通过什么样的方式建立起来的呢？如果我们仅仅将"中心地位"简单地理解成一切要围着学生转，所有的外部支持者都应当无条件地为学习者服务，一切服务于学生，一切为了学生，仅仅将学生置于一种被关注、被照应的位置，而不能够真正将学生置于"学习的中心"，就很容易使"以学习者为中心"成为一句空谈，甚至可能会培养出一批"花瓶式"的儿童，孩子在失去了外部呵护的情况下就无法适应。

真正的"以学习者为中心"，应当是关注作为中心的学习者在成长过程中如何主动思考并达成学习目标，如何将学习的内容应用于实践中，以及能否借助有限的资源帮助学习者更好地走进真实的社会。在社会发展和变革的过程中，如何对已经学到的东西进行转化，进而形成持续学习的需求与愿望？只有学习者能够懂得如何在有限的学习和未来之间建立关系，才会清楚自己的不足，并持续改变。

当他人都以自己为中心以后，学习者更加需要建立中心责任，能够明白在学习过程中"作为中心的自己"应该如何组织和开展学习活动。学习不是一种他者服务，而应当是一种主体自觉，学习者的主体责任必须是由自身通过实践产生的，是其自我觉悟的表现。学习者通过自我觉悟的过程，能够理解哪些内容可能会影响自己的学习和生活，能够理解哪些基础性的内容可能会帮助自己适应未来变化的世界。对于学习者而言，在教育过程中形成的学习结果的集合将会呈现出一种学习力。学习力是一种面向未来的力量，是学习者在学习过程中逐步提取和抽象出来的，并且可以解决其在生活世界中面临的各种问题的一种力量，是学习者在学习的实践过程中逐步建构起来并且依然会持续完善的基本属性。

学习力来源并超越了特定的知识技能体系，是学习者在成长过程中形成的实践跨越。从简单的、书本式的学习进入复杂的、问题解决式的学习，学习者才有可能从被动的外部输入者成长为主动的思考者与建构者，并能够主动向外部输出，让每一个个体都能够体会到自己是社会发展过程中必不可少的角色，理应作为社会发展的要素，积极参与社会问题的发现过程，主动思考问题的解决过程，进而担负必要的社会责任。

第二，学生是未来社会的建设者，需要建立未来意识。学生接受教育的主要渠道是学校，他们通过学校教育获取知识和技能。这一过程的目标在于教导学生如何在个人发展与社会责任之间建立联系。学校不仅是学生接触社会的桥梁，更是他们融入社会的纽带。学生并非孤立的个体，而是社会的重要组成部分。每一名学生都应将自己视为社会大家庭中不可或缺的一员，充分认识到在社会发展过程中，每一个个体都是现代社会建设的积极参与者，也是未来社会的建设者。因此，学校应当引导学生认识到，在推动未来社会发展的过程中，他们肩负着不可推卸的责任，需要积极主动地承担起这一重任。

学生社会责任的建立，可以通过家庭责任、学校的小组责任、班集体责任等的渗透方式逐步实现，在设计和组织学习行为或活动的过程中，需要兼顾学生的未来社会责任。譬如，学生在完成学校的学习任务以后，会走上工作岗位。对于即将进入工作岗位的学习者而言，他们对待岗位可能会存在几种不同的心态：一是将自己视作单位的一名普通员工，仅仅是借助单位谋取一份职业；二是将自己作为单位的重要成员，会积极参与单位的各种活动，并完成单位的各项任务；三是将自己作为单位未来发展的重要参与者与贡献者，主动关心单位的发展，并能够为单位的发展提出建议。

学校的活动设计，需要有意识地融入体现个体责任的活动元素，在一些需要协同完成任务的学习场景中，可以设计一些促进责任养成的议题。譬如，当学生共同参与一个学习项目时，可能会存在角色分工。对于特定的角色主体，既存在小组中的分工责任，也存在小组共同责任。不同个体在讨论相同的主题时，教师需要及时引导他们学会参与建构，避免出现"我仅仅是提出个人看法，至于你们是否采纳，就不是我的事了""那个问题的解决应该是你们小组的任务，就不应该让我们小组也参与交流了吧""项目组长都不急，我们操什么心""一个组员操起组长的心来了"等想法。

上述情况在实践生活中可能会比较常见，"事不关己"时，一些人往往喜欢"置身事外"，这一现象本质上就是"责任"的问题。譬如，求职时，求职者可能会同时确定多个备选单位，因为其没有把握一定会被某个单位接收。当某一单位确定选择他以后，其开始思考如何为进入该单位做好准备，还是试一下其他的单位？在职业选择的过程中，许多人都会建立备份，这本身是无可厚非的。但是，问题的关键在于，在选择单位的过程中，个体持有的是一种什么样的想法？是带着某种倾向去选择，还是为了证明自己的实力而进行大范围的面试，以享受在多家单位排名第一的快感？有没有出现这样的情形，个体选择了一家单位去面试，但目的很明确，即使这家单位会选择自己，他也不会选择这家单位？

估计许多用人单位都出现过类似的尴尬，即相中的人不来，而许多想来的人又因为他人占着位置而失去了机会，导致出现了"企业用人难"与"毕业生就业难"的双重困境。实践中还存在一类求职者，他们的目的比较简单，就是为了获得一个岗位。进入工作单位以后，只是将自己定位成由他人管理的员工，他们会按照管理者的安排和要求完成任务，甚至可能会和单位之间形成二元对立的关系，只要求单位按照法律责任对待员工，为员工支付相应的报酬等，而不在乎单位的发展，也不愿意介入单位的具体决策过程。不能说这种想法是完全错误的，如果从整个未来社会建设者的视角来思考，我们就会发现无论是作为一个家庭成员，还是作为一个单位成员，都不应当将自己视作旁观者，而是应当站在家庭或单位组成部分的立场来理解自己作为社会建设者与参与者的主体责任。对于一个家庭或单位的所有成员而言，如果仅仅想获得他人的帮助，却没有思考如何尽力为社会提供服务，那么这个家庭或单位必然会走向衰落。

个体的主体责任，不是个人关于责任的观点或意识的表达，而是将自己作为整个社会发展进程中的重要建设者，以一种责任人的思维方式理解个人之于当下和未来的责任与担当。对于当下可能存在的一些主要问题，不应该抱怨和责备，而是需要思考如何解决这些问题，如何避免同样的问题出现在我们这一代或下一代身上。在问题解决过程中，个体还需要思考如何寻找更好的路径和更好的策略，为自己所在单位的发展做贡献，而不是简单地依靠单位获取个人的利益。从学校教育开始，只有引导学生将所在的集体利益视作个人利益，他们才会不断思考如何维护集体利益。这样，当他们进入社会以后，就会以建设者的视角看待自己与集体的关系、与整个社会的关系。建立对未来社会的尊重，能让学生在集体活动中形成共同参与的个体责任与主动担当意识，能够将自身作为社会发展不可或缺的重要角色，并不断思考如何通过个体成长与个体力量共同促进整个社会的进步和发展。

第三，在建设社会的过程中，需要具有不同能力的个体参与。在基础教育的教学实践过程中，学生的学习内容主要是依据国家制定的课程标准要求进行设计的。对于广大学习者而言，他们在学习时依据的基础、经历的过程、期望达成的学习结果具有一定的相似性。学校的课程设置与学科选择的依据都是国家的课程标准。

由于学校存在师资等方面的差异，在理解课程标准的过程中往往会存在区域差异，对课程标准的落实也常常会存在地区或学校差异。在基础教育阶段，对人才的基本定位是为他们的未来发展奠基，因此需要帮助学生形成适应未来新阶段学习的必要基础，提升学生的核心素养。以义务教育阶段的语文课程标准为例，学习语文，就是为了帮助学生理解并能够运用中国语言文字，能够将语言文字应用于生产生活实践中，既要体现语言文字的工具性，又要体现其人文性。教师在语文教学的过程中，要做到以下几点：一是要通过中华传统文化的学习，帮助学生理解中国文化的博大精深，热爱语言文字；二是要通过在适当的情境中运用语言文字，引导学生理解语音文字的魅力；三是要通过应用语言文字，发展学生的思维能力，提升学生的思维品质，促使他们懂得如何借助语言文字表达自己的思想和智慧，为弘扬中华文明和传承中国文化奠定基础。

如果说义务教育阶段的语文学习更多强调的是基础性，关注如何通过语文的学习为其他学科的学习奠定基础，为学生形成正确的世界观、人生观、价值观奠定基础，那么高中阶段语文的学习则更侧重进一步提高学生应用语言文字的能力，侧重提升学生综合运用语言文字的素养，能够引导学生将语文学习与个人的思想道德修养、科学人文修养等结合起来，不断增强学生的民族自豪感与文化优越感，激发学生创造性地应用语言文字的内驱力，提高应用语言文字的品位。

在学校教育中，学习语文，依据的是课程标准的基本要求，但是标准仅仅是国家对课程学习的一种规范，而不是限制。尤其是像语文这种基础性的课程，不同于其他学科最典型的特点在于无所不在性。当学生具有了一定的语言文字能力以后，阅读、使用语言文字的习惯会伴随着学生的日常生活，并会贯穿于人的一生。每一个人都会进行有选择性的阅读，甚至还会产生自发的写作动机。完成学业进入工作单位以后，人们还会形成应用不同语言文字的需要，譬如，记录工作事务、梳理工作进程、规划个人或工作发展等，有的时候还会以文字的形式描述个人的学习、生活或工作感受，形成工作总结或者工作汇报等。对于每一个特定的个体而言，他们对语言文字的应用，既可能是来自外部的需求，也可能是源自内心的主观愿望，并可能会存在很大的差异。

在学校的语文教学过程中，教师需要引导和帮助学生懂得如何运用语言文字准确地表达自己的观念和想法。在不同的场合，人们表达观念的方式存在差异，如何巧妙地控制好自己的情绪，并能够合理地选择适当的表达方式，是一门大学问。有的时候，人们可能会因为个人的情绪失控而表现出暴怒的倾向。在暴怒状态下，人们的语言能力可能会下降，如果此时不能够有效平复心境，就有可能会出现一些"过头话"，逞一时的口舌之快，却往往会因此而伤了和气。教师可以通过设计不同的语言文字应用场景，引导学生巧妙地与他人交往。学生一旦能够形成充满情感的语言表达能力，就会有更多的人愿意与他们打交道，不会因为自身的语言表达能力缺陷而事与愿违。

无论是教师还是学生，无论是学习小组的组长还是小组中的成员，无论是家庭中的家长还是孩子，无论是单位的管理者还是普通的员工，从作为独立个体这个层次来看，他们具有与生俱来的平等性。但是，作为特定工作场景中的具体角色，每一个个体通常又存在差异。譬如，学校的教师需要能够洞察不同的学生在学习中面临的真实困难，并能够提供适当的学习支持。家长需要能够理解孩子出现情绪变化的原因，并能够给予孩子合适的辅导和帮助。但是，不排除在实践中可能会出现一些不和谐的场景：教师因为看到学生难以达到目标而抱怨"你们是我碰到的最差的一届学生"；家长会因为孩子的差错而抱怨"我前世造了什么孽才生下你这么个不争气的东西！"等等。我们知道，这些语言并不一定表明师生之间、父母和子女之间真的会出现矛盾，仅仅是一种在情绪不稳定情形下说出的"气话"。然而，从更严格的意义上讲，这说明个体在语言能力应用方面存在不足。在人与人的交往过程中，任何一方都不应当使用话语霸权来展示自己的身份或发泄自己的不满，应当学会合理运用语言，在适当的表达中追求组织的和谐。

语文学科学习如此，其他学科的学习也具有一定的相似性。在学校教育过程中，在让学生达成相关学科课程标准要求的基础之上，教师需要进一步思考这些学科和课程对学生将来的学习、生活和工作等有什么差异性要求，引导学生逐步思考为了适应未来生活和实现人生目标，需要具备哪些能力。如果学生能够懂得学习与生活的关系，就更容易产生不同的学习兴趣，并愿意投入更多的精力完成学习任务。

学生完成基础教育进入更高阶段的学习以后，他们的学习往往更能体现出专业性。不同的专业，如人文社会科学类专业或自然科学类专业，对学生的基本专业素养的要求往往会存在较大的差异。当前，许多大学都开始重视专业的渗透性，关注学生的综合素养提升。理工科的学校或专业会引导学生学习一些人文社会科学类的课程，主张学生能够阅读人文社会科学类的文献，提升学生的人文素养。人文社会科学类的学校或专业会引导学生适当关注科学领域的发展，能够理解现代科技对人文社会科学的影响。只有学科之间相互交叉和渗透，才有可能使专业发展沿着更加健康的轨道运行。基础教育是人生成长的重要阶段，能为人的一生发展奠基。学校需要在理解课程标准的基础上，充分关注并服务于学生的未来成长，帮助学生逐步形成人生必备的基础素养。这是学生通向未来职业之路、建立职业素养的必然要求。

第四，让孩子理解现实世界，才有可能激发其学习的动力。孩子毕竟是孩子，他们来到世界以后，也仅仅是构成整个自然界的基本单元。此时，人与其他动物相比，并不会表现出先天的优越感。但是，经过不断成长，逐步迈入社会以后，人与构成自然界的其他生命体相比，就会表现出后天的优越性。对于自然界中的某些生命体而言，它们在经历了基础生长和发育以后，会逐渐离开自己的母体，并慢慢以独立的方式学会生存，甚至还会渐渐地忘却血缘属性。人与这些生命体的最大不同就在于，保持了血缘性，并渐渐形成了社会性。人在成长过程中会不断与外部世界打交道，并逐步融入不同的社会组织，演化为具体组织的重要成员。人类具有强大的血缘属性和家庭纽带关系属性，由于家庭条件不同，不同个体获得的外部支持也会迥异。对于具有了一定经济基础的家庭而言，它们可能会为孩子提供更多的外部支持。

在自然生态系统或生命组织系统中，存在一种平衡与抑制现象。譬如，在人体内存在一种成分叫"糖原"，存在于人体的肝脏和骨骼肌肉中，它可以在酶的作用下进行合成与分解。当体内的血糖浓度过高时，就会在合成酶的作用下合成糖原并储存起来；当体内的血糖浓度过低时，糖原就会在分解酶的作用下分解，维持体内的正常血糖水平。人体中的胰岛素可以促进分解酶与合成酶的形成。正常的人体组织会通过分解与合成维护机体的正常血糖水平。如果存在糖摄入过量或摄入不足等情形，机体自身的调节系统被打破，甚至出现抑制作用。

对于处在整个社会系统中的人来说，会不会也存在类似的现象呢？比如，学生获得了过多的外部支持，会不会产生抑制作用，导致他们不能够完整地思考问题？有时候，我们会发现一些在基础教育阶段分数很高的孩子进入大学学习或进入社会以后，却表现平平，甚至还可能会出现一定的逆社会性，这在很大程度上与他们在早期的学习经历中得到了过度呵护有关。过度的外部支持或呵护,容易导致学生在不需要经历内在自我能力释放的情况下就解决了问题,久而久之,可能会抑制其能力的发展。

进入真实世界,从真实世界中感知到来自外部世界的多样化刺激,并在外部不同刺激的作用下激发学生产生反应,是引导学生形成多样化思维、形成不同认知兴趣、建立丰富认识的基础条件和有效方式。让学生置身于真实的世界,并不意味着是为了让其理解生活的不容易,或者会将其置于风险中,而是为了让他们从与真实世界的交往过程中理解外部世界的复杂性,体会到可能存在什么样的风险,意识到可能存在什么样的危机,感知外部变化的多样性。

学生对外部真实世界的理解,在不同的学习阶段存在差异。对于不同的学习者,他们在接受不同学科学习的时候,对外部真实世界存在着一样的需求,但不管怎样,如果学科或课程孤立于外部世界,就有可能会让他们对学习价值产生疑惑。如果这种疑惑得不到解答,就可能会在心中扎根,甚至可能会使学生产生学习厌倦。真实世界是客观的,但每一个学生眼里的真实世界通常是主观的,在众多的外部刺激物面前,主观性决定了他们对这些刺激物的敏感,并会促使他们做出不同判断。借助真实世界的刺激,辅以适当的引导,可以帮助学生在课程标准的指引下关注某些特定要素,引导他们理解这些要素及其关系,产生学科学习的意愿,理解学科对适应外部世界变化的作用,提升能力和修养。

2.2 面向主体的适应性学习空间

主张将学生带入真实的学习世界,引导学生学会建立体现自身学习需求同时又与社会相适应的主体责任,就自然会对认知的发生提出新的要求。在已有的学校教育中,学生会依赖学校提供的学习空间完成学习任务。大多数学习任务依赖的学习空间主要是物理空间,既可能在学校内,也可能在学校外,但主要是在学校内。学生利用各种不同的物理空间,接受来自不同学科的教育,形成关于学科的理解。学习空间的形式很多,有实体空间,也有虚拟空间;有学校空间,也有社会空间;有实时空间,也有延时空间。

学习空间的建设,需要考虑到如何落实国家课程标准的基本要求,既要充分关注如何引导学生借助学习空间理解课程的学习内容和目标,又要充分体现"所学"与"所用"的联系。所有学科的学习,都应当引导学生理解如何利用学科的知识内容去观察外部世界,如何结合外部世界的真实场景理解学科知识的内容体系,如何以学科的语言去描述外部的世界。学习空间的建设,需要清晰界定空间的建设目标,即空间建设需要服务于认知主体。

2.2.1 现代学习空间的适应性转型

在较长的一个时期内,学校教育滞后于社会的发展需求,学校组织的教与学活动通常会基于教材,同时会设计一些脱离现实情境的学习应用场景假设。在这种假设性的场景中,尽管学习者也会投入大量精力参与交流或讨论,形成很多新的想法,但是学习结果却很容易孤立于外部世界,难以促进学生去思考如何运用所学知识解决外部问题,难以建立解决问题的新需求。

2018年,教育部印发了《教育信息化2.0行动计划》,不久又出台了与该计划相配套的中小学教师信息技术应用能力提升的计划与标准。2020年,面对出现的疫情,我国基础教育、职业教育和高等教育领域都不得不采用了在线教学方式应对外部变革。其后的三年中,由于疫情的零星出现与暴发,我国的各级教育基本上依靠在线教学与面对面教学交替实现。在实施在线教学过程中,不同学校选择的支持系统各不相同,涉及面很广。2020年上半年江苏基础教育线上教学支持系统使用情况，如图 2.1 所示。

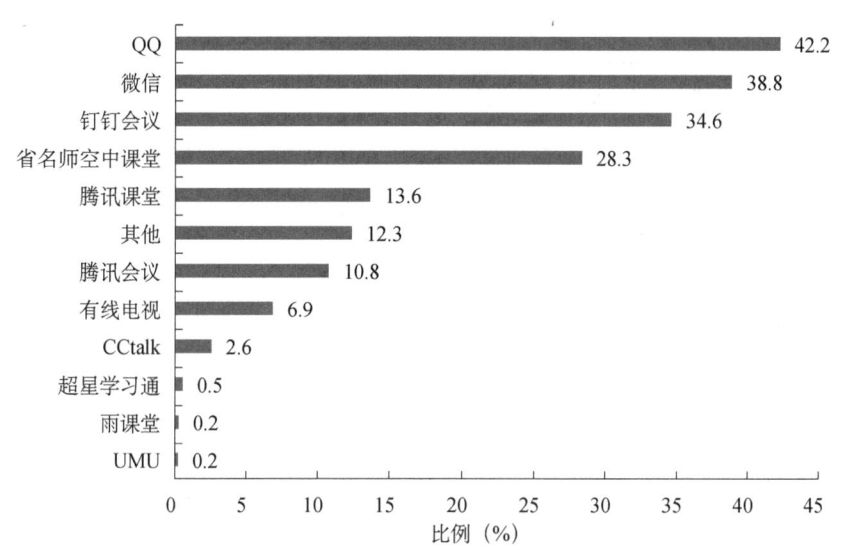

平台	比例(%)
QQ	42.2
微信	38.8
钉钉会议	34.6
省名师空中课堂	28.3
腾讯课堂	13.6
其他	12.3
腾讯会议	10.8
有线电视	6.9
CCtalk	2.6
超星学习通	0.5
雨课堂	0.2
UMU	0.2

图 2.1　2020 年上半年江苏基础教育线上教学支持系统使用情况

资料来源：2020 年江苏省中小学大规模在线教学调研结果

全球性的疫情，促进了整个教育体系的重构。我国教育部门更是将"变革"作为适应外部变化的核心关键词：从通过减负培养健康的人，到通过信息化推动教育的均衡与公平，再到通过"新基建"促进高质量教育目标的实现。仅仅依赖原有的教学条件和对教育基建的理解，很难完成教育变革的使命。2021 年，我国提出了要推动"新基建"的建设，其中教育新基建是整体基建建设体系的重要内容。教育新基建，重点强调要建立新的网络支持条件，规划新的教育支持平台，提供新的教育资源，建立新的学校观，形成新的教育应用观，并建立新的教育安全保障体系等。当时，疫情迫使许多学校不得不将教学转移到线上，我国一些地区的教育机构也开展了大规模的学习空间和资源平台建设，2020 年上半年江苏基础教育线上学习空间与资源平台使用情况如图 2.2 所示。2022 年 3 月，我国还正式开通了国家智慧教育公共服务平台。该平台包括中小学、职业教育和高等教育等教育类板块，还开通了就业、考试与学位等服务类板块。

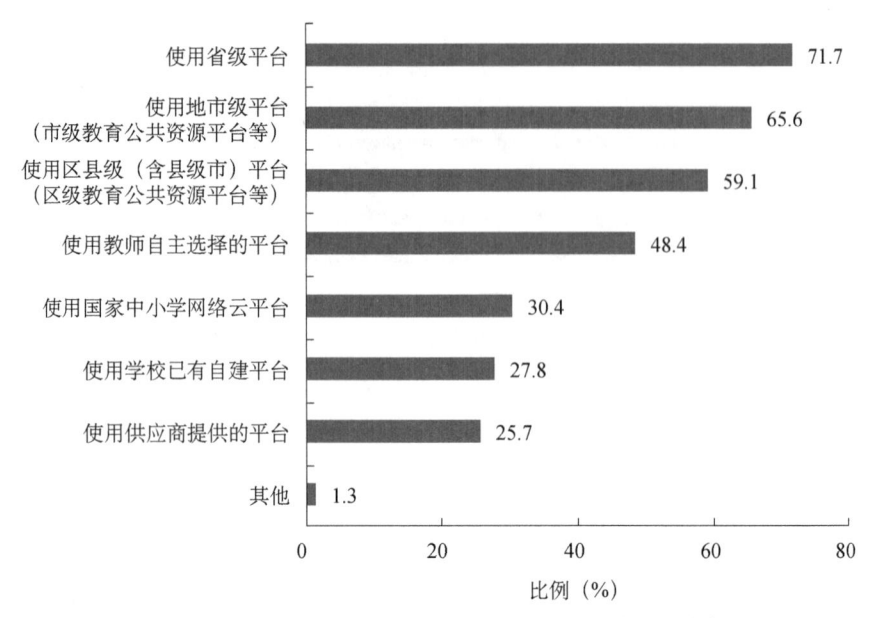

82　适应性学习空间支持下的学习范式研究

平台	比例(%)
使用省级平台	71.7
使用地市级平台（市级教育公共资源平台等）	65.6
使用区县级（含县级市）平台（区级教育公共资源平台等）	59.1
使用教师自主选择的平台	48.4
使用国家中小学网络云平台	30.4
使用学校已有自建平台	27.8
使用供应商提供的平台	25.7
其他	1.3

图 2.2　2020 年上半年江苏基础教育线上学习空间与资源平台使用情况

资料来源：2020 年江苏省中小学大规模在线教学调研结果

学习空间的适应性转型，同样需要从整个"新基建"建设的视角，将其作为改变整个教育生态、重构教育系统的必然要求与实践期待。学习空间的适应性转型，要从学生认知、学生成长、学生健康的角度出发，关注空间与真实世界的关系。基于多个视角设计和建设学习空间，可以把握学习空间的变革路径与方向，并可以让学习空间发挥与学生的学习规律相适应的支撑作用，真正实现学习空间的学习支持与服务功能。

2.2.1.1　学习空间与学生成长

学习空间与学生成长存在着高度的相依关系。学习空间是为学生的认知过程与个体变化服务的，学生的一切成长行为又需要依赖学习空间才能呈现出来。学校在设计学习空间的过程中，必须将空间如何支持学生成长作为设计的基本出发点。

首先，学习空间的设计需要有利于促进学生健康成长。大多数儿童在具备基本的语言能力之前，通常具备了一系列基本的身体行为能力，包括简单的吮吸动作、肢体的自由动作，如翻身、拖拽、微笑等。如果除去一些因先天性因素①影响出现的特殊群体，许多研究或案例往往也会证明，当前部分儿童出现的功能性障碍往往与他们的生活环境有关。譬如，有一些孩子生性胆小或者比较内向，其中有一部分孩子就是因为他们在成长过程中受到了过度的外部干预，要么是他们在年幼的时候一直被大家包围或庇护着，要么是他们在年幼时因为偶尔的错误受到了过度严厉的呵斥，要么是他们的身上被笼罩了"乖孩子光环"而不敢逾越一些默认的规矩，等等。

在生活中，我们常常会发现一些有趣的现象，如孩子往往喜欢模仿成年人的行为。孩子所处的世界，往往决定了他们的行为方式。如果孩子生活在一个阅读的环境中，他可能会不知不觉地进行阅读；如果孩子进入了图书馆或书店，他就会像在这些场所的其他人一样选择自己喜欢的书籍安静地阅读；如果把孩子带到游乐场，他就可能会投入到不同的玩具世界里。给予孩子一个合适的氛围，可能会引发他们形成不同的行为倾向，并建立某些兴趣。

以家庭为例，家庭既是孩子的生活世界，也是孩子的学习世界。家庭中，父母的行为举止对孩子的影响远远超越其他人。譬如，有的父母可能会习惯于约束孩子的行为，而有的父母则习惯于放任孩子的行为，前者会将约束看作培养孩子的良好品性，后者则认为放任可以让孩子的个性得到更好的张扬。但是，一旦坐而论道，大多数父母可能会显示出较强的辩证能力，总认为自己一定会视具体情况的变化而选择不同的态度，既不会过分约束，也不会过分放纵。然而，在落实到具体行为中时，大多数父母常常又会依据自己的主观行为做出判断，无论是父母本身，还是旁观者，可能都难以对其他父母的做法进行精准的判断与评价。

【示例1】 **母亲的气场与校长的理性**

笔者在一所小学见证了一次简单的小冲突。一个孩子刚刚转学，进入了在当地比较有名的学校。孩子的母亲想去学校看看孩子在学校学习的样子，当发现教室里没有空调且有些热的时候，她的情绪突然就有些激动了。她冲进教室，要求教师需

---

① 在现实世界中，往往会存在一定的功能性障碍儿童，有一些障碍已经被证实是先天性的，譬如，在孤独症儿童群体中，一部分是先天性的遗传因素或基因变异导致的。

要考虑到孩子的情况并能够配备空调，如果学校不同意，她就自己掏钱装。面对不知所措的教师，这位母亲表现出了强大的气场，并引来了其他家长的围观。学校校长很快就出现了，将这位母亲带出教室，并制止了她的行为。

在听完家长的诉求以后，校长提出了几条意见：第一，如果家长想给这个班级安装空调，那就需要同时给所有其他班级装上空调；第二，对于安装空调涉及的相关增容改造等要求，需要一并予以处理；第三，工程中产生的所有经费，包括由此产生的后续电费等，需要请家长一并承担；第四，如果因为空调导致孩子的身体出现异常，需要由家长一并负责；第五，所有过程都不得影响学校的正常教学秩序。与校长进行了短暂的交流后，这位母亲很快就失去了那种骄傲与自信。

笔者全程观察了事件的发生、发展、高潮与结局，也领略了校长的智慧。校长在处理这件事的过程中采取的策略是十分有效的。可以看出，校长处理问题的意图并不是让这位母亲为学校出钱安装空调，而是要通过一系列相互关联的问题，让其知道几个问题：一是学校的环境设计其实是一项系统工程，并非可以没有规划就能够决策的；二是学校的所有条件对于每一个孩子而言都是相同的，同一所学校内的任何孩子都不应当享有特权；三是不要因为自己的财力状况相对优越就试图干预学校的事务。事实上，学校教育本身就需要引导孩子去除特权思维，建立人人均等的行为准则。

关于健康的理解，可以有多个不同的角度。就形式而言，健康就是给予孩子一种舒适的环境或者条件，让孩子可以在相对舒适的条件下享受舒适的生活，但是这仅仅是一种浅层次的健康观念。上述例子中的那位母亲，以为只要能够让孩子在相对舒服的教室里学习，就能获得健康，但这种健康是短暂的，是一种可以物化的健康，最多也仅仅可能会表现为身体偶尔舒适的体验，而不是身心的健康。

广义的健康是指身心健康，身体的健康是形式，心理的健康才是根本。无论是家庭还是学校，都需要重视学生的心理健康，关注其在与他人交往过程中面对外部的各种风险、挫折或挑战时应当具备的基本应对心态和能力。学习空间的设计，就是要能够支持设计体现变化的学习环境，便于学生从变化的环境中掌握适应外部变化的方式，引导学生建立适应挫折的韧性，形成与外部世界正常交往的习惯，保证身心健康。

学习空间的建设，是创建学习环境的基础。借助学习空间中的不同组件进行再设计与重组，可以帮助教师设计出体现变化的学习环境，帮助学习者借助这些变化的环境来理解不同的学科、不同的学习内容、不同的学习目标和要求的变化。通过环境的变化，可以引导学习者理解真实世界的丰富性、多样性与不确定性，懂得如何应对在实践过程中可能遇到的真实问题，帮助学习者了解如何在变化中学会与外部世界交往，包括如何在外部世界中聚焦关键学习刺激物，如何通过与学习者的适当交往理解外部世界。学习者需要以一种健康的心态对待外部变化，尤其是要理性认识与其他学习者在学习进程中可能存在的差异，譬如，学习速度、学习效率等方面的差异，建立正当的学习竞争关系，不能为了追求优胜而不择手段。

对于家长来说，他们对待孩子的方式，往往会被孩子模仿，用到未来与他人的交往中。在与孩子的交往中，如果家长习惯于采用暴力的方式对待孩子出现的过错，那么孩子也往往会产生类似的心理倾向，并且会形成急躁的情绪，在日常中会出现不恰当的行为。在当前的学校中，偶尔会发现存在"校园霸凌"现象。学校有必要与家庭一起充分分析学生所处的学习空间对这种行为的影响，把握问题形成的原因，并积极探索如何设计合适的生活氛围，引导孩子建立友善的关系。我们应该从家庭教育开始，通过营造温馨的家庭环境，引导孩子学会做到知书达理，在与外部世界产生认知冲突的时候，能够做到通情达理，与他人建立健康的交往关系。

生活氛围是影响行为的重要诱因，尽管我们不能证明它在所有诱因中的地位。大量例子表明，一旦学习者所处的学习氛围或者环境出现了异常，就有可能会导致情绪出现异常波动。尽管育人的过程不应当依赖外部的强制性力量，但是如果没有合适的外部条件的支持，甚至外部环境违背了人的成长规律，就有可能会导致"近墨者黑"。

我们可能会发现一些类似的现象，如果身边的孩子都在玩游戏，那么自己的孩子可能也会要求玩游戏。如果身边的孩子都在认真读书，一个再不喜欢学习的孩子也会抓起书本，哪怕是装模作样，但至少他的行为已经接近学习的模样，这种模仿就是学习的第一步。对于具有社会性的个体而言，需要在社会群体中发展，不能独立于社会而存在。如果家长为了让孩子获得较高的分数而试图将其封闭在孤立的空间中学习，孩子可能会形成纯粹的功利性思维，甚至可能会成为精致的利己主义者。学习空间的设计，就是要努力为孩子提供体现社会性的学习关系，使其懂得如何与其他个体进行合理交往，形成健全的人格。

其次，学习空间需要根据学生的成长阶段而适当变化。在成长过程中，学生从一个只具备啼哭、吮吸、舞动等简单动作能力的生命体，逐步发展到具备了简单的语言能力，并能够简单地区分身边熟悉的事物，能够尝试运用语言表达自己的想法，再到能够与外部世界进行互动，并逐步建构出更多的概念、规则等系列复杂认知。在这一过程中，学习者需要经历很多。以皮亚杰为代表的一批学者通过观察儿童的成长过程，并结合对大量儿童成长过程中的行为观察与分析，逐步形成了对儿童认知发展阶段的基本认识与简单划分。

不同年龄阶段的儿童往往会表现出不同的认知能力和行为，但是低年龄阶段的认知行为与能力基础一定会影响高年龄阶段的认知行为与能力水平。皮亚杰等对儿童认知发展阶段的行为观察与分析，为他们设计符合学生认知特点的学习活动确立了基础。从学生不同年龄阶段的认知特征出发，设计与其认知相一致的学习活动，是现代教学设计的基本要求。

孩子为什么需要接受学校教育？这是因为如果将孩子置于世界中并任由其发展，而不加任何干预，那么其在与外部世界进行交往的过程中形成的对外部世界的看法，会主要依赖于他们的时间投入与经验。尽管其中可能也会存在思维，但这一过程将会是长期的、试误的、弱社会性的。学校教育不排斥试误，但更加注重社会性、关注他人的经验，引导学生从他人的经验中学会减少无效投入，提高认知效能。学习空间的设计，需要从两个方面来回应认知科学的发展：一方面要尊重孩子的认知规律组织设计学习活动；另一方面又不能抛弃人类的认知发展成果设计纯粹的身体性体验活动，而是要充分尊重社会的发展，引导学生形成符合社会发展的认知习惯。

在接受学校教育之前，孩子们就具有了一定的认知行为能力。孩子从出生开始，就开启了与外部世界的交往与互动行为。不同年龄阶段的孩子与外部世界交往的方式和能力存在差异。譬如，天生的吮吸能力让他们出生以后就具备了饮食的能力，这也是孩子能够生存的基础。在此过程中，母亲的影像可能是最主要的刺激物，反复作用于孩子的视网膜以后，孩子可能会将母亲看作最安全的外部事物，并逐步接纳了家庭的其他成员、交往较多的其他人或物。

孩子接纳外部事物的过程是持续的"活动"过程，是孩子与外部世界进行交往中持续取舍与判断的过程，也是孩子形成简单的认识过程。在具备了简单的语言能力以后，他们会借助语言表达对世界的好奇与认识，并不断与外部世界进行持续互动，为逐步建立关于外部世界的概念奠定基础。皮亚杰将这种认知水平对应的阶段称为感知运算阶段。当能够进一步与外部世界进行交往，并借助与他人的对话逐步形成对外部世界的初步认识以后，他们会持续形成关于外部世界的若干概念，并能够借助这些概念描述外部世界。在概念的形成与理解过程中，有些概念可能与社会的普遍认知是一致的，也有些概念可能与孩子自身的生活经历相关。孩子有自己的独特理解，不排除他们建立的很多概念与真实世界中概念的真实含义还存在着较大的差别，这一阶段相当于皮亚杰所说的前运算阶段。在与外部世界进行持续交往的过程中建立的思维能力会让他们不断修正对概念的认识，并能够理解概念之间的联系，甚至能够建立不同概念之间的关系，从而进入皮亚杰所说的具体运算阶段。理解了一些基本概念，能够利用概念之间的关系处理更加复杂的问题时，他们不仅具有了关于外部世界的基本认识，甚至还掌握了认识外部世界的方法，能够创造性地运用具体的方法解决外部世界的复杂问题，这就进入了皮亚杰所说的形式运算阶段。

以皮亚杰为代表的学习与认知科学的研究者研究了人的认知条件与认知过程。无论是教学设计者还是家长，都有必要充分理解其借鉴意义。在设计支持学习者的学习活动过程中，需要充分关注学习者所处的认知阶段，思考其认知水平是否能够应对将要学习的内容，思考如何站在学习者的特定认知阶段来设计适当的学习目标和学习内容。如果忽视学生认知所处的阶段和生理发展水平，仅仅从社会变化的视角来设计或更新学习内容，就有可能会因为学习者认知能力和水平等方面存在的先天性不足，导致学习目标难以达成。

我们观察来自不同地区或不同学校的孩子会发现，由于提供的学习条件的差异，在经历了一定的学习过程以后，他们也会表现出后天的差异。譬如，学习者如果仅仅依赖于书本，那么他们对知识的理解可能就会停留在书本的层面。如果在理解学习内容的过程中能够从生活世界中找到相似的应用场景，学习者对知识的理解就有可能会跳出书本，并和他所处的生活世界建立联系。关于生活世界，通常存在两个不同的层次：一个是直接的真实世界；另一个是间接的真实世界。所谓直接的真实世界，就是学习者可以直接参与其中的生活世界，而间接的真实世界则是学习者可能还没有经历过，但是在现实世界中真实存在的世界。对于部分学习者而言，他们经历的直接的真实世界，则可能会成为其他学习者的间接的真实世界。

对于同样的真实世界，处于不同学习阶段的学习者对其的观察、分析和理解是不一样的，在具体的学科学习中引导他们联系真实世界的要求也不同。譬如，在当前的生活实践中，已经出现了许多具有人工智能属性的人工智能制品，这些制品正在不断改变着我们的生活。如果教师在学习活动中引导学生学会观察生活中的人工智能制品，就需要结合学生的认知阶段提出不同的能力要求。对于低年级的孩子，更多的是要帮助他们理解其中包含了人工智能技术这一事实，引导他们形成对人工智能技术的感知或兴趣。对于高年级的孩子，就不仅仅是让他们知道这些事实，还可以适当引导他们发现制品的功能差异，并理解人工智能技术的复杂性与多样性，甚至能够思考不同制品采用的不同技术路线，建立关于人工智能的基本认识，形成学习人工智能技术的旨趣，能够将自己所学的人工智能的相关内容、方法和技术工具等创造性地用于解决生活中的新问题。

设计适应性学习空间，就是为了能够在学校中模拟真实世界的变化场景，既能够让学习者在学校中接触真实世界，也能够借助学习空间感悟和理解真实世界的变化趋势，促进学习者建立学科知识与真实世界的联结，提升学习的价值。

最后，需要适当关注学生的差异性需求，优化学习空间设计。学习空间作为学习发生的知识条件，一方面可以让学校教育与真实世界产生联结；另一方面也为学生开展学习活动、建立认知过程、展示学习结果等提供了基本场所。

自有学校教育以来，学校就将教室等作为学习的场所，为什么还要刻意去强调如何设计体现了适应性的学习空间呢？在已有的教与学的设计过程中，教室只是被作为一个普通的支持开展学习活动的物理场所，提供了师生互动与交往的基本条件。在这样一个简单的场所，教师利用粉笔+黑板等方式，辅以适当的技术工具等教学支持方式，为学习者提供了同样的学习内容和学习方式，关注得比较多的是如何保证每一位学习者都能够投入足够多的学习精力，而关于学习者可能存在的差异化、对学习方式的不同要求等，则关注得相对较少。

给予不同学生同样的学习材料，提供同等的学习时间，进行同样的学习指导，对于学校教育而言，是一件比较容易做到的事。但是，对于学生本身而言，他们在理解学习材料的过程中，对学习材料包含的知识背景和内容的把握、关键概念的提取、内容逻辑的梳理、关键观念的形成等，往往存在着较大的差异。因为这些能力通常与学习者的前序学习、知能基础、生活常识或习俗等存在关联。在这里，笔者以语文中的《岳阳楼记》一文的学习为例，简要分析体现了适应性的学习空间应当承担的功能变化。

【示例2】　岳阳楼记（宋：范仲淹）[①]

庆历四年春，滕子京谪守巴陵郡。越明年，政通人和，百废具兴，乃重修岳阳楼，增其旧制，刻唐贤今人诗赋于其上，属予作文以记之。

予观夫巴陵胜状，在洞庭一湖。衔远山，吞长江，浩浩汤汤，横无际涯，朝晖夕阴，气象万千，此则岳阳楼之大观也，前人之述备矣。然则北通巫峡，南极潇湘，迁客骚人，多会于此，览物之情，得无异乎？

若夫淫雨霏霏，连月不开，阴风怒号，浊浪排空，日星隐曜，山岳潜形，商旅不行，樯倾楫摧，薄暮冥冥，虎啸猿啼。登斯楼也，则有去国怀乡，忧谗畏讥，满目萧然，感极而悲者矣。

至若春和景明，波澜不惊，上下天光，一碧万顷，沙鸥翔集，锦鳞游泳，岸芷汀兰，郁郁青青。而或长烟一空，皓月千里，浮光跃金，静影沉璧，渔歌互答，此乐何极！登斯楼也，则有心旷神怡，宠辱偕忘，把酒临风，其喜洋洋者矣。

嗟夫！予尝求古仁人之心，或异二者之为，何哉？不以物喜，不以己悲，居庙堂之高则忧其民，处江湖之远则忧其君。是进亦忧，退亦忧。然则何时而乐耶？其必曰"先天下之忧而忧，后天下之乐而乐"乎！噫！微斯人，吾谁与归？

时六年九月十五日。

[①] 范仲淹.岳阳楼记[A].义务教育教科书·语文（九年级上册）.北京：人民教育出版社，2018：44-47.

《岳阳楼记》是北宋文学家与改革家范仲淹应好友的邀请所作的一篇散文。对于这篇文章，可能涉及以下背景知识：一是从庆历四年（1044年）到六年（1046年），这是一个什么样的历史时期？1022年，13岁的赵祯正式继位，即北宋第四位皇帝宋仁宗，他于1033年正式开始亲政，到1063年去世，在位42年。历史上的宋仁宗是一位什么样的君主？二是范仲淹与滕子京是什么关系，他为什么要在散文中交代滕子京"被谪"一事？这一时期，范仲淹有什么样的人生理想？他的得意与失意的事情主要有哪些？三是范仲淹在写作《岳阳楼记》的时候，说"予观夫巴陵胜状，在洞庭一湖"，他是亲自站在洞庭湖边观察的，还是仅仅观看了由滕子京提供的与洞庭湖相关的资料呢？

如果抛弃这些背景知识，在学习《岳阳楼记》的时候，我们可能就会更多将其作为一篇"名篇名作"来学习，将精力用于理解散文中的主要字词的含义。尽管我们也能够体会作者对"淫雨霏霏"与"春和景明"两种不同场景的对照及心情的变化，也能够赏析文章中的名句，也能够记住"不以物喜，不以己悲""先天下之忧而忧，后天下之乐而乐"等经典句子，却不一定能够理解范仲淹在写下这些名句时的真实心情。

任何一篇经典佳作，都不可能是作者的无病呻吟，而是其在遭遇特定场景时真实感情的抒发。借景抒情、借物言志、借古喻今，是许多文学大家的常用写作手法。阅读经典，不仅仅是背诵经典，而是要通过经典引导学生建立健全的人格，并引导学生懂得如何学会运用语言和文字表达自己的思想。只有形成了真情实感，并能够将自己的真情实感带入语言文字中，才有可能写出脍炙人口的佳作。

在《岳阳楼记》的学习中，教师需要为学习者提供什么样的有差异化的学习空间？如果仅仅依赖于纯粹的物理空间或纸笔形式，教师能够为学生提供的只能是有限的言语信息或图文资料，并需要依赖在教室中组织的有限学习活动帮助学生理解相关学习内容。实体形态与虚拟形态相结合构成的现代学习空间，可以让学习者获得超越教室的学习体验。譬如，利用线上学习空间可以提供与岳阳楼相关的丰富素材，包括记录岳阳楼的现实场景的视频资料、文人墨客所写的关于岳阳楼的各类诗词歌赋、身处岳阳楼地区的学生的现场观察与对话、学习者关于岳阳楼认知的分享展示区等，也可以提供作者范仲淹、重修岳阳楼的滕子京等的相关历史资料，包括两人的个人友情、推动的社会变革、面临的主要阻力与困难等,还可以结合当时两人所处的北宋宋仁宗时期的整个历史背景,国家面临的困境与现实问题等,拓展学生的认知视域。

学习空间更为理想的状态就是要能够结合学习者在学习《岳阳楼记》这篇文章过程中表现出来的具体特点和差异,为他们提供相应的学习策略建议,并能够结合其困难或特长,推荐合适的学习材料,帮助他们更好地理解学习内容。前面我们提到学习空间可以包含丰富的学习材料,但一定不是要求学生充分地吸收和消化学习空间提供的素材,而是要关注如何结合学生的学习行为,有节制且有针对性地提供学习支持,否则学习空间就可能会成为加重学生学业负担的工具,产生事与愿违的负面效应。

2.2.1.2 学习空间与真实世界

在教育改革与实践过程中,正在形成的基本共识就是不同学科都开始关注如何将学科知识的学习和真实世界建立起有效关联。对于如何理解与真实世界的有效关联,教育工作者有不同的理解。一些教育工作者认为,即使不与真实世界建立关联,照样可以让学生获得较高的分数。一些学者认为,可以通过组织社会实践活动来实现与真实世界的有效关联;还有一些学者认为,可以在教学设计过程中选择部分学习内容,通过主题化的、项目化的、单元化的活动设计,帮助学生体验如何将所学内容应用于解决真实世界的真问题,主张通过有限的或局部的内容活动设计,引导学生形成有限的真实问题解决的体验,没有必要将此贯穿于学习的全过程。

出现上述观念的差异,主要与教学实践中教育工作者对"真实世界"的内涵理解不同有关。我们倡导要将学习和真实世界关联起来,主要是因为联结了真实世界的学习,可以帮助学习者更好地理解学习内容和应用的关系,从自身的生活需要出发,激发其内在的学习意愿,强化学习效果。传统意义上的学校主要是由物理空间构成的,因此学校也仅仅能够表达有限的世界,试图依赖有限的学校提供的学习时空来实现真实世界的无限可能性,面临着诸多困难。事实上,要让真实世界贯穿于学习的全过程，仅仅依赖学校内部的特定外部实体世界作为真实世界的同义词，几乎是无法实现的，而是要倡导学校教育与真实世界结合。

在今天的学校教育中，学生的学习内容大多是前人关于外部世界的基本看法。譬如，在小学数学学习中，学生可以很方便地掌握圆的面积计算公式，并能够运用这一公式解决一些与圆的面积相关的数学问题。在学习圆的面积计算公式时，教师可以直接从古代数学家的"割圆术"开始，引导学生了解这一公式是如何被发现的，没有必要让学生从观察圆开始。

现在的小学数学教学中，一种通行的做法是让学生结合"割圆术"，学会将圆的面积转化为矩形面积，并利用计算矩形面积的方法，推导出圆的面积计算公式。"割圆术"的核心在于无限细分与逼近，涉及数学中的极限思维。低年级阶段学生是难以理解极限的概念的，在小学数学中其实主要还是运用了"接近"的思维，旨在帮助学生感知古代数学家的智慧。如果教师在教学中不让学生去了解这一公式的形成过程，大多数学生也可以凭借记忆力记住这一公式，但是如果教学的目的仅仅停留在了解或记忆公式这一层面，是远远不够的。在学习圆的面积计算公式的过程中，教师可以通过古代数学家的"割圆术"思维，适当引导学生思考如何计算一些特殊图形的面积，以"思考"为主要线索，通过安排适当的认知冲突，让他们从有限的数学学习中了解数学概念、原理或规则的产生过程，激发他们的数学学习兴趣，从前人的经验中懂得如何解决复杂的问题，并能够结合认识过程建立解决真实问题的数学思维。

从古代数学家解决数学问题的过程或方法中领会古人发现数学规律的秘密，可以让学习者初步理解解决问题的不同切入点和视角，同时也可以引导他们学会将古代数学家解决特殊问题的思维方法应用于一些新的问题解决场景中，启迪他们创造性地思考如何将所学知识运用于不同的场景中。譬如，要学会思考如何运用圆的面积相关概念或知识来解决真实世界中的问题。

在进行教学和学习设计的研究与实践过程中，我们把与真实世界建立联结的学习要求作为教学与学习的一个重要维度来理解，并将这一维度称为"境"。这里所说的"境"，不能将其简单地理解为学习环境。因为学习环境这一概念的内涵比较丰富，既有可能被实践工作者当作学习时身体所处的具体外部环境，也有可能被学习者当作在生活过程中经历的外部世界等。教学或学习过程中倡导的"境",主要关注的是如何让学习者从应用的角度理解所学的学科知识,能够在学习的过程中体会到所学内容的生活价值、社会价值等。在具体内容的学习过程中,如果能够体会到内容的应用价值,就可能会更好地理解学习的价值。因此,从"境"的维度来理解学习,就是要让学习者建立内在的学习意愿,从而为建立学习内容的内在关联奠定基础。

以信息技术课程的学习为例,目前我国将义务教育阶段的课程名称确定为"信息科技",高中阶段的课程名称确定为"信息技术"。从义务教育阶段到高中阶段设计的信息技术课程体系,就是要引导学生关注现代科学技术的相关成果,帮助学生了解现代信息科学技术与当今的生产、生活、学习和工作等方面的关系,能够对现代科学技术产生兴趣,形成运用现代科学技术解决生产与生活实践问题的主观意愿,并能够运用现代信息科技改变学习支持条件,促进学生学习能力的提升,等等。

在信息技术课程的内容体系中,有两个基本概念:一个是"数据";另一个是"计算思维"。数据和计算思维可以说是贯穿整个课程的核心概念,是学习其他概念的基础。在课程标准的相关描述中,已经很明确地提出了要将"数据"作为信息技术课程中的基本概念。但是,如何才能让这些理解贯穿于教材的编写、教学的设计、学习活动的组织等具体细节中,取决于教材编制者和教师对这些概念的理解程度。譬如,要学习"算法",并懂得如何借助程序实现算法,当前的许多教材并没有将"算法"的学习和"数据"这一基础概念结合起来。一些教材在介绍了"数据"的概念以后,另辟一章介绍"算法",甚至在整个对"算法"的描述中都没有提及"数据"这一基础概念。

在信息技术课程中,为什么要学习如何设计并开发程序呢?简单地说,设计和开发程序,就是为了让计算机协助解决一些真实世界的问题。由计算机协助解决的这类问题通常是结构化、流程化的,有具有共同特征的处理对象且需要进行重复处理。譬如,在超市购物的时候,只要输入了不同商品的编码和数量,系统就可以匹配不同商品单价,并能够直接计算出商品总价。如果商品有折扣,那么只要预先设定好相应的规则,就可以直接得到需要客户支付的费用总额。在超市购物的例子中，需要完成的任务是对同类型的数据进行适当处理，其中包括存在什么类型的数据、以什么样的规则处理这些数据、处理数据的目的是什么。

有的教材将算法简单地描述成解决问题的方法和步骤，这是一种泛化的解释，而不是关于"算法"的严谨定义。因为算法首先需要依赖于特定的数据，其次还要弄明白这些数据具有什么特点，最后要明白依据什么样的规则对这些数据进行适当的处理。譬如，在上述的超市购物例子中，是根据商品单价、购买数量、不同商品的折扣价格三种主要数据形式，计算出客户需要支付的费用总额。其中，商品单价这一类型的数据，对于商家而言可能是一种常量，即某种商品具有相对稳定的价格，但对于客户来讲，则是一种变量，即商品的名称不同，价格也不同；不同商品的折扣价格、购买数量这两种类型的数据，对于商家和客户而言都是变量，都可能会发生变化。

使用算法的目的是解决特定问题，在不同的变量和常量之间建立某种特定的关系或规则。譬如，根据某种商品的名称，可以调出该商品的单价；根据某种商品的单价，与商品的数量相乘，可以得到客户应该支付的该类商品的费用；对不同类型的商品所需支付的价格进行求和，可以得到客户需要支付的所有类型商品的总价。这个简单的例子中就包含了三种不同的算法，且后一种算法都需要以前一种算法为基础。

对于超市购物，在实践中，有的时候还会出现一些变化的需求。一是在特定的时间段，可能会有更大的优惠；二是购买某种商品时，会同时赠送其他商品；三是客户购买某种商品的数量达到一个指定的值以后，会给出不同的优惠幅度，例如，当超过5件时，超出部分的商品以9折的价格进行优惠，如果超过10件，超出部分的商品以8折的价格进行优惠，等等。只要在实践中建立了不同的问题解决需求，就会同时出现算法的变化，这里的算法就是在解决具体问题的过程中对不同数据类型及不同数据的计算规则进行的设计。设计具体的算法，需要认真思考如何确立相应的规则，确立规则的过程就是计算思维形成与发展的过程。

在信息技术课程的学习过程中，强调将数据和计算思维作为信息技术课程最基本的概念，就是要避免在教学中只注重不同的课程概念，忽视了课程中的关键概念之间的内在逻辑。早期的信息技术及其相关课程，注重课程的内容设计，但往往忽视了内容的结构及其关系，缺少对课程中关键概念的分析和应用，使得学习者在学习许多新内容的时候，不能和已有学习内容建立关联，导致不同学习内容脱节。

前面讨论的圆的面积计算公式的学习，以及信息技术课程中的两个基础概念数据与计算思维的学习，都提倡要结合学生生活实践中的真实问题，通过合适的"境"引导学生理解不同学科的学习内容。对于学习者而言，教师设计的"境"既可能是他们熟悉的，也可能是他们在生活中从未经历的。如果用学习者从未经历的"境"帮助他们学习，可能会增加认知负荷。

适应性学习空间就是要为学习者提供适当的"中介"，帮助其减轻由于其生活的真实场景的差异导致的认知负担。对于学习过程中的一些场景设计，如果学生在过去的学习中没有遇到过类似场景，在解决问题的过程中就难以建立关于相关内容的场景想象，包括场景的图景想象或空间想象。如果具有相似的经验，解决问题的难度可能会降低。

【示例3】 2022年高考数学试题之一：水库蓄水的问题

关于水库蓄水问题的数学选择题，题目交代了在水位为148.5m时，水位的面积是140.0km^2，在水位为157.5m时，水位的面积是180.0km^2，题目提醒学生可以假设该水库类似于一个棱台，要求学生计算两个水位之间的水量。

就题目的考查点而言，仅仅是要求学生能够运用棱台的体积计算公式解题[①]。该题目中选择了真实世界中的水库这一场景，题目中已经提醒学生将其转化为"棱台"进行处理，说明该题目已经降低了对学生的场景应用想象的要求，便于解决问题。

【示例4】 2022年高考数学试题之二：比较数值大小

已知 a、b、c 对应的值为：$a=0.1e^{0.1}$，$b=\frac{1}{9}$，$c=-\ln 0.9$，要求学生能够比较 a、b、c 三个值的大小。

---

① 棱台的体积计算公式：$V=\frac{1}{3}H(S_1+S_2+\sqrt{S_1S_2})$，对于这一公式，可以通过棱锥的体积公式进行推导。棱锥的体积计算公式是小学六年级的学习内容，$V=\frac{1}{3}Sh$，因此在涉及棱台相关内容的学习的时候，需要引导学生将"棱锥"作为基础概念，而棱锥的体积又等于同等高度且底面积相同的棱柱体积的1/3。

这道题中涉及对数、指数等，也涉及解析几何。在平时的训练中，如果教师能够借助某些数学学科工具软件，帮助学生理解不同函数的图像，如 $y=-\ln x, y=e^x, y=0.1e^x$ 等，不排除部分学生的大脑中同时也会形成 a、b、c 在函数中的具体位置，通过比较在图像中的位置可以大致推断各值的大小，得到 $c<a<b$（图 2.3）。从高考试卷答案提供的解题思路来看，命题者是通过对数转换与求导的方式得出上述结论的，提供的是一般的解题思路。如果我们能够将该题回溯到对数和指数函数的特殊情形中，该题还有更加简洁的解题思路[①]。

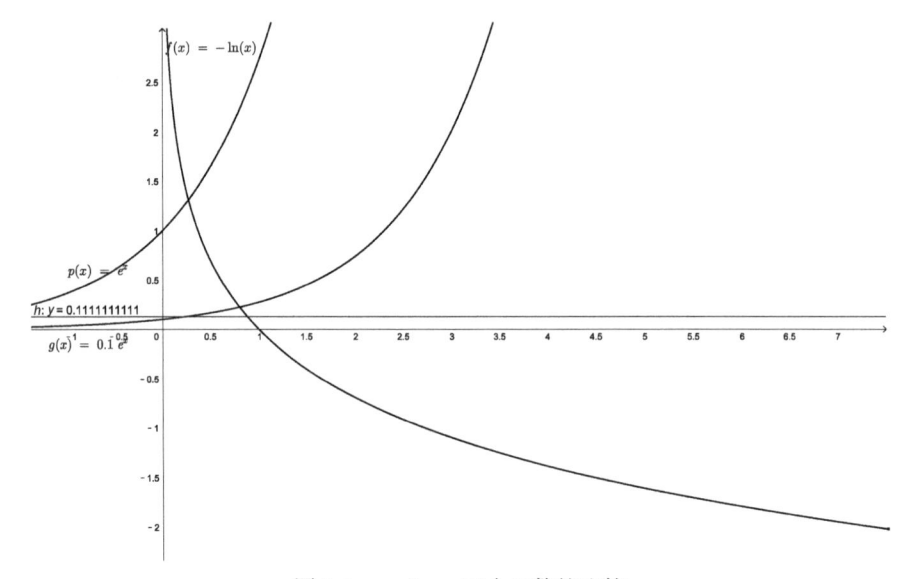

图 2.3 a、b、c 三个函数的比较

关于场景的设计，如果仅仅依赖于非技术条件，要么需要投入大量的时间成

---

① 譬如，对于 a 和 b 的比较，我们可以用 $\dfrac{a}{b}$、$a-b$ 等不同的比较思路。在此题中，考虑到 $a=0.1e^{0.1}$ 的值中出现了 e，因此在解题时可以考虑运用对数函数支持求解，并借助自然对数 $\ln$ 求解。比较 $\ln\dfrac{a}{b}$，如果 $a>b$，则 $\ln\dfrac{a}{b}>0$，$\ln\dfrac{a}{b}=\ln a-\ln b=\ln 0.1+0.1-\ln 1+\ln 9=\ln 9+0.1-\ln 10=\ln 0.9+0.1$（注：$\ln 0.1=-\ln 10$）。到了这里，我们就可以发现，如果结合对数函数的图像来解题，其实已经回到了 $y=\ln x$ 这一基本函数的性质中，假如在日常的教学中，结合对数函数的图像，让学生能够发现 $\ln 0.1-\ln 0.2<\cdots<\ln 0.8-\ln 0.9<\ln 0.9-\ln 1<-0.1$，不需要经过复杂的求导，就可以快速得出 $a<b$ 的结论。

本，要么需要投入大量的物理空间成本。现代学习空间正是利用了现代技术的优势，通过创建一些"中介性"的学习场景支持，帮助学习者建立图景想象与空间想象。就像上述高考题中的比较题，该题目是以选择题的形式呈现的，因此只要能够找到最佳的解题思路，就可以快速得出正确的结论。从基础概念出发，引导学生理解和分析学科中基础概念的特征或性质，并由这些基础概念展开，通过概念相关的思维推理，帮助学生理解不同概念之间的关系，并通过适量的题目帮助学生理解如何由这些基本概念进行展开，进而可以形成解决相关复杂问题的能力。完整地分析概念与问题的关系，建立概念的问题逻辑，而不仅仅是让学生大量做题，可以获得举一反三的学习效果。

设计学习空间，不仅要为学习者提供纯粹的物理学习场所，还需要考虑如何借助学习空间提供的各种组件的合理设计，为学生理解学习内容提供相应的场景，使其在纯粹的学科概念和真实世界的应用之间建立某种有意义的关联。学习空间的设计，既要注重直接的场景设计，也要考虑间接的场景设计，引导学习者实现从"实景"思维到的"拟景"思维的过渡，不断构建空间思维，形成"空间智能"[①]，可以在学科知识的学习过程中不断在大脑中拟合出场景想象，促进学习者的知识理解与问题解决能力的提升。

2.2.2 主体视角下的学习空间重构

学习终究是学习者的事。在学习的过程中，学习者是学习的主体，教师是教学的主体。两种不同的主体扮演的角色和承担的责任各不相同。对于教师而言，他们在承担教师主体责任的过程中，需要思考如何帮助学习者更好地理解学习内容，因此他们需要重点思考如何为学习者提供各种外部的支持条件。对于学习者来说，他们在学习的过程中需要思考如何将学习的相关内容转化成自己的认知逻辑体系。

---

① 在加德纳（Gardner）的多元智能理论中，空间智能被认为是学生的重要智能。

2.2.2.1 学习空间的主体适应性逻辑

在学习过程中，涉及几种不同概念。在过去的教学研究与实践中，我们经常会从"身""心"两个角度来分析学生的学习行为，其中"身"是指向学生的身体层面的，我们会用生理学来分析和描述学生的身体参数；"心"是指向学生的心理层面的，我们会用心理学来分析和描述学生的心理参数。学生在学习过程中可能存在的认知困难或者其他问题，我们通常会将其归结为生理因素或者心理因素。

学习固然离不开学生的身体或者心理，但是如果仅仅满足了身体或者心理的需要，是不是就一定可以真正解决学习问题呢？这里就涉及了"理"。在哲学层面上，存在着认识论与方法论等研究领域。认识论主要研究作为主体的人如何认识世界并建立对世界的基本认识，关注人们在认识世界的过程中的主要认知机理，以及在认识世界的过程中如何形成关于外部世界的判断及判断的依据是什么。方法论则侧重于思考如何在实践中通过合适的、具体的、可操作的行为法则等实现认识外部世界的目的。在认识世界的过程中运用的方法论，可以看作认识方法论。

认识方法论既涉及认识论，又涉及方法论。如果说认识论更加关注认识主体是如何通过与外部世界的交往形成对外部世界的认识的，那么认识方法论则侧重于思考认识主体之间可能存在的差异，关注如何在认识论的体系支持个体形成对外部世界的具体认识。如果说方法论关注的是认识主体在认识外部世界的过程中形成的不同方法及其关系，注重方法体系和方法的逻辑，那么认识方法论则侧重于思考认识主体在认识的过程中可能存在哪些体现个体差异的特定需求，形成支持个体学习的有差异化的活动安排，譬如，学习的时间分配、学习的序列安排、学习过程的组织等。

区别于学习者的生理和心理，在本书研究中，我们将学习者在认识外部世界的过程中涉及的，与认识论、方法论、认识方法论等相关的，体现个体认知能力差异与能力水平的研究领域，统称为"智理"。在认知形成过程中，每一个个体的生理与心理都会存在差别，因此他们认识外部世界的过程、形成的认知结果等也会存在差别，只有从生理、心理与智理共同作用的视角理解学习者的认知过程，才能设计出符合其认知特征的学习活动。

关注学习者的"生理",主要是关注他们的身体结构与机能状况。对于每一个特定的个体而言,机体中各种组织或器官的发育与运行情况,都会影响他们在生产与生活中的表现或参与状况。通过关注学习者的生理情况,可以设计出符合其生理特征的成长活动。生理学的研究强调的是作为生物体的学习个体的各种身体组织或系统的相互协调作用,以保证生物体得以维持健康正常的状态,尤其是维系生物体的生命系统正常运行。

关注学习者的"心理",主要是关注他们的内在情感状态。对于每一个特定的个体而言,在认识世界和与外部世界交往的过程中,通常会表现出不同的情感状态,并会以不同的外在形式呈现出来,呈现出不同的情绪特征。关注学习者的心理状况,就可以了解影响他们情绪的原因,并能够分析情绪的形成与转化过程,进而通过设计相应的情绪活动,引导其在学习过程中建立稳定的情绪状态。情绪会影响学习者的感觉和知觉过程、推理与判断能力,并改变学习者的认知与思维过程。关注学习者的心理状态,可以设计出符合心理特征的认知活动形式,引导其在与外部世界进行交往时,能够置身于和谐与协同的氛围之中。

关于学习者的"智理",主要是关注他们的认识结构及其形成状态。对于每一个特定的个体,在与外部世界进行交往并形成自己的认知结果的过程中,往往会受制于自身成长的经历等而表现出结果的差异化。这种差异化的长期存在,往往会影响学习者的心理状态,甚至还有可能会影响其生理发展。学习者的认知结构包括知能结构与心智结构等形式。其中,知能结构主要反映的是学习者在学习过程中形成的对外部世界的认识的总和,而心智结构则主要反映的是学习者在与外部世界进行交往的过程中,运用他们形成的知能结构去解决外部世界的复杂问题的能力。

关于"智理"的研究,早期一直被纳入心理学领域,属于"学习心理学"子领域,实践领域还产生了学习科学等研究领域专门研究学习问题,但依然与心理学有较大的关联性。早在20世纪初,格式塔心理学者就开始关注认识与外部世界的关系,提出了知觉的整体性问题。[1]学习者一方面会关注外部世界不同事物中存在的图形及其关系;另一方面也会尝试构建与外部图形及其关系相一致的问题情境,从

---

[1] 陈琦. 认知结构理论与教育[J]. 北京师范大学学报(社会科学版), 1988(1):73-79.

而对外部事物的各种组成部分及其关系进行重新组织，这就是学习者对外部世界的认识。

无论是否触及学习过程，个体的生理机制与心理机制都会处于自动化运行阶段，并会引导个体在与外部世界接触的过程中，逐步建立与外部世界交往的经验。这种经验也会借助"智理机制"得到强化，进而形成关于外部事物的判断或认识，并形成运用这些判断和认识解决复杂问题的能力，这是一种泛在的学习。学校教育突出了学习的价值与作用，并将专门的学习从泛在的学习中抽象出来，通过有意识、有目的的学习活动设计，引导学生在更短的时间内完成认识外部世界的任务。

从成长过程来看，人的机体在真实的世界中通过实践应用才能够展现其机能，当人的某些机能得到强化时，就有可能会变得更加熟练，如果某些机体长期不用，则有可能会出现肌肉萎缩等症状。人的情感的形成也与其所处的外部世界有关，如果某一个体长时间处于比较顺利的氛围中，当偶尔面临风险或遭遇困境时，通常会比其他个体更容易焦虑。当外部的某种环境变化突然超出了预期时，个体往往会出现激烈的情绪波动。如果每一次付出总是难以获得相应的回报，或者产生的成就感远远低于预期，则有可能会导致个体变得消极。认知的过程更是如此，如果学习者总是依赖死记硬背记住知识，而难以从真实的生活世界中体会到知识的价值，就很难使知识长久维系。

生理机制会直接影响个体的身体健康，心理机制主要决定了个体的情感状态，智理机制则最终决定了个体的认知水平。在认识外部世界的过程中，学习者会从生理、心理与智理等方面让自己沉浸于外部世界之中，通过三者的相互作用，逐步将自己培养成"完整的人"。学习空间的设计，就是为了服务认识主体的需求，帮助他们通过身体、情感的共同参与，在与外部世界进行交往的过程中形成对外部世界的系统认知。学习空间的主体适应性，既要考虑主体的生理适应性，也要考虑主体的心理适应性，还要考虑主体的智理适应性。

第一，主体的生理适应性，就是指在空间的设计过程中，要充分尊重学习主体的心理特点，关注他们的身体特性。一些研究认为，有的学习者呈现出视觉型的认知特征，有的学习者呈现出听觉型的认知特征，有的学习者呈现出触觉型的认知特征，这些认知特征描述都是基于学习主体的身体特质，关注的是学习者的生理层面的认知属性。如果处于学习空间中的每一个学习者的身体特质都能够被充分发现并揭示出来，就可以结合这些特质，为他们提供相应的学习支持。同时，还可以根据在生理特质方面的某些特长或缺失，为他们设计专门的认知能力提升支持计划。

第二，主体的心理适应性，就是指在设计学习空间的时候，要能够结合学生的情绪状态及情感体验特征，思考如何提供相应的学习场景支持。由于个人经历、对待问题的态度等方面存在差异，不同的学习者在同一场景往往会表现出不同的情绪反应。对于学习主体的心理适应性，我们也常常将其称为韧性。尤其是在信息化时代，由于不断面临技术的革新，我们的生活方式、交往方式与学习方式等都会随着技术的变革而出现巨大变化。对于许多学习者而言，他们在长期的学习过程中会渐渐养成一些学习习惯，持续的外部变化可能会导致学习者不得不改变原有的学习习惯，并出现学习形式的不适应等情形。在进行学习空间设计时，教师有必要关注学习者在学习习惯等方面的差异，充分关注其韧性特质，设计出体现变化的学习空间，以帮助韧性不同的学习者适应外部变化，避免产生过度焦虑。

第三，主体的智理适应性，就是指在设计学习空间时，要认识到不同认知主体的认知机理或认知路径等方面可能存在差异，以为学习者高效达成学习目标提供认知策略支持。尽管认识论、学习科学等领域的研究已经对人类是如何认识世界的进行了系统研究，并发现了一些认识规律，但是由于每一个个体与其所处的外部世界之间建立的关系存在较大的差异，其认知必然也会存在差异。借助学习空间，可以帮助学习者在与外部世界交往的过程中逐步构建不同的关系，引导其建立对外部世界的多样化理解，帮助他们消除差异。

教师的教学活动设计，就是为了帮助学习者更好地开展学习活动。如果在教学活动的设计过程中能够充分关注每一个学习者在生理、心理和智理等方面的差异，教师就可以借助学习空间改变和优化教学活动过程，改善学生的学习情况。当然，如果学习空间的应用仅仅依赖于教师的设计及其组织，那么教师就不得不在关注变化的同时求同存异，又会回到同一性教学的老路中，难以兼顾不同学生的差异，难以让学习空间真正服务于不同学生的需求。

强调学习空间的适应性，就是要充分利用学习空间的智慧特征，借助学习空间的智能技术特性，记录学生的学习行为、学习活动、学习过程等，并能够对这些方面的若干行为数据进行系统的梳理和分析，借助这种分析协助教师把握学生在生理、心理和智理等方面的真实差异。学习空间中记录的学生行为数据，往往可以更准确地描述学生的真实学习状况。如果能够对这些数据做出合理的分析与判断，就可以对学习者的学习情况做出更加准确的判断，便于对后续学习进行更加合理的指导。

在面对面的教学过程中，教师也会不断观察学生的学习情况，并会通过日常作业、平时测验、学期中的各种考试等方面的数据对学生的学习情况进行分析。我们会发现有经验的教师常常会对学生在考试中的各种细节进行整理和分析，有的教师还会手工绘制反映学生学习的"知识点-掌握情况"的分析细目表，以便为学生提供有针对性的指导。但是，如果这些有意义的工作仅仅依赖教师去完成，他们需要花费大量时间做一些机械化的数据汇总和统计工作。一些类似于统计学的工作，如果借助学习空间中的相关数据处理系统来完成，就可以将教师从繁重的机械劳动中解放出来，将更多精力用于思考学生产生差异的原因，寻找支持学生学习的有效策略。适应性学习空间需要具备智能化数据收集和处理功能，能够体现现代技术的综合应用，并能够让技术服务于教师的教学决策和学生的学习决策，让技术和教师共同为学习者提供服务。

2.2.2.2 重构学习空间的适应性样态

设计学习空间，会涉及多个方面的问题：一是学习空间的设计主体是谁？二是在设计了学习空间以后，如何运用它支持学生的学习？三是广大教师如何合理地利用学习空间设计和组织教学活动？如何从学生的需求出发丰富学习空间中的各种关键要素的建设？尤其是对于学习空间中的学习场景、学习资源、学习策略、活动设计、评价方式等关键要素的设计，教师如何介入其中？对于诸如此类的问题，如果不能进行系统的思考，不管学习空间设计得多么完善，最终都会与教师设计和组织的教学活动相互孤立，难以实现学习空间的应用价值。

学习空间的设计，既不是对原有的教室进行简单的扩展和补充，也不是为学生的正常学习活动提供辅助性的支持条件，更不是设计出体现了高端的现代化技术应用的奢侈品，而是要从整个教育发展的视角来关注如何适应现代教育生态的变革，适应学校的数字化教育转型，创设新型学校学习生态，为学生进入新的学习常态提供基础。

第一，学习空间是构建现代学校数字化学习生态的基础。学校的数字化转型，不仅仅来自整个社会发展的外部需求，更是源自学习者自身发展的内在需求。学习者所处的地理区域具有天然的差异，他们在学习的过程中如何做到以统一的课程标准为依据、以统一的学习过程为保障、以统一的高质量的学习结果为追求？依赖相互独立的学习空间，这些目标很难实现。

学习个体身处不同的地理区域，原有的以物理场为基础的学习空间会存在一定的孤立性，不同区域的经济条件、学习资源、师资水平等方面存在的制约因素，可能会让有的地区的学生在接受知识的过程中表现出先天性不足。数字化支持下的学习空间，能够将相互独立的学习空间连通，每一个身处不同区域的学习者都可以借助现代学习空间实现起点和过程的公平，能够有条件和机会接触同等品质的学习资源，这就为形成高质量的学习结果提供了基础保障。

数字化的学习生态，涉及学习过程中的人与外部条件的关系。与学习生态相关的人，既包括学习者，也包括家长和教师。对于学校教育而言，教师和学生作为两大主要的主体，他们与外部条件之间的关系决定了学习生态的具体样式，甚至决定了学习生态的发展。学习依赖的外部条件，可以借助学习空间，并通过这些空间和认识主体之间建立的不同关系来实现。对于学生而言，教师也可以被看作一种学习的外部条件。这种外部条件与其他外部条件的不同之处在于，教师可以通过合理的组织和选择，为学习者提供持续变化的外部条件。当学习者、教师及各种外部条件之间能够建立稳定的关系，并且有助于学习者开展健康的学习活动时，基本就表明一种合适的学习生态已经形成。

学习者在与外部学习条件进行交往的过程中，存在三种情形：一是直接接触的外部世界；二是依赖学习空间作为中介接触的外部世界；三是通过教师的影响认识的外部世界。学习者面对的外部世界，又存在三种不同的情形：第一类外部世界本身就是学习者需要认识的对象；第二类外部世界则是帮助和支持学习者认识外部对象的工具；第三类外部世界是与学习者一起认识外部世界的伙伴，或者是指导和帮助学习者认识外部对象的指导者、支持者。

　　设计学习空间，需要同时兼顾三种不同的外部世界，既要能够反映学习者需要认识的外部对象，也要能够方便学习者更好地认识这些外部对象，同时还要能够为学习者认识这些外部对象提供适当的指导和帮助。学习空间的适应性，主要体现在如何通过空间提供上述三类不同的外部世界，如何结合学习者的已有特点和差异，给学习者呈现有差异的外部世界。学习空间提供的外部对象，在呈现给学习者的过程中也会表现出不同形态，能够结合学习者的认知规律，提供差异化的场景支持。教师在为学习者提供学习工具支持时，也要充分考虑到学习者的工具使用经验与能力差异，为他们提供不同工具的推荐策略、工具的使用介绍、工具的特定功能描述、工具的处理方式等体现变化的指导，方便其尽快熟悉相关学习工具，并能够应用工具支持认知过程。同时，也要结合学生的具体问题解决困难或遭遇的挑战，为他们提供阅读材料、资源、策略或方法等层面的指导。

　　第二，学习空间是支持学习者实现高效、持续学习的条件。学习空间的存在，为学习者、教师和外部支持条件之间建立健康的学习生态提供了基础。但是，健康的学习关系并不能依赖学习空间自动形成。健康的学习关系，首先要求作为主体的学习者能够将学习转化为自己的主观意愿；其次是教师能够充分地理解和尊重学习者，并能够提供与他们的认知需求相一致的学习支持。只有满足了前述基础要求，学习空间才能为学习者提供合适的支持条件。

　　对于学习空间而言，不管空间中整合了什么样的先进技术，也不管其中包含了多么丰富的学习资源，它们在与学生发生关系的过程中，教师都会发挥"枢纽"作用。学习空间就如一个巨型的交通运输系统，涉及如何从外部获取相应的数据资料、如何采集和管理教学与学习过程中的数据资料、如何控制具体的运行过程等。所有的智能化的系统，都是外化于人的，并以特定的功能化的方式呈现在世人面前，却不会主动去了解和分析他人的需要。只有当作为主体的人主动应用这些外部系统时，其功能才有可能转化为助力主体成长的重要因素。

　　置身于学习空间中的教师和学生，需要理解学习空间具有的不同功能，懂得如何借助这些不同的功能开展教学与学习活动。结合学习空间的特定功能组织的教学与学习活动，才有可能让学习空间充分展示出技术助力教师和学生成长的属性，生成一系列能反映这些过程的行为数据。适应性学习空间的技术优势在于，当它们获得了一些行为数据以后，技术系统可以根据教师和学生的不同要求，对这些数据做出不同的分析。分析数据的是空间中的数据分析系统，但是提出数据分析需求的却是教师或学生，只有满足了不同用户的特定需求开展的数据分析才是有价值的，才有可能帮助教师和学生更好地思考如何优化教学与学习过程。

在教学与学习的过程中，我们强调要从教学结构向学习结构转变，教师的所有教学行为必须服务于学生的学习行为，要从学生的主体决策视角出发思考如何借助教学活动，支持学生建构自己的认知逻辑。教学过程需要引导学习者学会从真实的场景中判断，能够不断聚焦于特定的学习主题，发现暗藏于这些场景中的若干真实数据，懂得如何从这些真实数据中发现外部世界包含的各种知识，理解核心的概念与规律。学习者基于具体场景分析数据的过程，是一种思维过程，有助于推动学习者进行有品质的学习，可以实现从浅层次学习向深层次学习的转化。学习者通过具体的学习场景理解基本概念和规律的过程，是一个问题解决过程。借助具体学习场景的互动，学习者可以形成关于外部世界的一般看法和认识，其更大的价值在于可以让学习者跳出某些特定的场景，将在有限场景中形成的认识迁移到更加复杂的场景中，促进学习智慧的形成。

利用学习空间中新的技术工具和学习支持系统，可以帮助教师和学生实现对学习过程的管理。但是，如果我们不能够理解这些过程数据对于学习的价值和意义，那么在不同的学习系统中积累的大量学习行为过程数据，就有可能会成为数据垃圾，不仅会占用大量的存储空间，还有可能会让教师和学生产生技术倦怠，并将其视作教学或学习负担。学习空间的设计与学习认识的转型是同时存在的，学校需要帮助教师重新建立对技术的认知，并能够以"整校推进"的视角来帮助教师理解学校的空间变化与整体布局，以及空间与学习和学生成长的关系。只有这样，才有可能引导教师参与到学习空间的建设之中，提升空间对教育改进的实际价值。

第三，学习空间是促进学习者实现知识融合的支撑平台。学习空间的教育价值，依赖教师对学习空间的理解、教师对传统教学问题的判断、教师对破解传统教育教学中的问题的内在需求。21 世纪以来，各种新的技术对教育的影响及其产生的效果是令人瞩目的。但是一个不容否认的事实是，在技术支持教育变革的实践过程中，依然存在两种极端的倾向：一方面是许多有识之士高度关注技术改进教育的价值，甚至很多学校花费大量精力去优化和改进学校的学习空间，组织各种能够体现现代学习空间应用的教学实践活动，并产生了许多高质量的教学案例和高品质的教研成果；另一方面是在具体的常态化教学中，许多教师常常会坚持使用已经习惯的、老套的教学方式，很少思考如何将现代学习空间与常态化的教学实践结合起来，如何基于空间的综合性功能系统改进教学。

学习空间应用于常态化教学，将会在以下两个方面体现出变化：一是在特定的学科教学中，教师理解学习空间的变化与转换，以及在学习空间中产生的学习行为数据，通过线上空间与线下空间的结合，优化和调整学习资源，设计合适的内容呈现方式，处理好线下学习空间与线上学习空间的互补关系。二是教师结合学习空间中的学生学习状况，关注到学生不同学科的学习行为数据等，分析学生学习中的问题及其产生原因，打破学科之间的壁垒，借助其他学科数据的分析判断，优化和改进本学科的教学活动过程，实现不同学科在学习资源、学习活动形式、学习策略支持等方面的关联。

在学习过程中，我们经常会提到"学习数据"这个概念。对"学习数据"的理解，有许多不同角度，但最主要的理解有两种：一种是指学习者在学习的过程中产生的，可以反映其学习过程或学习投入的数据。譬如，学习者阅读了什么学习材料，在学习材料的使用中投入的学习时间，练习或测试过程中的对错情况等，是指向了学习者的学习行为的数据，也指向了学习者本身。另一种主要是指与学习对象相关的数据，也就是学习者要学习的具体学习材料中包含的数据。譬如，学习者要弄清楚某一种物质的主要成分，可以通过对这些物质进行分析，提取其中的不同要素及其特征等数据，进而对其做出判断。

对于与学习对象相关的数据，是学习者在与外部世界进行交往的过程中需要关注并加工的内容，外部世界通常又会为学习者提供两种不同类型的数据。一种是经过人为加工体现外部世界的数据，有的数据关系甚至已经被人们进行了处理和加工，并会以特定学习资源的形式呈现。譬如，对于物理学习，在教学过程中，教师会设计一定的场景引导学生进行思考和研究，以帮助他们理解某些特定的物理规律。物理教材已经为学生提供了关于这些研究对象（如物体的落体运动）的具体结论，包括物理的一些具体概念、关于物理认识的若干规则或者规律等，教师设计这些外部场景的作用在于帮助学生理解教材中的概念或规则。学习者在学习过程中如果能够充分理解和消化教材，也可能会越过对具体场景中的相关数据的采集活动与分析活动，直接形成对这些规律或者规则的认识。学习者与外部学习场景的交往，其实最终也是为了认识和理解这些规则与规律，而没有对这些规则和规律进行创新。此时的教材等经过人们加工和处理的学习材料，也常常会被称为"学习资源"。

还有一种类型的学习数据隐藏于外部世界，其中的概念或者规则并不是十分明确，需要学习者对这些数据进行提取和分析，才能形成对外部世界的系统认识。譬如，在实践中，在项目化学习或者鼓励学生通过探究形式进行的学习活动过程中，学习的目的是通过对外部世界的研究，提取其中包含的特定数据，并经过分析和加工，发现其中的某些规则或者规律。在这些外部事物中，可能涉及许多数据，譬如，在著名的"两个铁球同时落地"的实验中，既可以对用于做落地实验的物体的构成成分进行研究，也可以对它们的落体状态进行研究，研究的要求不同，需要采集的数据形式和内容就不同。这种类型的学习数据，是学习者进行判断和决策的依据。学习者通过对这些数据的加工和分析，形成关于外部学习对象的认识。这一学习活动是基于这些外部对象的具体数据展开的，学习结论也是基于这些数据得出的，此时的外部事物是作为支持学生认知的材料而存在的。学习资源是一种特殊的学习材料，是经过加工以后形成的，是包含了他人的学习结论或思想的学习材料。

在学习过程中，学习者根据不同的学习数据形成相应的后续判断与决断的过程，称为"学习决策"。存在两类学习决策：一类是基于学习行为的过程数据进行的决策，是指向学习方法层面的；另一类是基于学习者的认知对象提取的数据并进行分析形成的决策，是指向学习结果层面的。学习空间在支持学习者形成主体决策方面，具有数据的集成性、关联性与多样化表征性等特性，可以为学习者建立跨学科的知识、实现不同学科知识的融合提供支持。

---- 第 3 章 ----

适应性学习空间的内涵解析

适应性学习空间中的"适应",可以从两个视角进行理解:一是将学习空间作为支持学习发生的外部条件;二是学习空间与认知主体的知识建构协同作用。在实践中,对"适应性"的理解,可以从主体与外部世界关系的角度进行描述:既可以是外部世界适应主体的需求而变化,也可以是主体适应外部世界的变化而变化。

在不同研究领域,对"适应性"内涵的界定存在较大差异。信息技术研发领域也常常会使用"适应性"一词,用于修饰新技术革命下智能计算与推理领域发生的变化,关注技术系统的创新与系统自身的适应性机制等。譬如,智能交通与自动驾驶领域往往更加关注技术制品的智能化,包括在行驶过程中对车辆或道路状况等方面数据的智能采集与分析,对行驶行为的智能判断与决策,尤其关注技术制品在遇到一些特殊情形时的应变与处置能力,这应当符合安全规范且接受法律约束。

适应性学习空间中的"适应性",我们主要还是从"双向适应"的角度来进行理解。一方面,需要考虑如何根据学习者的学习需要和变化,提供符合实际的外部支持,使学习个体能够进行适应性调整;另一方面,需要充分考虑外部世界的变化,引导学习者学会调整和改变自己的认知行为与认知习惯,适应外部世界变化。前者需要广大教师充分分析和理解现实世界的系统变化,关注现实社会对现代人才提出的新要求，理解现代学习者的能力结构和特征，不断调整学校的学习支持条件，而不能简单地固守原有的物理学习场所，以单一的思维方式理解学习空间，而是需要不断进行学习空间的优化和变革。后者则需要学习个体突破认知局限。对学习者来说，由于学习背景及家庭条件等因素的制约，他们容易将自己的视野局限于有限的生活环境中，学校教育的目标就是要引导学习者不断关注并适应外部世界的整体变化，提升个体持续适应世界变革的能力。

3.1 适应性学习空间要义解析

适应性学习空间，简单地说，就是具有适应性学习功能的学习空间。所谓"适应性功能"，主要是指作为条件的学习空间与作为认知主体的人之间形成的相互判断、相互调整与相互支持的关系，体现出"相互适应性"。"相互适应性"是适应性学习空间的关键属性，只有相互适应，学习空间与认知主体才能共同作用，认识到双方可能存在的持续"冲突"，并通过解决冲突的过程，不断改变自己的认知行为和方式、认知观念，形成并强化自己的认知结构。这也会促进学习空间不断迭代，优化学习空间的功能，凸显学习空间对学习者成长的助力作用。解月光教授团队也将适应性看作系统和用户之间的双向适应。[①]

相互适应性，是指学习空间和认知主体之间的相互作用，存在三种关系：一是学习空间自身的优化与生长关系；二是学习空间与认知主体的作用关系；三是认知主体自身的调整与变化关系。

---

① 边联，解月光. 适应性学习系统构建中的双向适应问题研究[J]. 中国电化教育，2009（3）：9-12.

3.1.1 让空间具有适应外部世界变化、优化自身功能的能力

在技术发展的早期，技术能不能对教育产生影响与提供帮助，主要取决于教师能否理解技术的功能。教师会以自己的教学认知为基础，判断如何借助不同技术辅助自身的教育教学活动。在此过程中，往往会出现"适合自己则用，不适合自己则弃"的应用现状。技术的持续发展与变化，丰富了由技术支持的教育教学系统的内涵，教学系统不断得到延展，从辅助教师的教学活动向引领教师进行教学变革的方向转变，体现了一定的适应性功能。

在以数字技术为基础的研究领域中，对适应性学习或适应性学习系统的研究起步比较早，且将适应性学习与适应性系统紧紧联系在一起。关于适应性学习，一般认为需要依赖一定的适应性学习系统，借助对数据的分析和处理，以及对学习者的个性化判断，为其提供一定的自主的、个性化的学习支持。对学习者的支持，包括对学习起点的判断、学习策略选择的自主性、学习内容呈现的针对性、资源的支持性、系统的及时反馈与响应等。[①]

学习空间是包含了"富技术"与"富功能"的系统。学习空间对技术的包容性，可以使自身的功能不断得到优化，其经历了从简单的教学辅助平台到综合化的教学支持系统的发展历程。学习空间不仅具有开展教与学的活动的平台属性，也具有学习资源与学习素材的承载属性，还具有实现学校各类数据贯通的融通属性。平台可以完整地记录学生的学习行为，能够对学生的知能理解状况进行评判与测试，判定他们的知能掌握程度与主要学习困难，从而为教师提供适合的策略支持奠定基础。

加拿大学者金苏克（Kinshuk）教授认为，需要进一步完善学习系统，实现学校教育与外部真实世界的有序关联。他畅想或许有一天，会出现一种使学习自动发生的系统。在此系统中，借助不同的传感设备对学生及其所处的外部世界中的信息进行捕捉，就可以让学习在一种更加自然的状态下不知不觉地发生。一个具有自动化功能的学习支持系统，需要建立用户、位置、设备和情境等几种不同的模型，通

---

① 余胜泉. 适应性学习——远程教育发展的趋势[J]. 开放教育研究，2000（3）：12-15.

过这些模型的共同作用，增强适应性学习系统对学生学习的支持作用，提高其适应能力。①

学习不是单纯地接受书本知识的过程，也是运用习得的书本知识解决复杂问题的过程。学习空间不仅仅是为了提供学习的物理场所与虚拟场所，还需要提供有利于促进学习发生的与现实世界相一致的外部刺激物，让学习者在这个空间中真正地完成学习。只有突破了学校的限制，突破了物理场所和虚拟场所的限制，让学习空间有效连接学生的生活世界和未来世界，学习空间才能超越传统的辅助性的技术性功能，实现对教学和学习的促进作用。

学习空间的发展，一直与技术的发展紧密联系在一起。早期的技术主要是基于独立的系统而存在的，重视的是如何通过媒体形式的变化丰富教学方法。现阶段的主要理念是如何基于不同媒体形式改进教学方法。20 世纪 80 年代到 90 年代中期，借助幻灯、投影、电视等不同媒介形式，技术主要关注的是如何实现教学材料的多表征形式转化，教师主要遵循的是"基于课堂的教学范式"，注重教学的生动性与形象性。

20 世纪 90 年代中期到 2010 年左右，随着计算机与网络技术等的发展，学习空间的发展主要基于计算机的资源类型变化这一理念，教师主要关注的是如何实现教学材料的计算机表征。计算机将多种功能集于一身，具有了"多媒体"的属性。虽然这一时期依然强调不同的媒体形式，但由于可以基于计算机呈现这些形式，便于教师学习并共享相关资源。教师主要遵循的是"基于课堂的教-学双向支持范式"，注重教与学的互动。

2010—2018 年，当网络的表征形式日益丰富以后，学习空间的发展进入了以"基于计算机+网络的教学形态变化"为主要理念的发展阶段。这一时期教师主要关注的是如何借助网络等载体，提供不同形态的在线课程或学习资源，形成了面对面教学与在线教学共存的现象。在此阶段，各级学校比较关注精品在线课程资源的建设，重视教学内容网络化呈现与共享，主要遵循的是"支持学生成长的学习范式"，注重学习过程中资源的开放性与可获得性。

---

① 转引自贾积有，马小强. 适应性和个性化学习系统研究前沿——与国际著名教育技术专家金书轲教授对话[J]. 中国电化教育，2010（6）：1-5.

大致从 2019 年开始，随着大数据与人工智能等技术的发展，利用学习过程数据支持教学决策具有了可能，学习空间的发展也迈入了"基于数据的智慧学习变化"阶段。这一时期主要关注的是如何深入分析学生的行为特征，借助智慧校园与智慧学习支持系统，利用过程数据进行循证，尊重学生的个性化和差异化，为学生提供更加能够体现个人认知特点与需求的学习活动，主要遵循的是"支持学生主体决策的学习范式"，注重学习过程中学生的主体责任，关注学生的主动性与创造性。

发展至今，学习空间不仅要记录学生的行为过程数据指导教师教学，还要关注如何借助学习空间具有的贯通学习世界与真实世界的功能，为学生提供联结真实世界的外部刺激物，引导学生关注这些刺激物，并通过对其中包含的能够体现这些刺激物特征的相关数据进行采集和分析，让学生在与这些外部刺激物进行交往的过程中产生认知冲突与需求，在外部刺激物与课程标准之间建立有序的关联。

3.1.2 让空间具有适应个体需求变化、提供个性支持的能力

适应性学习空间可以为学习者开展学习活动提供支持，同时也可以很好地记录学习者的学习过程，包括学习者在学习相关知识的过程中选择并使用了什么样的学习材料、进行了什么样的思考、得出了哪些结论等。通过这些记录，教师可以大致判断学习者处理不同材料的时间分配情况、完成的主要练习、存在的主要困难，进而分析其学习习惯。

适应性学习空间包含许多学习支持系统。柏宏权将适应性系统大致分成了两种类型：一类是系统通过学习以不断改变用户的行为；另一类是系统不断调整自身的行为以支持用户的学习。[①]尽管这两类系统都强调系统本身的改变，但是都要通过系统的自身变化，分析用户的应然状态和应然需求。适应个性化，并不是说要让个体由着自己的性子学习，而是要让个体能够在学习过程中理解自身需求与行业需求的差异，能够从自身的认知缺失中形成学习需要。因此，学习系统需要不断优

---

① 柏宏权. 适应性教学系统中个性化教学策略研究[D]. 南京师范大学，2006：18.

化，增强对个体的理解，以便更好地引导个体产生学习的内在需求：一方面，让用户愿意学习；另一方面，让用户能够学习。

适应性学习空间中的不同学习支持系统在教学过程中承担着不同的功能，其中部分系统因为具有特定数据处理能力、学习能力与自适应能力，所以具有了适应性特征。有研究者认为，适应性学习系统应该能够满足个体的差异性特征，跟踪和记录学生的学习行为，并借助这些行为数据来支持教与学的决策。[1]但是，仅仅依赖数据本身，系统并不能体现出完整的适应性。系统需要通过长期的训练，大量采集使用者的行为数据，通过对不同的行为者及其行为数据之间关系的分析，构建完整的策略库，根据系统中的用户行为，为其提供有差异的指导策略。

随着人工智能等技术的发展与应用，可以引入更多的数据集，包括体现了用户变化的数据、体现了外部世界变化的数据、需要学生学习的新的刺激材料等，通过建立不同数据训练模型，建立"用户-数据-策略"的复杂关系模型，让学习空间在适应外部世界的过程中逐步具备智能化的支持能力，为用户提供更加精准的服务。

3.1.3 让个体具有适应世界发展趋势、变革自身习惯的能力

近20多年来，行业领域对适应性学习的研究，主要集中在系统的功能优化与完善等方面。对于系统本身而言，获得的关于人的样本数量越多，其适应性功能也会越强。对适应性学习或适应性学习系统的研究的价值在于，支持教育系统的适应性学习行为。[2]但是，学习毕竟不是完全依赖特定系统才能完成，一方面在于学习本身是一个复杂事件，涉及很多复杂要素，且其并非总是可控的，这就使得要素之间的关系变得更加复杂，想试图将所有学习关系都转化成可控的系统，本身就难以实现；另一方面，对学习者而言，并不是所有学习都需要借助学习系统才能完成，

---

[1] 阮滢. 适应性学习：信息技术支持下的因材施教：访首都师范大学王陆教授[J]. 中小学信息技术教育，2006（11）：4-6，11.

[2] 陈佳琳，沈书生. 基础教育适应性学习需求分析与学科应用设计[J]. 中国远程教育，2019（6）：41-48.

即使依赖学习系统完成的许多行为，通常也是非结构性的。

尽管当前研究者通过优化算法逐步解决了一些关于复杂系统的问题，但这些算法最终还是依赖对问题的解剖与转化，并通过分层与分类的处理实现了复杂系统的简单化、无结构化数据的结构化，进而可以对本来无序的问题进行有序化处理，借助不同的数据及其关系的分析建立适当的问题解决模型。算法优化是无限的，也是无止境的，但凡可以通过算法解决的问题，都需要依赖对真实问题的解构与关系构造，而这种"解构"与"构造"又充满了新的复杂性和不确定性，因此依赖学习系统也仅仅能够反映学习的部分问题。

学习者利用学习系统开展学习活动，既可以丰富学习系统中的样本数据，让系统更符合人的认知特征，为学习者提供更有针对性的指导，也可以让学习者在与系统交往的过程中建立新的学习关系。通过在线学习系统建立的学习关系，超越了在普通课堂中建立的学习关系。学习者可以和学习系统建立不同的关系，并在与系统的持续交互过程中逐步形成符合自身认知特征的学习方式。

在长期的以课堂教学为基础的课程教学过程中，学习者的认知行为会受到外部输入的影响。由于在学习过程中与外部输入建立了相对简单的关系，师生之间建立的双向认知可能会慢慢固化。教师会将学生的认知困难简单地理解为其天资不够，而在学习上有困难的学生在长期的学习过程中也可能会慢慢地将自己遭遇的学习困难理解成自身的原因，甚至会形成学习倦怠。现代学习系统需要解决的关键问题是将学习者在学习过程中的真实学习状态记录下来，以便准确地把握其学习情况，从而为他们提供有针对性的学习指导建议，促使学习者寻找到符合自身成长的学习策略。

学习空间作为一个复合体，可以为学习者提供复杂的学习支持条件。它需要将许多与学习相关的外部世界要素组合在一起，这些外部世界要素既可能是与真实世界相关的原生学习材料，也可能是经过了人工加工的学习材料。学校教育的价值就在于，可以帮助学者更好、高效、快速地实现学习目标。学习者在利用空间的过程中，一方面，他们可以从空间的复杂材料中寻找需要的学习材料；另一方面，也需要空间为他们推荐一些合适的学习材料，以体现教育的社会价值。

教育倡导充分尊重学习者的个性，但是这种个性并非随心所欲，而是强调要从学习者的已有学习条件出发，组织设计与其认知特征相适应的外部支持。这些体现个性的认知特征，包括认识基础、认识方法与路径、认识习惯等。学习者之所以出现学习困难，既可能是因为他们建立的认知特征没有得到充分的尊重，也可能是因为他们建立的认知特征本身与教育规律存在冲突。学习者在与外部世界进行交往的过程中，常常会因为自己的认知结构形成对外部世界的特定判断，这种特定判断可能会存在一定的主观性。当学习者将自己关于外部世界的主观判断等同于外部世界客观描述时，他们对外部世界的认识往往会偏离外部世界本身。

为什么需要现代学习空间？现代学习空间为什么可以帮助教师进行教学决策，以支持学习者开展高效的学习活动呢？依赖现代学习空间，可以对学习者在认识外部世界过程中形成的认知进行记录，包括学习者在学习过程中阅读了什么样的学习材料，在加工材料过程中运用了什么方法，以及他们是如何结合材料并通过适当的推理得出相应的结论的。借助这些基本过程，可以大致勾画出他们的思维过程，并可以通过这些思维过程反映出学习者的基本认知逻辑。学习空间的智慧性，就在于其可以对学习者的行为进行分析，其基础就在于学习空间记录的学习者的行为数据。

学习者形成的认知习惯，是与他们长期以来的学习过程相关联的。学习者通过与外部世界的交往，包括与外部世界中的真实事件、不同形式的学习材料、教师和学习伙伴等的交往，进而会逐步形成自身的认知习惯与认知结构。如果学习空间相对封闭，学习者的认知自然也会变得封闭。现代学习空间就是要打破这种封闭性，引导学习者以更广阔的视角和格局认识与理解外部世界，建立关于外部世界的准确认知。适应性学习空间中的"适应性"，正是基于对学习者的行为分析表现出来的智慧性特征。对学习行为的分析，如何做到既关注当前的面对面学习的现实存在，又能够充分考虑到在线学习的存在价值？这就取决于所建立的新型学习空间能否为学习者提供所需的外部支持。

现代学习空间的构建需要借助数字化技术，一是因为数字化技术可以使不同技术产生关联；二是因为数字化技术可以提供更好的算法来描述复杂的外部关系；三是因为数字化技术可以更好地呈现复杂的、具有选择性的条件；四是因为数字化技术可以提供多样化、动态的内容呈现方式。这些由数字化带来的优势，既能够为学习主体提供适应性的支持，也能够促进学习空间的适应性发展，还可以进一步优化新型学习关系，引导学习者在与学习空间进行交往的过程中不断弥补自己的认知局限性，突破已有认知习惯，在混合型学习的新常态中拓宽视野，提升不断适应外部世界的能力。

3.2 空间与主体的双向适应性

学习空间的适应性，一定是与学习主体有关的。一方面是因为空间需要适应的是学习主体的需求；另一方面是因为学习主体本身也会在与空间的交往过程中建立自己的认知序列，形成自己的学习逻辑。

3.2.1 如何理解学习主体的适应性

每一个体都是独立的主体，在相互作用的过程中，个体会形成关于外部世界的认识。在教育过程中，学习的主体是具体的人，而人自身又是由充满复杂性的不同变量构成的复合体。人所处的外部世界同样是复杂的，当外部条件变量共同作用于人以后，就会增加这种复杂性。人脑可以被看作一个处理复杂问题的运算系统，个体之间的差异往往会通过他们处理复杂问题的行为体现出来。如果学习者在学习过程中经历了较多的复杂事件，并参与了较多复杂问题的处理，那么他们的解决问题能力也会得到增强。如果学习个体在与外部世界交往的过程中面对的世界本身是简单的，或者他们总是面向一些独立的问题，无法将世界中诸多独立的、简单的事物关联起来，那么他们的解决问题能力也会被削弱。

就每一个学习个体而言，其自身的已有起点亦是决定其学习行为的原因，外部的任何输入都会与学习个体的已有起点产生互动，并由此触发学习个体的后续认知行为。当然，外部输入的具体形态，包括外部刺激物的呈现方式、呈现数量、呈现角度等，都会对学习个性产生影响。假设一个学习个体刚好在关注"虚拟现实"或"元宇宙"的相关内容，并对其产生了学习兴趣，此时如果刺激材料涉及"虚拟现实"或"元宇宙"的相关概念及其应用，就有可能更快地唤醒学习者对它的关注。当学习者对"学习空间"和"学习环境"的概念在理解方面产生了疑惑时，如果此时能够组织他们开展"学习空间"和"学习环境"方面的讨论，或者给他们提供一些比较"学习空间"和"学习环境"两个概念异同的外部学习材料，他们就有可能更快地进入学习状态。

学习个体本身既是自变量，又是因变量。当外部的输入作用于学习个体以后，他们的已有条件作为自变量与外部输入的变量相互作用，最终会影响和改变个体。有什么样的变量，这些变量之间以什么样的方式相互作用，就可能会产生什么样的作用效果。构建适应性学习空间，就是要关注影响学习效果的不同变量，并通过持续改变变量的内容，寻找这些变量对于改进学习效果的作用，建立学习的理想路径。

倡导利用学习空间给学习者提供丰富的学习情境，将真实世界的许多具体场景以虚实结合的方式与学习空间关联起来，就是为了给学习者提供更多的复杂变量。学习者置身于这些复杂的变量中以后，在与自身的已有认知进行相互作用时，通过持续的外部刺激物的变化，就可能会促进学习者不断调用其大脑中已经建立的认知。这可以被看作学习过程中学习主体在改变自身这一自变量，并与外部的输入变量相互作用，进而跳出已经形成的固有思维逻辑或者认知，建立新的认知。学习个体不断修复和强化自身的已有认知并建立新认知的过程，会影响学习结果。学习结果之所以可以被看作因变量，正是因为学习者最终形成的认知结构会随着认知的过程而发生改变。

不管学习空间有多么智能，也不管其中包含了多么丰富的外部材料，学习个体如果不能关注这些材料，或者不能根据外部条件的变化而不断调整和修复自己的已有认知，那么学习者就难以产生根本性的改变。学习空间需要不断关注学习个体的已有认知基础，调整外部刺激材料及其呈现方式。当这些外部刺激逐步逼近学习个体的认知起点和认知习惯时，已有的认知才可以帮助他们思考相关问题，学习者才有可能改变自己的学习行为或者习惯，进而思考这些问题产生的原因，提出问题解决办法。

现实世界中存在一些个体，他们对外部刺激表现出来的反应往往会呈现出较大的不同，包括在理解他人有关表达和观念的过程中，也往往会有较大的不一致性。大致有以下几种情形。

第一种是表达者的词不达意型。在接触外部刺激以后，为了表达对外部刺激物的某种观点或者见解，学习个体会试图寻找适当的语言来表达。但是，由于自身语言的贫乏或者对知识的理解不够深入，在表达观点的过程中使用的词汇或表达方式可能会与自身对这个问题的理解产生不一致。这就需要学习空间为学习者提供学习引导，鼓励其通过适当的表达展示自己，而不必掩盖自身可能存在的不足。当学习个体暴露了不足以后，就可以进行有针对性的训练，能保证其词意的一致性。

第二种是接收者的理解偏差型。接收者对表达者的理解出现偏差，极有可能是表达者的词不达意产生的结果，也有可能是接收者在理解表达者的相关观点的过程中，由于缺少共同经验或认识基础，对表达观点产生了误判。尤其是在师生进行交流的过程中，在描述相关观点时，如果学生不能够以较为清晰的逻辑与合适的顺序呈现自己的观念，就有可能导致教师持续打断学生的陈述。如此一来，一方面可能会让教师对学生的能力产生质疑；另一方面也有可能会让学生因为无法完整地表达观念而出现惶恐不安。

第三种是表达者与接收者的格格不入型。个体在长期的交往过程中会慢慢建立关于对方的印象，并形成关于对方的基本看法或认识，由此个体之间也会形成程度不同的亲密关系，有时候这也会导致个体对对方形成刻板印象。如果接收者对表达者抱有成见，那么这种成见也有可能会影响他们对表达者的观点的判断。在现实生活中，这样的现象比比皆是，譬如，有的接收者明明知道表达者提出的观点或者想法比较有创新性，但由于已经形成了对表达者的固有排斥态度，往往会不加掩饰地以拒绝的态度或方式对表达者的相关观点或建议进行否定。

学习不仅是一个简单的外部输入过程，也是学习个体的内在加工与对外输出的过程。输入过程来自学习个体使用的不同外部刺激材料，包括人力的或者非人力的材料，而输出过程主要通过语音和文字的方式输出给其他学习个体。观点的碰撞主要存在于人与人之间，但引发观点的原因可能是外部世界中的特定物体或事件，学习个体之间、学习个体与不同物体或事件发生持续的交往以后，才有可能经过不断的酝酿、产生、修正、检验等一系列过程，逐步建立自己的认知。

体现了学习思维的学习空间，可以在学习者和真实的外部世界之间建立连接。借助学习空间，教师既可以将真实世界中的真实场景搬到教学活动中来，也可以通过模拟真实世界中的部分场景甚至部分事实等，引导学习者体验外部变化，接受外部刺激，形成解决外部复杂问题的能力。

学习空间能否体现出智能，体现出什么样的智能，主要取决于空间的设计者与使用者对教育理念的理解，同时也取决于在技术的发展中形成的算法思维与算法的实现方式。赋予学习空间一定的智能，其就能够理解学习个体，进而使其找到解决学习问题、突破学习困境的路径与方法，这样他们就有可能进入正常的学习状态，并顺利实现学习目标。

面向人的适应性是一种"类适应"，而非"个别适应"。在人类社会发展过程中，从简单的通过生产劳动的方式进行口耳相传，到形成专门的学校开展教育实践活动，这既是社会分工的需要，也是社会对提高教育效率的需要，更是教育专业化发展的需要。社会既存在基础性的教育活动，也存在专门性的教育活动，前者引导人们学会识字、计算、思考、表达等，后者则是让学习者懂得如何从事专业性更强的活动，譬如，从事农作物的生产、建筑、医疗服务等。既然存在学校教育，就必然会产生教育标准，并需要设计统一的教育活动帮助更多的受教育者顺利达成教育标准。

每一个独立个体的行为过程都不尽相同。人的遗传因素、所处的生活环境、遭遇的事件、接受教育的背景等，都会影响其认知的习惯和能力，以及他们对外部刺激物的态度及反应，并使个体表现出了差异。从严格的意义上讲，当外部输入变量作用于不同个体以后，他们调用的内部变量也不会完全相同，几乎很难找到两个完全一样的个体。比如，在生活实践中，甲和乙相约一起去参加某项野外活动，他们或许在前期的设计和规划中会达成高度的一致。但是，如果在具体执行过程中遭遇暴雨天气，那么两个个体对天气的看法可能就不尽相同。对于很想成行的一方来说，也许他会以"贵人出行雨多"的心态来为自己的计划喝彩，而有点犹豫不决的一方则可能会将碰到不好的天气看作自己的运气不好，认为什么倒霉的事都被自己碰上了。

学校教育也是类似的，譬如，我们很熟悉的面对面教育形式，教师往往会对那些能够比较快速领会自己教学意图的学生抱有更宽容的态度。许多教师往往更愿意让这些孩子参与课堂交流和讨论，并将主要教学精力都放在这些孩子身上。其主要原因在于，教师发现他们输出的所有知识内容或教学刺激都与学生接收以后输出的行为反应之间具有高度的匹配性。我们习惯了面对面教学，也会慢慢地认为面对面教学的核心价值与典型特点就在于其既尊重了学生的差异，又不能完全建立"一人一策"的教学方式，而是要寻找学生之间的相似性和共同点，以寻求相对统一的办法，组织教与学的活动，实现教育目标。

这种相对统一的办法，既是面对面教学的优点，也是其缺陷。其优点在于，可以扩大教育规模，让更多学生获得学习机会，包括印刷材料、电影电视和广播等媒体都产生了这种规模化的效应。但是，由于过分关注这些共同性，对个体认知差异的关注不足，当教师的教学活动设计不能满足学习有困难学生的需求时，就可能导致学生在认知结果方面出现差异。在现实中，更为糟糕的情况是，一些学生由于在认知的速度或认知的程度等方面与其他学习者存在差异，常常会被各种外部力量视作"学困生"（有的甚至被贴上了"差生"的标签）。因为认知的差异导致的学习过程不适应，这一批学习者往往会被纳入"低成就水平"群体。

适应性学习空间，就是要探索如何满足不同类型学生的学习需要，既要关注共同性，还要为那些不适应已有学习过程的学习者提供不同认知路径，帮助他们找到一条适合自己的道路。对于一个班级的学习者来说，最需要获得教师帮助的实际上是那些在学习中遭遇了困境的学生，而非在学习中毫无障碍的学生。如果无视学习有更多困难的学生的存在，他们就有可能会表现出学习焦虑，甚至会导致韧性较弱。尽管每一个个体都存在差异，但依然需要建立一定的学习韧性。学习空间可以为学习者在遭遇困难和解决困难的过程中建立适当的缓冲，提供思维的过渡，引导其通过学习过程不断调整自己的学习行为和方法，逐步提升适应能力。

学校教育之所以存在，就是因为学习者具有相似性，但是学习者自身的差异又是在设计教育教学过程时不得不关注的客观存在和事实。这就要求教师在设计教育教学活动时，同时兼顾学生的差异性与共同性，既要为学生提供共同的问题解决策略的引导，也要为学生提供个性化的问题解决策略的引导，以帮助不同学习个体实现统一高水平的学习目标。因此，学习主体的适应性指向的应该是某一类群体，是对一类个体的适应，而非对独立个体的适应。

3.2.2　如何理解学习空间的适应性

适应性学习空间之所以能够适应学习主体的发展，前提是能够对学习个体及其学习行为进行比较系统的记录，并能够基于人类对教育的研究和思考，进行关于个体成长的相对完整的记录与判断。只有理解了学习者的学习行为，才有可能弄明白如何借助技术助力学习行为，引导学习者遵循一条符合认知规律的路径开展学习活动。学习空间作为一个富技术系统，从早期以"简单组合"的方式将不同技术叠加在一起，到如今可以利用物联网、人工智能等技术思维将不同的技术以"充满算力"的方式叠加在一起，从而使学习空间可以具有一定的智能，并被称为智慧学习空间。

智慧学习空间的智慧性，不仅仅表现在这些空间具有帮助使用者进行快速运算的能力，同时表现在学习空间可以通过用户的应用，对用户的应用情况做出判断，进而为不同的用户提供有差异的指引。学习空间是为用户服务的，用户使用学习空间的过程中发生的使用行为，会反作用于学习空间，使得学习空间可以借助自身的强大算力，持续优化学习空间的功能。学习空间支持了用户的成长，而用户对学习空间的广泛使用，又可以促进空间提高适应性的程度与层次。

学习空间之所以具有适应性的特征，主要在于学习空间本身是不断变化的。学习空间包含的若干要素，我们也同样可以将它们看作不同的变量。学习空间中是可以留痕的，不仅仅是这样的一些变量，还包括这些变量的相互作用。借助人工智能技术，不断优化算法，学习空间本身也就成了一个具有学习功能的空间，它会将学习者的应用理解成系统的"训练集"，每一个使用者都可以被视作丰富学习空间功能的训练样本。当算法得到优化以后，学习空间就可以对其中的不同变量及其关系的判断做出修正，不断增强学习空间的适应性功能，使其具备参与判断学习个体的学习行为的基本智能，进而可以为教师判断学习者的学习行为提供适当的参考依据，甚至还可以协助教师做出一些简单的判断。

3.2.2.1 尊重学习的非线性结构

现代计算机之所以具有更高的智能，就在于研究者总是试图通过分析现实生活中的相关事件，并借助数学模型来模拟这些事情，进而可以借助计算机解决与人类社会特定事件相关的问题。一切数学模型都是基于人类解决问题的思想建立的，学习空间需要具备解决人类学习问题的能力，那么首先就需要弄清楚人到底是如何学习的。学习空间的适应性主要依赖于学习模型，而非仅仅依赖于数学模型。适应性学习空间的价值在于，可以为不同类型的学习个体提供更加有效的学习支持，还可以结合学习者在认知过程中产生的具体问题修正指导策略，引导学习者完善通向目标的实施路径。对不同类型的学习者的学习风格与认知过程进行系统研究，需要关注一些基本学习要素，也要关注这些要素的变化，这样才能建立一套适合不同学习者的学习模型库。只有形成了与学习科学相一致的学习模型，借助这些学习模型转化而成的数学模型才有可能增强学习空间的适应性。对真实的学习事件进行分析，抽象出相应的学习模型，进而将学习模型转化为复杂的数学模型，是构建适应性学习空间的关键要求。

学习个体作为变量复合体，其基本的属性就在于变化性与难以测量性。这些属性导致学习系统充满了复杂性，因此学习模型本身也存在着适应性的问题，即学习模型会随着研究者对学习认识的持续加深而不断优化。学习空间在应用中不断出现的大量个体的学习行为，可以使不同学习要素之间产生复杂的联系，这种联系仅仅是数学统计学意义上的，还存在某种内在的必然性或关系法则，既可以借助不同的样本进行检验，由系统中包含的算法进行推断，也可以由教师或研究者对其中的某些逻辑分析进行判断。这些源自应用的重要发现，都有助于研究者对学习模型进行持续优化与重构，进而推动技术开发者实现对数学模型的持续修正，以提高空间的适应能力。

适应性学习系统研发，主要将案例推理、机器学习等思想作为基本机理，已经产生了许多颇有成效的研究成果，在实践中发挥着重要作用。对算法的研究，无论采用什么样的数学模型，都需要依赖比较明确的数学规则及其数学关系。借助深度学习领域相关技术的发展，当前的计算机已经具备了处理复杂问题的能力，但这些问题的处理往往需要借助特定的样本开展训练，并根据训练集的总量来决定系统的智能程度。智能的基础在于算法，而算法则取决于对事件的理解和判断。在处理一些具有一定线性思维特征的学习问题方面，算法往往表现出较大的优势。

学习恰恰是非线性结构的。尽管其中可能会包含某些规律，但这些规律也仅仅是通过作为生命体的学习个体反映出来的普遍规律，而一旦指向了某一个特定个体，其中的许多基本规律表现出的具体指标或参数往往会存在较大不同。譬如，时间和空间可以被看作学习者在完成学习任务过程中必须具备的两大基本要素，但不同学习者对时间和空间的选择与分配关系，往往会表现出较大的不同，这就使得学习会呈现出更加复杂的非线性特征。

要将复杂的具有非线性特征的学习以线性的方式进行表达，本身就是一个复杂的研究命题。构建学习模型时，需要体现学习的非线性结构，而借助数学模型来建立适应性技术系统又需要体现线性结构。由此一来，就有必要对非线性结构的学习进行细分，并尝试借助无限的线性结构来表现非线性结构，产生无限量级的数学模型库与训练策略库，借助算法的不断优化，让适应性的学习空间可以模仿人的行为，逐步建立具有类似于人的思维结构的非线性特征，促进学习空间适应性能力的提升。

3.2.2.2 注重学习的全空间属性

以数学模型来描述学习模型，必然会涉及大量数据。数学模型中的许多变量往往指向了不同学习者。不同学习者在训练过程中产生的若干行为数据，可以帮助训练数学模型，从而使其具有类似于人的思维结构与相应的能力。对于学习空间中可能产生的不同数据，能否将其准确地体现在数学模型中，会影响学习空间的智慧特性。

学习空间的适应性水平，取决于对学习数据的处理能力。现代学习空间包括物理空间与虚拟空间，空间的构成形式会影响空间的数据采集能力与数据的加工能力。在真实的学习世界中，所有存在的学习行为都会有与之相对应的数据，但并非所有反映学习行为的相关数据都可以借助学习支持系统对其进行采集和分析，也并非所有能够获得的数据都能够对其做出准确的分析和判断。

在过去的学习中，教师或者家长对学生的外部评价可能主要看学习时间投入、完成作业情况、业余时间分配状况等。如果一个学生能够将主要的课余时间或精力分配在作业中，并且完成的作业量较多，那么即使他们的学习效果不尽如人意，通常也可能会被认为是已经尽力而无须苛责。如果一个学生能够获得更高的分数，但业余时间很少花费时间去学习，他就有可能受到更多的批评。为什么学生会出现不同的行为方式？学生的行为方式是如何影响学习效果的？其中包含了什么样的学习机制？对这些问题的思考和分析往往偏少。

研究学习空间的适应性，就是要借助学习空间的学习支持活动，让教师对身处学习空间中的学生做出更加准确的判断，从而可以更好地引导学生选择适当的学习行为、准确地分析学生的行为过程、不断指导和调整学生的行为方式，实现学习空间与学习者之间的"双向适应"。具有"双向适应"特点的适应性学习空间，一方面可以让空间对学习个体形成适应性，持续优化空间性能；另一方面，学习个体可以对空间形成适应性，可以从空间提供的体现变化且可选择的支持方式中找到一条通向"理解"的学习路径。要想使学习空间与学习者实现"双向适应"，对于学习空间而言，用户本身的行为数据及其完整性就具有了极其重要的价值。

教育变革的关键在于课堂变革，而课堂变革的主体实施者是教师和学生。

长期以来，教师在指导学生开展学习活动的过程中，已经习惯了以教室为主要空间的教学方式，已经形成了利用教室这一物理空间组织教学活动的基本能力。尽管当前的教室空间存在一些缺陷，但是主要教学优势都来自于此。如果让教师转移到非物理的教学空间去组织教学活动，无论是教学活动的组织方式还是教学内容的呈现方式，都会发生重大变化。在长期的面对面教学中，广大教师积累了大量丰富的教学经验，并有了许多收获。如果要求教师改变原有教学习惯，并建立新的习惯，会面临许多挑战。

要正确对待不同教学形态的优势和不足，一方面，需要帮助广大教师理解教学形态的具体样式；另一方面，需要帮助教师认识不同的教学空间适合采用什么样的教学样式，即使是具有相似结构的教学样式，在不同的组织时空中应该呈现出什么样的变化。这样一来就有可能促进广大教师充分利用已有学习空间组织教育教学活动，也可以促使广大教师思考如何突破原有学习空间对教学的制约与束缚，从空间的延续性与整体性的视角思考学习空间支持教学变革的新路径。

面向新常态的学习空间是一种混合型空间，是一种"全空间"。这种空间会让教师与学生从共同在场过渡到"在场与离场"并存，学生的学习会让教师和学生基于共同的场景过渡到"共场与异场"并在。学习者能够从教学目标出发，结合自身在生活行为中遭遇的和教师相异的场景，领会并应用学习目标，理解学习的价值，形成复杂问题解决能力。生活在复杂的多维学习空间中的每一个学习个体，在学习过程中形成的行为数据也应当是来自"全空间"的，且这些数据并不总是容易获得。在关于学习行为分析的许多研究与应用中，常常会借助线上学习空间收集学生的学习行为数据，并对其进行分析和判断。教师不能仅仅将学习空间理解为线上空间，试图将学习个体在线上空间产生的行为数据作为判断其学习风格与起始水平的完整依据。因为这些数据仅仅能反映他们的线上行为与部分学习结果，不能充分反映其在"全空间"中的完整行为，对学习者遭遇的各种外部刺激及其反应的整体把握缺失，因此不可能是关于学习个体的"全数据"。由这些数据构建的学习分析模型，与学生的真实状况往往会存在较大差异。

适应性学习空间是以混合学习的视角建立的学习空间，并主张以"全空间"的视角理解学习行为数据，以"全数据"的视角理解学习者的差异，尽可能地从学习个体生活的"全空间"产生的"全数据"来理解学习者。数据的意义在于循证，而证据又需要从学习者的"全数据"中进行提取、分析和判断，既要用对数据，又要真正理解学习，以学习科学为基础，以符合认知规律为前提理解数据关系并建立学习数据分析模型，由此建立的学习空间才能体现空间的适应性学习支持功能，并满足用户的适应性需求。

要建立"全空间"观念与"全数据"思维，涉及多方面因素，譬如，物联网技术、学习分析技术、伦理问题、安全问题等。如何处理好这些因素，既涉及数据的完整性，也涉及数据使用的科学性。数据是构建适应性学习空间的基础，建立科学的数据思维，是准确应用数据并形成合理、高效的适应性学习空间的基本条件。以"全空间"的观念来思考如何建立"全数据"，存在的最大风险就在于数据的安全性与数据应用的伦理性。如果教师不能对数据形成准确认识，甚至过度使用数据，可能会出现数据应用的异化现象。譬如，如果教师依据学生的作业量或者学生的作业投入时间等变量简单地对学生的学习行为做出判断，会不会出现让学生面临更大学业负担的问题？

如果学习空间具有了"全空间"属性，那么在记录学习者的行为数据的过程中，不同变量对应的值就成了学习行为分析者可能会广泛使用的重要参数。在建立数据分析模型的过程中形成的许多不同模型的创新，往往都源自模型建构者自身对学习的认识。只要存在某种关于学生独特的认识，就一定可以产生相对应的学习分析模型，但是哪些学习分析模型能够促进学习个体的成长，哪些模型有可能会影响和制约学习个体的成长，甚至可能会产生反作用，这些问题都需要实践者和研究者进行广泛、持续、深刻的思考。定义了一组关于学习个体行为的变量，那么通过这些变量对学习个体进行的分析，又会反过来影响个体的后续学习行为，并不断改变这些变量。如何合理地处理这些因素的关系，选择并确立合适的变量，避免顾此失彼，依赖于在适应性学习空间的应用过程中进行的持续检验与迭代，逐步实现对适应性学习空间的持续优化。

第 4 章
基于新空间的学习范式转型

　　一线教师为什么需要选择新的学习空间？为什么需要使用适应性学习空间？如果广大教师没有意识到他们在早期的教学过程中使用的学习空间存在的不足，就难以建立对新的学习空间的使用需求，也难以形成对教学的重要突破。设计并研发适应性学习空间，就是为了突破旧的束缚，围绕学习者的主体性和主体责任来思考如何构建符合现代学习科学的学习行为过程，引导和帮助学习者建立科学的、持续的、健康的学习成长样式。

　　教师的责任在于帮助学习者学习，但教师却不能替代学习者学习。教师组织教学活动，最终是为了在脱离了教师指导的情况下，能够帮助学习者在遭遇真实问题的实践中形成自己特有的问题解决方式，懂得如何综合运用不同的学科知识，真正解决在实践过程中可能遭遇的各种复杂问题。学生的责任在于通过学校的学习过程，建立相应的知识基础，懂得如何从真实世界出发理解在学校学习的各种知识，能够构建自己的知能体系，并逐步构建自己特有的心智体系。

　　"范式"一词的广泛使用，与托马斯·塞缪尔·库恩（T. S. Kuhn）有较大的关系。20 世纪 60 年代，在《科学革命的结构》一书中，为了阐述科学发展的动态性，库恩使用了"范式"（paradigm）这一概念。尽管当时他并没有对"范式"一词做很精确的解释，但他认为这是一个重要的概念。[1]在该著作的序中，库恩将范式界

---

[1] 李国秀. 评库恩的《科学革命的结构》[J]. 哲学研究，1984（12）：68-74.

定为一种"公认的科学成就",可以在一定的时间内为实践共同体提供典型的问题和解答。①库恩认为,能够称为范式的这种"成就"需要具备两个基本特征:一是拥有一批脱离了其他竞争模式的坚定拥护者;二是能够为后续的实践者提供无限的待解问题。②简单地说,要想从"范式"的层面上倡导变革,那么这种范式遵循的理念应该在实现领域中已经得到了广泛的认识,并且可以用于解决实践中大家公认的一些问题。

第一,范式具有不同的应用范围。在库恩看来,范式主要有两个层面的意思:首先是具体科学层面的,是某种专门的科学实践中建立的规定性,也可以看成是专门科学中公认的范例,便于为后续的实践者提供示范;其次是综合科学层面的,是独立于具体科学的、关于科学集体拥有的全部规定性,是科学研究的共识。③对于前者,它的使用范围相对来讲比较有限;对于后者,它的使用范围则更为广泛。

第二,范式的应用具有差异。库恩认为,不同领域使用的范式存在着差异,譬如,对于表现在构词法方面的范式,强调的是允许范例的重复作用(即可以用不同的范例代表范式,因为每一个范例都具有相似的应用规则,通过每一个范例都可以理解这种范式),而在科学领域中的范式,如同经典的公认判例一样,很少会重复作用(即建立了一个公认的范式以后,这个范式就可以成为依据和参照),只是需要不断澄清和明晰。④

第三,范式具有一定的相似属性。对于常规科学研究而言,范式的意义就是试图让科学研究者将某个领域的研究做得更加深入,发现其中包含的永恒价值。因此,对于指向事实的科学研究而言,范式需要从三个方面聚焦:一是范式能够揭示这些事实的本质;二是运用范式理论进行的预测可以与事实本身进行比较;三是能够通过实验和观察活动搜集事实以阐明范式理论。⑤科学家所做的常规研究,基本上是在范式的指导下解决三类问题,即确定重要事实、寻找理论与事实的一致性、

---

① 托马斯·库恩. 科学革命的结构[M]. 金吾伦,胡新和,译. 北京:北京大学出版社,2003:4.
② 托马斯·库恩. 科学革命的结构[M]. 金吾伦,胡新和,译. 北京:北京大学出版社,2003:9.
③ 托马斯·库恩. 科学革命的结构[M]. 金吾伦,胡新和,译. 北京:北京大学出版社,2003:9-10.
④ 托马斯·库恩. 科学革命的结构[M]. 金吾伦,胡新和,译. 北京:北京大学出版社,2003:21.
⑤ 托马斯·库恩. 科学革命的结构[M]. 金吾伦,胡新和,译. 北京:北京大学出版社,2003:23-25.

阐明理论。①

第四，范式具有特定的适用群体。对于参与研究的群体而言，范式可以帮助"科学共同体"确立一定的标准，并能够依照这些标准确立所关心的问题，库恩将这些问题看作"谜"（puzzle）。这样一来，所有的常规科学任务其实就是不断"解谜"，将在特定的科学领域的研究引向深入。任何谜都存在一个"解"，而发现这个"解"需要遵循一定的规则。②在"解谜"的过程中，可以存在变化的规则，不一定要有完整的规则体系，但这些规则需要依赖范式才能指导常规的科学实践。

第五，范式具有一定的上位特性。库恩认为，范式优先于规则，甚至可以在没有确立具体规则时就能够指导常规科学，主要存在几点理由：首先是确定具体的规则本身比较困难；其次是范式本身植根于科学教育的本性之中；最后是在指导研究时，可以通过直接模仿范式来实现，而不仅仅依赖于抽象的规则。③这一观点提醒我们，不一定需要运用具体的规则（包括方法、理念）指导统一的行动，但需要坚守一些基本的范式（不同共同体可以存在不同的范式），依据范式的上位特性建立与特定共同体有关的下位规则。如果在科学研究中既无范式亦无规则，那么就会使研究陷入无秩序之中，难以达成共识。

学习空间发生改变以后，使用学习空间去指导学习过程的范式同样会发生改变。但是，学习科学不同于具体科学，它具有更加复杂的属性。在思考如何运用学习空间并构建新的学习范式的过程中，就有必要以一种上位的视角理解学习范式，既要关注学习范式具有的相似属性，又要考虑到在特定的教学情形中，在学习空间出现了变化的情形下，如何在遵循基本范式的前提下运用体现差异的具体教学样式，适当调整教学样式的应用规则。关注学习范式，就是为了避免受制于学习范式，不能因为某些条条框框的束缚出现机械式、教条式的应用。正如库恩所说，范式对于研究及其实践的指导，是引起范式改变的有效方式，当在某些规则的指导下进行活动的时候，有可能会出现一些新的东西，并需要借助新的规则来解释。④不断理解变化并适应变化，才是研究范式的真谛。

---

① 托马斯·库恩. 科学革命的结构[M]. 金吾伦, 胡新和, 译. 北京：北京大学出版社, 2003：31.
② 托马斯·库恩. 科学革命的结构[M]. 金吾伦, 胡新和, 译. 北京：北京大学出版社, 2003：33-35.
③ 托马斯·库恩. 科学革命的结构[M]. 金吾伦, 胡新和, 译. 北京：北京大学出版社, 2003：41-44.
④ 托马斯·库恩. 科学革命的结构[M]. 金吾伦, 胡新和, 译. 北京：北京大学出版社, 2003：48.

4.1 学习范式的基本内涵与转型逻辑

实践领域中，对范式的研究较多，教育领域也不例外。研究教育方式的转型，需要思考教育的目的，不要只是关注教育条件、教育过程和对教育的理解。在教育体系中，最主要的研究领域是学习，因此理解学习范式理应成为当前思考学校教育变革的主要立足点。

4.1.1 学习范式的基本内涵

研究学习范式本身具有很大的不确定性。原因如下：首先，学习本身具有不确定性；其次，研究学习的方式具有不确定性；最后，对学习的理解同样具有不确定性。在研究教育范式的过程中，许多研究者常常会把教育范式和教育研究范式混为一谈，在谈及教育范式的过程中，常常将描述的观念指向教育研究范式，或者将这两个领域混用。譬如，早期有一些学者在研究教育变迁的过程中，尝试运用"范式"来解释研究对象，但在论述时范式有时指向了研究方法，有时又指向了变迁后的范式。[1]

要弄清楚到底什么是学习范式，必然绕不开库恩的"范式"概念。库恩将范式的概念与"科学共同体"的概念联系在一起，因为范式并不是属于某一个特定个体，它可能由某一个独立的个体率先提出来，却不可能是某一个独立个体的独特见解。范式应当源自某一个或一些特定的实践群体，这些群体在讨论和分析问题的过程中逐步建立了关于外部事物的特定认识，进而引起了该领域的重要改变，具有特

---

[1] 钱民辉. 范式与教育变迁研究[J]. 教育理论与实践，1997（2）：7-12.

定的支持群体。

4.1.1.1 学习范式是研究和实践领域关于学习科学的共同认识

库恩从范式的视角提出的科学模型，本意是指向自然科学的。范式被看作某个"科学共同体"在解决科学问题的过程中形成的共性，并且可以用于指导解决科学领域中遇到的新问题，是体现该共同体共性的"基质"。它包括三个方面的内涵：第一，是特定时间范围内某一共同体形成的共同见解；第二，是共同体形成的问题解决的基本方法；第三，受制于特定时期的认知而表现出了一定的任意性与应用范围的局限性。有趣的是，范式的概念在社会科学领域受到的广泛重视一点不亚于自然科学领域。一个重要的原因在于，许多研究科学哲学学者眼里的科学，仅仅是指自然科学领域的科学，而社会科学并不在他们论述的科学之列，但社会科学研究者认为库恩的科学模型同样适合社会科学领域的研究。[1]事实上，库恩提出的"范式"概念，尽管来自自然科学领域，但概念本身并不具有自然科学特有的属性，而是从共识形成、方法创新与时代特性等角度展开的，这正是所有领域的共同诉求，因而将其应用到社会科学领域也是合理的。

要弄清楚什么是学习范式，就需要弄清楚当前的学习研究领域对"学习"是不是已经形成了共同认识，或者是不是已经具备了建立共同认识的基础。学习离不开教学，学习范式与教学范式有很大的关系。在长期的教育实践中，人们习惯将学习简单地理解为学习者在接受学校教育过程中由教师安排、指导并完成的行为，因此学习往往会被看作教学的附属品。学习者的学习过程，需要依赖教师的教学组织与思考，并由教师确定如何进行学习，学习过程通常是由教学过程决定的，学习行为也是由教学组织者设计的。这就使得在长期的教育实践过程中研究者或实践者思考得比较多的往往是教学范式，而对学习范式尽管常有提及，但在实践中常常会让位于教学范式，会被掩盖在教学范式之下，难以得到充分的体现。

自从人本主义思想出现以后，研究和实践领域就开始思考怎样在教与学的过

---

[1] G. 伽汀. 范式和解释学：论库恩、罗蒂和社会科学（对话）[J]. 鲁旭东，摘译. 哲学译丛，1984（6）：40-45.

程中充分发挥学习者的主体作用，强调以学习者为中心。但是，最终如何体现学习者的主体作用和学生的中心地位，还是要依赖教师设计的教学活动过程。全社会普遍认识到了教育对社会发展的重要影响，意识到了高质量的人才对人类社会发展的重要价值和意义，并且期待学校能够实现这一目标。但现实问题是，在教育日益变革的背景下，学生的学业负担正在变得越来越重，许多孩子在完成了学校的学习任务以后，还得接受社会培训机构的课外培训。

学校教育和社会培训构成的双向施压，导致社会上出现了许多关于教育的复杂情感。一方面，大家都意识到教育是改善学生质量、引导学生形成核心素养的基础；另一方面，大家也发现过重的学业负担导致学生在身体和心理健康等方面出现了一些问题，社会层面出现了教育焦虑。国家不得不出台"减负"政策与措施，以引导教育走向正常化。

将学习范式和教学范式孤立开来并不合适，要理解学习范式并试图对学习范式做出调整和优化，必然会触及教学范式。在学校中，教师与教师之间会形成不同形式的教学共同体，学生和学生之间也会形成学习共同体，甚至在教师和学习者之间也有可能建立学习共同体。一个无须否认也必须尊重的事实是，在学校教育过程中，教师具有权威性，在许多与教学相关的行为中占据着主导性地位。教师需要引导学生从对学习对象的不关注到关注、从浅层关注到深度关注，并需要在引导学生建立行为秩序和规则等方面具有绝对权威性。

运用学习范式和教学范式两个概念来理解学习的变革，并不意味着用学习范式的概念来取代教学范式的概念，将整个教育中的转型理解成是去除教学范式进而塑造独立的学习范式，也不意味着在学生的成长过程中教学会退到次要的地位。研究教育中的范式转型，既可以分别从教师和学生两个观察角度进行思考，即分别从教学和学习两个角度研究范式的转型；也可以结合教学和学习关系的变化，以学习者的视角进行观察，并探讨范式的转型。以两个不同的角度观察，就研究的意义而言，往往可以形成比较系统的思考，并能够面向不同群体建立比较适当的指导方法，也更容易为实践工作者理解和接受。

如果纯粹以教师主体的视角来观察教育中的"教学范式"这一概念，不仅是合适的，也更利于把与教学相关的问题解释清楚。但是，对于在实践中长期以来存在的"由教师主导教学过程并同时试图说明学习者在学习中的主体性"这一现象,这就很容易导致在实践中出现主体责任不明晰、不同主体间的责任交叉或不同主体对责任的回避等问题。单纯以教学范式来思考教学问题,通常会导致以教师是否能够在课堂教学中组织或落实相应的活动,以及能否通过活动达成相应的教学目标作为范式来选择和评价问题解决路径。

因此,在研究和实践中,经常会出现不同的思考维度,譬如,分别从教学范式和学习范式两个视角独立进行研究与实践,还是从一种范式向另一种范式转型的视角来思考变革和实践的问题。以两个独立的视角来进行范式探讨,可以围绕这些视角中的某一个方面探索其内在机制,关注教学或学习这两种特定范式的变化,理解范式的形成原因与变革特征。但是,教学和学习本身是关联的,研究教学范式离不开对学习的思考,同样描述学习范式也离不开对教学的思考。

然而,教学毕竟是为学习服务的,教师能力的提升是为学生成长服务的。如果过分依赖教学范式的研究,难免会导致在实践中对学生的关注不足,甚至可能会因过分关注教师的能力提升而忽略了学生的能力提升。譬如,一些学校不管整体的人才培养质量如何,也不管学生的综合质量如何,但外部在评估该校的过程中可能会重点关注教师的教学行为,过分关注教师的能力表现。这导致许多学校在描述自身的办学质量和水平的时候,往往会重点运用一些能够体现教师参与科研、主持课题或教学竞赛获奖情况的数据,即使存在一些能够反映学生综合素质的数据,往往也是指向了学校的社团活动、特色项目等,更多面向的是特殊群体,难以寻找到指向全体学习者的活动数据。

以学习范式作为关键概念引导教学变革,并非要忽视教师的教学主体责任,而是要进一步强化教师的教学主体责任,引导教师明确教学的核心责任在于帮助学生成长。对于教师而言,如果能够在教学中形成对教学主体责任的共同认识,那么他们在设计和组织教学活动、开展教学行为过程中,就更容易从学生的真实困难和问题出发,并能够设计便于学生选择的学习内容表征方式与活动组织方式,从而强化学生的学习主体责任。

从范式的视角来理解学习,就是要思考关于学习的研究者和实践者达成了哪些共识，这些共识本身也源自研究者和实践者对学习的持续思考与理解。建立了什么样的学习观，就有可能会形成什么样的学习范式，因此学习范式不是一成不变的，它会随着研究者与实践者对学习本身的认识的改变而发生改变。从学习的视角来理解范式，就是要思考在学习层面上可以有哪些具体的实践样式，可以用什么样的学习共识对其进行解释和描述，如何运用不同样式指导具体学习活动。

从学习范式的视角来理解教学，就是要能够真正彰显"教学为学习服务"的基本理念，让学习者在学习过程中充分体现主体地位，建立主体责任，引导学习者学会通过学习过程形成主体的决策意识和能力。同时，主张教师能够基于学习者的学习基础、学习需求、认知困难等，充分依赖学习者所处的学习空间及其包含的不同支持组件，合理设计与学习内容和目标要求相适应的学习环境，以符合学习规律的行为方式组织教学活动，为参与学习活动的每一个学习个体提供主动参与、积极思考、持续表达、不断修正的机会和可能性，以促进学习者理解并达成学习目标。

4.1.1.2 学习范式直接指向了学习是如何发生的这一基本问题

只有理解了学习是如何发生的，教师才有可能从学生学习的发生机制出发思考如何设计相应的教学活动。对学习的理解可以有不同的角度，外部支持的教学活动也是基于对学习的理解进行设计的。无论教师如何理解学习，学习发生的基本机制都是相对稳定的。长期以来，关于学习的研究，一直在试图发现学习发生的关键机制。现代学习科学的发展，以及现代技术对教育的影响与渗透，都需要从学习机制这一基础要素出发来探讨如何促进学生的学习。

在长期的生产和生活实践中，存在许多与记忆有关的现象。譬如，对于若干年前曾经经历的某些行为或者事件，许多人记忆深刻，甚至在几十年以后还能够对这些行为或者事件涉及的人物、时间、地点、过程、交流主题、行为细节等进行完整的描绘和刻画。我们甚至还会发现，在和一些 80 岁以上的老人进行交往的时候，他们对一些重大事件有超人的记忆。一些从战争年代走过来的老人，讨论到 20 多岁时经历的风风雨雨，他们能够准确还原一些细节，包括一些曾经一起战斗过的战友的名字、职务、与他们的感人故事等。

类似的记忆行为既包含了某些事实，也包含了某些具体的对话或观点，还包含了一些特定的场景。这些复杂的内容是如何作用于人的大脑的呢？人们在接触这些内容的过程中，是将它们作为一个整体进行处理的，还是将它们剥离开来独立处理的呢？要想保持对这些内容的长时记忆，我们可以对构成事件的每一个复杂对象进行切割吗？如果将它们切割开来，人们的记忆还会如此深刻吗？如果进行切割，有没有可能会导致记忆中出现的事物产生时空交错的现象呢？

如果系统地观察实践中存在的一些长时记忆现象，我们可能会发现其中包含一些相似的基本要素：一是在这些现象中往往会存在某种特定的场景；二是这些场景中包含了丰富的细节，且这些细节构成的整体具有某种事件或事实的属性；三是这些事件或事实包含了某些逻辑关系；四是当事人往往在这些事件或事实中扮演了重要的角色，可能是决定事件中的具体行为和走向的重要决策者。

当事人及其所在团队进入特定场景以后，如果遭遇了某些特殊的困难或陷入了某种困境，当他们对这些问题进行系统思考，并能够通过主动决策解决这些问题时，当事人陷入的困境常常会影响他们的决策，是逃避困境还是摆脱困境？任何个体如果试图逃避困境，就只能陷在困境中，在困境中艰难前行，有可能会被困境束缚。要摆脱困境，就需要不断分析困境产生的原因，需要思考哪些情形有可能会让自己在困境中越陷越深，哪些情形有可能会让自己逐步跳出困境并解放自我。

在对待困境的过程中，当事人及其所在团队的成员可能会存在不同的行为表现形式，有的个体会依赖于其他个体，也有的个体会不断思考应对困境的策略与方法。每一个个体的行为决断往往都源自他们内心对困境的判断和思考、他们对自身在整个团队行为中所应担负责任的判断和思考，以及他们在对待问题的过程中形成的心性思考。这些思考既有可能是外部因素作用于个体以后形成的对自我的判断，也有可能是个体对自我能力的习惯性判断，还有可能是个体在曾经经历的类似事情中对自身角色定位形成的判断。

在实践过程中，评估学习个体，往往是看其自身掌握的知能情况，或者看不同个体在解决问题过程中体现出的能力差异。学习行为到底是个体自身的行为，还是不同个体在相互协同作用的过程中产生的集体行为？衡量学习结果或学习质量，是应该基于个体还是基于个体所在的团队？许多家长可能更希望自己的孩子在班级中能够与那些成绩比较优异的学生交往，而不希望自己的孩子与成绩不好的学生交往。这是因为在许多家长看来，同学之间可能会存在相互影响，成绩好的同学会促进自己孩子的成绩上升，而成绩低的同学则有可能会拉低自己孩子的水平。

尽管我们都知道上述思维逻辑中存在一些悖论，即如果每一个孩子都需要与比自己成绩高的同学进行交往，那么对于被纳入交往对象的孩子来说，他们又应该选择什么样的同学进行交往呢？但上述逻辑同样包含了关于学习机制的共识，即如果学习个体表现出比较强的学习能力和水平，那么团队中的其他个体通常也会表现出较强的学习能力和水平，不同学习个体之间存在着一定的影响关系，有的学者将这种关系称为"主体间性"。"强主体间性"会增强独立主体的学习能力，"弱主体间性"会削弱独立主体的学习能力。

既然在学习过程中学习者可能会相互影响，那么我们就有必要去思考在这种相互影响中真正影响不同学习个体的，到底是学习内容本身还是学习内容背后的东西？一个优秀的学习者对我们的影响，既有可能是他的专业领域及其理解，也有可能是他的专业精神，甚至有可能是他成为一名优秀者的过程中形成的独特文化与思维方式。在一个特定的学习集体中，学习个体对他人的影响，既有可能是这些个体关于某些特定学习主题的具体观点，也有可能是他们在形成这些观点过程中采取的具体方法。从他人的学习方法中学会学习，从他人思考问题时对待问题的具体方式中学会如何处理问题，都是促进学习发生的有效机制。

上述讨论中，我们简单地从场景和团队两个层面思考了外部的条件变化对个体学习可能产生的影响。从场景的层面理解学习，就是要思考如何将所要学习的知识内容与真实世界建立关联，引导学习者从真实世界中的具体问题出发，结合自身的生活实践、生活中的变化，不断思考在面对生活变化的过程中可能需要具备的核心素养及其变化。从团队的层面理解学习，就是要思考如何在学习过程中引导学习者学会通过与他人的交往，建立团队的意识与团队中的角色分工协同意识，理解自身在团队中的角色和责任，既能够为形成团队的集体智慧贡献个体力量，也能借助团队的协同行为，不断强化个体智慧，促进自身不断形成关于外部世界的特有认识。

在具体学习过程中,学习者既需要与外部世界进行交往,也需要与团队中的其他个体进行交往,他们交往的对象都可以称为"客体世界"。在所有客体世界中,人是最复杂的要素,既可能是认识的对象,也可能是认知的伙伴。作为认识对象的人,可以帮助作为认识主体的个体理解人的基本特征,如人的结构、人的性格、人的种族等。作为认知伙伴的人,在作为认知主体的个体与认识客体进行交往的过程中,有可能是改变或促进认知主体建立对客体认识的特定群体,这些群体和作为认知主体的某一个特定个体具有相似特征,也会表现出主体性。

某一个个体并不具有相较于其他个体更加优越的特殊地位。在与其他个体协同思考和解决问题的过程中,如果他们仅仅将自己视作输出者和其他个体的帮助者,而不懂得如何借助与其他个体进行的交往建立对不同个体的再认识,或者建立关于外部认识对象的再思考,那么他们可能就很难从团队的协同过程中获得成长。团队学习中的每一个个体,既应当是一个输出者,也应当是一个输入者。只有具备输出与输入的双向意识,才有可能让参加团队协同学习的个体理解团队的价值,而不会简单地认为团队活动的效能低下,更不会对团队的协同活动产生反感。如果某些个体过分排斥团队,不愿意与团队的其他个体进行协同,那么当他们回到真实的生活世界以后,也可能会慢慢走向自我封闭,缺失社会性。

理解学习发生的机制,需要跳出将学习看作对特定的学科课程和内容进行记忆的传统思维模式,要能够理解个体与外部客体、不同个体之间的相互作用和影响都是学习,要能够运用学科的知识观察和理解外部世界,学会运用学科的语言描述外部世界,学会运用学科的方法探索和发现外部世界中可能存在的新问题,建立问题解决意识,推动学习的持续发生。在此认知背景下思考学习范式的变革,才有可能冲破实践中的教学惯习的限制,通过变革学习范式提升学习效能。

4.1.1.3 学习范式与学习发生的外部支持条件有直接的相关性

学习范式和学习者的认知心理机制存在关系,教学正是从学习者的心理机制出发建立的外部支持条件。那么,可能会有实践者提出一些质疑:难道学习的心理机制也会不断发生改变吗?学习的心理机制可能不会发生根本的改变,但是如何理解学习发生的心理机制，却会存在着较大的不同，这就是学习范式需要进行调整的主要原因。研究者对学习机制的认知，往往与学习者的外部支持条件存在着对应关系。依据什么样的外部条件研究学习，就有可能会对学习机制形成什么样的认知，对学习机制的认知能否转化成教学的实践行动，往往还依赖于教学的具体条件。

在很长的一段时间，研究领域经常会围绕"学习到底是为了帮助学生达成什么样的学习结果"这一命题进行争论。从国家的发展需求来看，需要通过教育培养出身心健康的、符合未来时代发展所需的不同层次和不同结构的人才；对于家长来说，他们都期待自己的孩子能够在不同考核过程中获得比较高的成就，并能够在走向社会以后获得一个更加理想的岗位。学校教育能否实现国家期待与家庭期待之间的平衡，既能够培养出身心健康的学习者，又能够培养出符合社会发展需求的学习者，同时还能够培养出满足家长预期的学习者，主要取决于教育工作者能否真正理解学习范式，并能够从学习范式变革的视角研究教育实践问题，通过不断优化和改进学校的教学条件，合理配置和使用这些教学条件，构建新型学习生态，满足学习者持续成长的需要。

学习过程是在以时间为序列的行为结构中，学习者采取的一系列可以促进自身认知变化和促进"知能-心智"建构的行为方式与行事逻辑。学习行为是学习者与外部世界进行持续交往的过程中，通过与外部客体相互作用逐步检视自身的已有认识，不断修正自己的认识，持续建立新认识的过程。学校教育中的主要教学内容，大多数是前人在与实践进行交往的过程中形成的关于外部世界的基本看法和观念，是经过了长期的社会实践检验的。学校教育要让学习者理解这些学习内容，自然需要将这些内容置于某些特定的场景，否则学习者接触的学习内容就有可能会独立于其生活世界，通过学习活动仅仅是将其纳入学习者的记忆库中，一旦在真实的生活世界中失去了调用这些记忆的外部刺激物，这些处在记忆库中的学习内容就会像被遗弃在仓库中的一些旧物品一样，慢慢地被人们遗忘。

构建学习的支持条件，就是为了帮助学习者在学习内容和真实的外部世界之间建立联系，引导学习者将所学内容应用于特定的场景中的某些具体的事实或事件。在学习内容和外部场景之间建立联结，是促使不同的认知内容之间产生有序关联的"链"①，可以促进学习者的认知实现转运。②在实践中，当学习者遭遇类似的、真实的外部场景刺激以后，就很容易借助学习者的内在认知"链"建立的联系，调用存在于自己记忆库中的某些学习内容，并使其产生新的作用，促进新认知的发生。

在现代学校教育过程中，无论学校如何强化空间设计，无论学校如何给予学生不同的学习支持条件，学习者在学校内所能学到的相关内容、接触的外部学习刺激，都与他们未来的真实生活世界存在差异。因此，如何让学习者从已有的有限认知、有限的与外部世界相互接触的过程中形成对面向未来无限变化的世界的认识，就成了当前设计学习条件时需要关注的关键要素，也成为思考学习范式转变的重要研究内容。

学习范式是人们关于学习发生的基本认识，形成对学习范式的系统思考，主要取决于研究者如何看待学习发生的条件与学习发生的若干内在机制之间的关系。如果抛弃了外部的支持条件，仅仅试图观察学习发生的内在机制，那么内在机制就有可能会成为一个独立的"黑箱"，研究者只能凭借他们对黑箱的分析形成对学习的认识，在此过程中形成关于学习范式的不同理解，也就不足为怪了。

人类历史上真正的研究者在形成关于世界的基本问题的判断，以及关于世界的根本看法和基本观念的过程中，从来就没有脱离过外部世界本身。所有的古代先贤通常都是结合自身在观察外部世界、思考外部世界的过程中形成了关于世界的思考，慢慢弄清楚了一年四季的更替、农作物的生长规律、自然界中不同事实之间可能存在的复杂关系，进而弄清楚了宇宙的变化规律。医学、生物学、物理学等得到进一步发展以后，人们也可以慢慢地对人类自身的认识行为做出准确的判断，构建了"认识论"的研究体系，并对人类认识世界的可能性与必然性形成了系统的思考。

可以说，如果没有对支持学习发生的支持条件的系统思考，没有对人类的认识机制的系统思考，就很难对规范的、系统的教育教学方式进行系统思考，也很难对"人是如何认识世界的"形成统一的理解。没有了关于学习的统一认识，也就不可

---

① 沈书生，祝智庭. 关于CAI的设计理论：客观主义与建构主义之思考[J]. 教育传播与技术, 1997: 3.
② 沈书生. 学习空间：学习发生的中介物[J]. 电化教育研究, 2020(8): 19-25, 42.

能推动学校教育的形成。

4.1.1.4 学习范式会随着技术的发展及其对教育的影响而改变

随着现代科学技术的持续发展，实践者用于支持学习的方法和方式会越来越多，人们认识学习并支持学习发生的可能性也会日趋丰富。从早期的由学生反复诵读，到师生、生生之间的反复讨论，这些不同学习理念及其实践做法都是源自教学的组织者对认识机制的理解。

如果认为"书读百遍"，就会"其义自见"，那么在具体的教学过程中，教师就可能会引导学生对相关的内容进行反复诵读，引导学生通过"读"的过程理解学习内容的含义；如果认为"对话"是促进认识发生的条件，那么教师就会不断思考如何在教学过程中设计交互行为，引导师生、生生进行不同形式的对话，通过对话引导学生形成对外部世界的认知；如果认为"外部的刺激物"是促进学习者认识发生的重要条件，那么就可能会思考如何引导学生接触外部世界，并不断引导学生接触外部世界中的"特定刺激物"，以引起学习者形成对外部世界中"特定客体"的认知。

运用什么样的外部条件支持学习的发生，取决于我们身边的空间状况。如果教师和学生的身边都是由纯粹的非技术构成的外部空间，且这些空间中能够接触到的也仅仅是有限的刺激物，如书本、挂图、黑板或粉笔等，那么在教学或学习过程中，也仅仅能够依靠这些非技术的支持条件来组织相应的活动。身边已有的条件是教师设计教学活动的基本依据，而教师对教学活动的理解才是最终决定教学活动样式的关键因素。

在教师教学能力提升过程中，首先，学校需要引导教师从学校的已有条件出发，思考如何合理运用学校的现有条件设计和组织教学活动；其次，需要引导学校的管理者和教师充分理解信息化在提升教师的教学能力和学生的学习能力方面具有的重要价值，学校要在可能的情况下进行信息化的系统规划，包括在校园的整体建设、学校的空间规划、学校的技术引进、学校教师的信息化能力提升、学校信息化的整体推进等方面都能够得到合理的发展；最后，学校需要开展有深度的教学研讨活动，引导广大教师弄清楚教育教学实践中存在的真问题及其产生原因，并能够深入思考为什么全球范围内都聚焦到了通过信息化来解决问题，并以此为基础探讨如何借助学校的信息化条件解决当前学校存在的问题。

将技术引入教育领域，是由人们对教育的认识决定的。早期借助幻灯和投影等方式展示教学内容，主要是借助技术实现信息传播过程中的内容放大效应，便于在一些人员较为密集的场合让更多的参与者更加清晰地观察或阅读这些载体中包含的对象，进而帮助学习者观察这些不同对象的结构与具体细节等，利用幻灯和投影等技术的放大或者夸张功能，帮助学习者聚焦学习对象，领会和理解所学对象包含的丰富内容，形成关于学习对象的具体细节的清晰认知，提升学习者的学习能力。

广播、电影、电视等出现以后，就可以在更大的范围内让学习者接触到更多的内容，借助传播技术可以将有限的、优质的、权威性的内容，以更加广泛的方式进行传播，还可以借助语言的抑扬顿挫、活动影像的形声兼备等形式传达具有情感性、情境性、连贯性、生动性等特征的内容，从而帮助学习者更好地关注学习内容，逼近真实场景，从而建立场景与学习内容之间的关系，促进认知的有效发生。

虚拟现实技术、增强现实技术等出现以后，学习者可以借助这些技术提供的体验性场景，建立沉浸性的临场感。这样学习的场景更加贴近真实场景，借助虚拟与现实场景之间的切换，学习者可以在学习过程中感知到学习对象的关键特征，甚至可以通过与学习对象的交互，感知到与学习对象相关的行为变化，借助虚实结合的场景体会行为变化的过程，实现行为与认知的相互促进。

计算机可以将原来需要借助不同媒体形式呈现的不同样式的学习内容汇聚到由计算机构造的多媒体世界中，从而使得计算机具有了多媒体集成的属性。借助计算机的集成式媒体形式，可以将学习内容以文字、图形、视频等不同的形式进行呈现，从而让学习者可以从多种不同的信息表征方式中选择更加贴切的方式理解所学内容，对学习内容进行更加完整和系统的理解。

仅仅依赖独立的计算机系统，人们可以完成部分内容的学习。但是，在学习这些内容时，学习者具有相对的独立性，学习过程中难以与其他学习者进行深入的交流与探讨，于是在技术层面上出现了互联网。互联网的出现，使学习可以从独立的形态转化成协同的形态，借助互联网可以将相互独立的计算机以互通的形式关联起来，不同学习者可以相互交换学习资源，每一个个体都有机会在更加广泛的范围内获得学习资源，这就使得学习活动可以从面对面的形态向远距离的形态转变。互联网的出现，让学习者可以分享不同区域的学习或生活场景，并能够使学习个体融入远距离的学习或生活场景中，丰富学习者的生活体验。

物联网可以将真实世界中的不同实体或事件集成到网络中。学习者不仅可以借助物联网实现远程的管理与控制，也可以借助物联网获取关于相关实体或事件的行为数据。原本抽象的学习过程与学习内容，可以借助物联网技术转化到具体的行动中，通过管理和控制真实世界中的具体实体或事件，控制外部事实的行为流程，譬如，可以通过远程控制一些具体的设备设施，引导学生理解课堂内所学与外部特定行业的关系，还可以将所学运用于家庭管理，实现家用智能体的远程控制与维护。这样一来，学习者就可以不再局限于有限的学习时空，并能够进入更加广泛的真实世界进行学习。运用身边已有的学习条件，以及由物联网构建的远距离学习支持条件，可以让学习者对外部世界形成更加深入的思考。

物联网技术进入教育系统以后，学习者、教师、家长等不同学习利益相关者和学习对象之间构建了一个新的学习生态系统。在这一学习生态系统中，可以产生许多与学习对象或者学习者本身相关的认知数据或行为数据，借助这些数据，可以更加准确地记录外部世界和学习者的学习状况。人工智能等技术出现以后，人们就可以借助这些数据及支持数据处理的系统中包含的不同算法，对学习者的学习行为和学习对象进行分析，从而帮助学习者寻找更加合适的学习策略，更好地理解学习对象，支持学习者对学习对象进行更加准确的判断，促进学习个体提升解决外部世界问题的综合能力。

可以发现，在技术的整个发展过程中，技术对教育的影响状况，反映了人们对教育的认识。当教育工作者意识到在教育过程中需要不断引导学习者关注学习内容时，就需要同时思考以什么样的方式呈现内容更加恰当。技术的发展及其对教育的影响，主要的价值就在于它能够以多种不同的方式呈现不同的学习内容，满足了不同学习个体在认识外部世界的过程中对学习内容呈现多样化的特定偏好和兴趣，有利于学习者建立对外部世界的完整认知。

技术对教育的影响，一方面来自技术的发展给予教育工作者的启迪；另一方面来自教育工作者对教育规律和学习规律的不断认识，以及认识的持续改善与提高。技术本身并不能改变教育，将技术应用于教育，是因为教育工作者在认识教育的过程中掌握了教育本身包含的特定规律，建立了新的系统性认知，并由此产生了构建不同学习范式的再思考。部分教育工作者就技术与教育的关系问题形成了共同的认识，可能会引起学习范式的变革，学习范式的变革又会推动教育工作者不断思考如何理解新技术，如何将新技术引入教育领域，推动更多的教育工作者不断探索如何优化教育生态。

学习行为一定离不开学习空间，而学习空间又离不开技术的支持，由新的技术构建的现代学习空间，需要符合学习者的学习规律。学习空间与学习者之间需要建立稳定的生态关系，引导和帮助学习者在学习空间中进行主动的观察、系统的思考、持续的建构。学习者在认识外部世界的过程中，教育工作者需要持续研究什么样的支持条件最有利于学习者构建学习力。任何一种思考都可能会形成对学习的外部支持条件的再理解，这些理解又会以变化了的学习空间的形式体现。设计现代学习空间，并非要将现代科学技术成果全部汇聚于一个简单的场所中，更不是为了以"炫酷"的技术形态展示学校的奢华，一切学习空间的变化，都应当源自教育工作者对现代学习范式的思考。

4.1.2 学习范式的转型逻辑

库恩认为，范式是已经建立的可以用于解释常规的科学模型，当这种模型解释不了新的事实时，表明已经出现了"反常"，这就需要人们不断调整范式的使用方式或修正范式，直到当人们发现仅仅靠调整和修正范式已经无法解决问题时，就会意识到仅仅依赖旧的范式可能会陷入一种危机中，而解决危机的有效方式就是对旧的范式进行革新，从而建构新范式。①

4.1.2.1 范式的转型是社会出现"新的不一致性"的必然结果

以人类认识外部世界为例，在远古时代，人们对外部世界的认识主要依赖"观察""试误""实践"，并且这种认识世界的方法存在了相当长的一段时间，也可以被看作一种简单的"范式"。库恩将"范式"与"科学"联系在一起，认为范式既是一种体现了科学的普遍性指导思想的超理论，也是指导实践的具体应用。这里所说的"科学"因为存在着在一定范围的一致性，美国哲学家理查德·罗蒂（R. Rorty）将其称为"常规论述"，所有的研究都需要依据这种常规论述建立的"惯例"来进行。早期的自然科学研究过分依赖演绎与论证方法，导致科学探究在中世纪开始走向衰落，直到 17 世纪前后，经验与归纳方法的出现，科学的探究建立了新的"惯例"，这种惯例帮助人们懂得了接受科学结论的原因在于其中存在着"正确的科学方法"。②

但是，"正确的科学方法"本身就具有一定的主观性，因为正确的科学方法也是源自实践共同体在处理外部世界问题的过程中逐步形成的关于方法论的一致性认识。19 世纪末以后，以归纳主义与逻辑实证主义作为"惯例"的自然科学发展暴露出了缺陷，并遭受了打击，库恩的科学观正是在这样的背景下出现的。③

对于自然科学而言，在其发展过程中，"科学共同体"往往会试图遵循一致性的方法，以及能够维持一定时期的一致性的"常规论述"。④譬如，在现实世界中，我们可能会发现在某些科学领域，由于一些共同体的共识与共建，逐步培育出了一系列行业权威期刊。这些权威期刊往往会依赖其形成的科学方法共识，筛选自己需要的稿件。为了能够进入这些共同体，部分作者有的时候会刻意模仿这些共同体的思考方法，并以能够得到这些共同体的认同作为他们实现个人价值的目标。

---

① 托马斯·库恩. 科学革命的结构[M]. 金吾伦, 胡新和, 译. 北京: 北京大学出版社, 2003: 48-60.
② G. 伽汀. 范式和解释学: 论库恩、罗蒂和社会科学（对话）[J]. 鲁旭东, 摘译. 哲学译丛, 1984（6）: 40-45.
③ 刘恩久. 库恩的范式论及其在心理学革命上的有效性[J]. 心理学报, 1984（4）: 366-372.
④ G. 伽汀. 范式和解释学: 论库恩、罗蒂和社会科学（对话）[J]. 鲁旭东, 摘译. 哲学译丛, 1984（6）: 40-45.

但是，所有共同体形成的一致性本身并不排除可能存在着某些偏见，甚至还可能由于技术条件的制约，导致形成的方法本身并不正确，运用这些方法指导实践就可能会得出错误结论。在这种情形下，"不一致性"的出现也就成了必然。在科学的发展过程中，"科学共同体"通常会试图用建立的"一致性"去否定在共同体中出现的"不一致性"。在此过程中，当科学领域围绕某些思考问题的方式或观察问题的习惯出现了激烈的冲突以后，就有可能对旧的范式形成挑战，并导致旧的范式面临危机。

旧的范式出现危机以后，如果那些不能被原来的共同体容纳的"不一致性"得到了更大范围内群体的认同，就有可能会形成关于"新的不一致性"的共同认识。"新的不一致性"能够为更多的研究者接受，就会导致"不一致性"转化成"新的科学共同体"的"新的一致性"，这将会推动科学的范式发生变化，甚至会出现科学的革命。

科学的革命，既有可能是因为研究者已经充分认识到了原有范式中包含的某些偏见或者缺陷，也有可能是因为研究者在科学实践过程中发现了更加有利于走向成功的新路径，还有可能是因为在实践过程中形成了更多新的研究领域，发现这些领域与原有的领域存在诸多不同，且无法运用旧的研究基础或方法论进行解释。譬如，在研究自然科学过程中，研究者借助实验的方法观察某些变量的变化，发现一些变量会对另外一些变量产生影响。通过自变量的控制，可以导致因变量发生相应的变化，于是自然科学的研究者就会努力探索自变量和因变量之间存在的"关系法则"。当人们将自然科学的一些研究方法引入教育领域或社会学领域以后，就会发现社会系统中的诸多变量之间形成的关系，似乎并不像自然科学系统中的诸多变量之间形成的关系那样稳定，常常很难以一种简单的"关系法则"进行描述。于是，研究者就开始思考如何构建既具有类似于自然科学研究的严谨逻辑，同时又符合社会科学研究的变化特质的方法论，因此在教育领域或社会学领域，就更加容易呈现出"范式多元"与"范式变革"的行为样式。

4.1.2.2 学习范式的转型源自对学习规律理解的持续深化

在教育实践过程中，许多实践工作者常常会概括出一系列能够反映他们对教育认识的相关观念。与自然科学研究者得出研究结论的方式不同，教育观念的形成采用的推理过程和实践方式往往具有较大的差异。对于自然科学的研究结果，研究者在进行解释的时候，往往可以找到共同的原因，对于教育中出现的某些现象，不同的教育研究者进行的解释就有可能会大相径庭，甚至有可能会完全对立。譬如，在物理学中，放置在一个斜坡上的物体与斜面之间会存在一定的摩擦力。当物体向下分解的力超过了摩擦力时，物体有可能会形成向下滑动的趋势。就标准化意义而言，不同物体和斜面之间存在不同的摩擦系数，且特定物体与斜面之间的摩擦系数是相同的。但是，在具体实践过程中，有研究者发现如果一个斜面较长，滑动过程中摩擦系数似乎存在变小的趋势。对于这些物理现象，研究人员通常会尝试寻找其中包含的物理关系：摩擦过程中，如果物体发热，有没有可能会影响摩擦系数？物体在下滑过程中，有没有可能会让物体的表面因为摩擦而变得光滑？这一光滑有没有可能会导致摩擦系数变小？等等。

要解释一些物理现象，科学家往往容易找到可以得到共同体广泛认同的结论，但是对教育问题的回答，通常就没有这么简单了。譬如，在教学过程中，到底是应该以"授导"为主，还是应该鼓励学生进行"探究"？是结合书本和课程标准讲解教学内容更加高效，还是采用项目化的方式组织和安排教与学的活动和过程更有利于学生学习？对于这些研究命题，可能每一个教育实践工作者都会有自己的观点，并会对这些命题做出不太一致的描述。

对教育问题的不同看法，常常会与教学中的考试评价等联系起来。一些研究者与实践者常常以学生能否通过考试等评价行为进行判断，并将其作为组织教学过程的基本依据。当教师或家长发现运用简单的授导式教学形式，进行大量的练习，学生可以获得高的考试分数时，无论是家长群体还是教师群体，都有较大的比例会逐渐习惯或认同以授导为主的教学形式，而不太关注孩子在这一过程中是如何理解学习内容的。

在逻辑学中，有三个基本概念，即充分条件、必要条件与充要条件。譬如，如果我们发现仅仅依赖授导式教学可能会让学生获得高的分数；融入探究学习以后也可以让学生获得高的分数，还有利于学生长时间保持知能的记忆并能够促进知能的应用，即可以获得更高的成就水平，那么授导式教学就是学生获得高分的充但不必要条件。因为从学生能够长时间保持对知能的记忆与应用结果的需求来看，仅仅依托授导式教学是难以实现的。

在教育过程中，强调要让学习者获得高分，而且要让学习者能够长时间保持与分数相一致的知能，并能够在实践中运用这些知能优化整体认知结构。要实现这一学习结果，就需要让学习者成为学习活动的真正主体，由学习者主动参与知能的理解活动，由内而外地完成对知能的建构。当学习者主动参与了知能建构以后，他们就会形成较高的学习成就水平，且这种成就水平一定是可以通过分数体现出来的。换句话说，可以将学生主动参与知能建构看作获得高成就水平的充要条件。

教师要给予学习者机会，促使其从自身的内部条件出发，通过外部的刺激物激活学习动机，主动地关注外部事物和发现问题，并学会解决问题。建立了学习的主动意识，学习活动才有可能会促进学习者形成高品质的学习结果，进而真正转化成未来成长的内在动力，并成为刺激其持续成长的基本力量。否则，在学习过程中，学习者就有可能仅仅是知道了与知识和技能相关的基本概念，仅仅懂得所学内容的简单应用。如果对新概念的认知仅仅停留在表面上，学习个体就难以将它转化成实践行为，也很难构建解决真实世界中真问题的心智。

在教育过程中，教师的任务不是教会学生知能，而是要让学生学会学习。新的学习空间提供的学习机会，需要教师再次思考如何重新梳理教学与学习的关系，逐步建立"从教学结构向学习结构转化"的现代教学关系，让自己的"教"真正作用于学生的"学"。构建学习范式的核心在于如何理解学习的本质，如果认为学习的本质在于强制性灌输，那么学校教育就可能会以强制灌输为基本特征，如果认为学习的本质在于引导学生主动发现，那么学校教育就可能会重点关注如何引导学生学会主动发现。

教育领域正在逐步构建新的共识，即教育过程需要从学生的成长规律和主体性出发，引导学生建立学习的主体责任和主体意识，并能够在实践过程中表现出主体决策力。教师不是告知学生需要学习什么，以及需要形成什么样的学习结果，而是让学习者在学习过程中主动领悟需要学习什么，在具身体验中自然形成学习结果。同时，教师需要借助现代学习空间设计不同的学习场景，引导学习者在不同的场景发现学习的意义，从与学习场景的交往中体会需要关注的学习对象，理解学习的目标，领悟课程的标准，提升个体的核心素养。

如何促进学生的学，是学习范式转型的基本出发点。教师使用授导行为也是为了促进学生的学。对于学习者而言，授导方式有可能支持自己获得较高的分数，也有可能帮助自己达到较高的成就水平。强调应用学习范式，并不是主张抛弃授导方式，而是强调要能够从学习者的视角分析，弄清楚有差异化学习需求的学习个体应该得到什么样的授导支持，且需要考虑在学习者的学习过程中授导应该占多大比重。如果在教与学的过程中所有学习者只能够通过相似的教学路径或教学表征方式接受学习内容，那么对于许多学习有困难的学习者而言，他们就只能是被动的接受者，无论教师怎样强调"教学是为学习服务的"这一命题，都难以将其转化成促进学习者独立成长的基础。

学习个体具有复杂的感官系统，这些感官参与了个体的认知行为，同时也为个体的认知行为提供了认知通道。在平时的学习过程中，学习个体通常只是运用了有限感官参与学习过程。由此一来，当外部世界的复杂要素作用于学习个体以后，学习个体仅仅使用了有限的感官通道去接受外部的复杂刺激，可能会造成接收过程的拥堵。

我们观察交通现象会发现，如果大量的车涌向了高速公路，可能会导致道路拥堵，影响高速公路的畅通。解决高速公路拥堵现象的最好办法，就是建立交通的分流机制，让不同的车辆可以去往不同的道路，形成交通的平衡状态。外部的复杂世界作用于学习个体的方式，与交通具有较大的相似性。对于大量涌向学习个体的复杂刺激物，学习个体提供的接收通道越宽，这些刺激物遭遇的阻力就会越小。在学习过程中，如果教师能够引导学习者打通所有感官通道，让不同的感官都参与到外部刺激物的接收过程之中，他们就更加容易借助这些通道与外部刺激物建立互动。

顾名思义，感官就是人感知外部世界的器官。借助不同的感官，人们对外部世界可能会形成不同的感受。但是，人的感官绝对不是相互独立的，每一个感官都不是独立地发挥着感知外部世界的功能，而是以相互联系与相互作用的方式构成了一个有机体。让不同的感官共同参与认知活动，就是为了利用不同感官之间存在的相互作用机制，既实现不同感官通道对外部刺激的分流，也实现不同感官通道对外部刺激的差别化输入处理,从而形成认知系统的内在关联与相互促进。在未来的学习或生活世界中,当学习者遭遇新的外部刺激时,就可以调动或者激活不同的感官,更加方便地恢复学习记忆。

现代科学技术应用于教育领域,经历了从关注独立感官到关注感官联通的变化过程,越来越重视感官的有机性。依赖现代技术构建的新型学习空间,也越来越重视场景思维,倡导让学习个体沉浸于不同的学习场景中,从而激活更多的感官参与认知活动,帮助学习者以"具身体验"的方式形成"具身认知"。学习者让身体的感官尽可能参与到学习行为的具体过程中,借助身体的协同作用,可以形成对学习对象更加准确的认识,且这种认识可以维系更长的时间。

4.1.2.3 学习范式的转型依赖现代技术对学习空间的支持

学习范式的转型,关注了学习者的主体特征。这就自然涉及在学习过程中如何处理好教师和学生的关系,如何处理好学习材料与学习资源的关系,如何处理好学习条件与学习过程的关系,如何让学习者充分发挥主体作用,并形成对学习对象的系统认知。

学习者的主体性,并不意味着学习个体的随意性。在实践过程中,一些教育工作者将主体性理解为发挥个体的特长,倡导允许个体自由发展。尽管这些方面也能够体现出教育的价值,但这并不能代表教育的全部。在教育过程中关注学习者的主体性,是要引导学习者在适当的外部条件支持下,借助教师的指导,形成主动学习的意识和意愿。

首先,主动学习既体现了需要充分尊重该阶段的学习者,也强调了需要尊重课程学习目标或者规律。对于不同学习阶段的学习者来说,他们的学习内容需要能够满足课程标准的基本要求。以课程标准作为最低标准,学习者可以在此基础上适当拓展学习领域,增加学习宽度,扩大自己的知识面。只有基于标准进行主动学习,学习者才有可能逐步建立起日益完善的知能结构,并逐步提升自身的学习能力。

其次,主动学习需要学习者能够在遇到外部特定客体的过程中,不断形成聚焦关键问题并围绕关键问题进行思考的能力。在特定的外部世界中遇到的所有外部刺激物,都有可能会引起学习者的关注。如何从纷繁复杂的外部世界中寻找自己需要关注的核心内容,且要能够在关注的过程中充分体现课程标准的相关要求,需要教师发挥合适的引导作用。学习者主动学习能力的形成,需要借助教师的力量。教师是学习方法的提供者和助力者,而不应当简单地成为具体内容学习的指导者,毕竟学习的内容是无限的,而学习的方法却相对有限。只有通过学校教育建立面向未来的学习方法,构建终身学习力,才有可能帮助学生提升主动学习的能力。

再次,如果主动学习的对象仅仅来自书本,那么学习者接触的知识内容可能会过于抽象。教材或者其他学术著作包含的许多知识体系都是由编写者和作者经过自我加工进行的高度抽象。书本上的知识内容与真实世界通常存在较大的差异,如果学习者接触的是过于抽象的内容,那么就有可能会导致他们难以在真实世界中还原这些内容,也难以理解这些内容依附的真实世界。

最后,现代科学技术的出现,可以在学校学习、知识体系与真实世界之间建立联结。利用现代科学技术构建的不同场景或情境,可以让学习者在实践过程中发现真实的问题,建立解决问题的意愿。学习者借助技术构建的学习空间可以获取解决问题所需的各种支持材料,借助技术形成的学习工具可以表达对学习的理解,形成关于学习的自我观念和认知。同时,还可以借助技术构建的学习评价系统,发现自身在学习过程中可能存在的问题与认识缺陷,进而形成对自我认知的准确判断。

学习空间从支持教学活动向支持学习活动转变,是现代学习范式转型的重要特征。现代学习空间需要包含丰富的学习资源,这些资源如何面向不同的学习者,学习者在学习过程中如何获得教师的支持,教师在教学过程中如何充分关注不同学习个体的学习差异,设计并提供满足不同学习者需要的合适资源形态及不同的支持路径?这会成为推动现代学习范式转型需要解决的关键问题。

4.1.2.4　学习范式的转型服务学习个体主体决策责任的形成

学习不仅要帮助学生构建一定的知能体系,还要帮助学生构建面向未来的学习能力体系。通过学习,学习者需要不断理解学习,能够持续学习,在脱离了学校教育以后还能够坚持独立学习、自主学习、主动学习,以适应不断变化的外部世界。学习者的自我学习能力的形成，离不开其主体责任。

首先，主体责任是学习者在整个教学或学习事务中应当具备的基础责任，指向责任担当。在实践过程中，有的学习者的学习行为常常会伴随着家长或教师的强制性指导，尽管此时学习者也可能会有很多收获，但是如果无法从学习过程中体验到认知的乐趣，仅仅是迫于外部的压力在一种强制的氛围中完成学习任务，那么这种学习就有可能是应付性的，学习效果也可能是短暂的。

当学生对学习产生了厌倦甚至反感的时候，即使可能会在短时期内获得高分，但是从长远来看，这些结果往往难以对学生的未来成长形成很好的支持作用。譬如，我们发现，一些学生在完成高中学业进入不同层次的大学以后，由于他们具有不同的主体责任，大学阶段的学习会出现较大差异。有些大学生甚至可能会因为在基础教育阶段被过多地干预，没有能够享受到属于他们自己的自由时光，进入大学以后会过多地消费自由时光，有的大学生的学习水平会因此呈现出断崖式的下降。之所以会出现这些情况，在很大程度上是因为学生没有建立关于学习的主体责任。

其次，学习者的主体责任形成，需要适当的外部支持和引导，且最终一定要落在学习者自身。不同认知阶段，学习责任的内涵也不一样，但如果放弃了对学习者的责任引导，他们就有可能会慢慢地失去主动性。因此，教师需要有意识地引导学习者充分地表达自我，让学习者在学习中不断展示自己对学习的理解，逐步形成与外部世界进行交往的习惯，通过持续的交往过程建立对外部世界的系统认识。

生活世界就是一个外部场景不断变化的世界。生活在外部世界中的所有个体，都需要不断和这些场景打交道，通过分析并适应这些场景形成属于自己的生活样式。在学习过程中，如何让学习者合理遭遇特定的问题情境或真实场景，以帮助他们理解外部世界的变化，是教师进行教学设计时应当关注的要点。引导学习者在特定的问题情境或场景中发现自身存在的不足，让他们能够意识到只有通过学习才有可能帮助自己摆脱困境，实现个体期待的相关目标，才有可能真正建立主体责任。

最后，构建能够支持学习者主体责任构建的学习空间，设计支持主体责任构建的学习活动，是现代学习范式转型过程中需要关注的重要内容。学习者能否从有限的学习过程或学习行为中构建促进终身学习与成长的学习力，是判断现代学生主体责任高低的重要指标。在过去的学习中，一些学校过分关注知能体系的建构，忽视了学生如何从知能向真实世界过渡，既较少关注如何引导学生从真实世界出发思考需要构建什么样的知能体系，也较少关注如何引导学生从知能体系出发思考如何解决真实世界的问题，并不断适应外部世界的变化。

在现实世界中，我们常常会发现有一些学习个体会表现出"事不关己，高高挂起"的倾向。在某些具体的学习活动过程中，他们习惯将自己作为一个旁观者，对外部出现的各种输入，有时还习惯依靠外力的推动，才能让自己介入学习的过程中，缺乏主观的学习意愿。如果学习者无法建立学习意愿，尽管教师也能让他们在短时间内达成某些学习结果，但是从国家长期的人才发展战略来说，这种缺乏主动性、内在动机的学习，难以培养出满足国家未来发展需要的、具有不同层次和不同能力结构的高质量人才。

学习范式转型的核心在于能够将学习者真正地培养成具有学习的主体自觉、主动参与学习思考、关注教学中的真实问题、主动规划学习活动的行动担当者。因此，在教学过程中，有必要真正理解国家的人才培养标准和培养目标，重新理解学习过程，充分理解过程与结果的关系，以高质量人才培养的目标导向推动教学过程的变革，提升人才的能力层次与水平。

4.2　适应性学习空间与学习范式转型

现代学习空间的设计，包含了丰富的技术元素。现代科学技术的出现及其对教育的影响到底如何？这些影响到底应该体现在哪些方面？关于这些命题，在实践中，有许多研究者一直对其充满好奇心，并得出了许多研究结论。国内外有许多研究者都在持续思考技术到底有没有真正地变革教育，有没有真正地提升教育教学质量，也有很多研究者从哲学的高度思考了技术与教育的关系。在这些研究中，研究者或基于推理，或基于实证，试图发现技术与教育教学的本质关系。

4.2.1 为什么需要从学习空间出发思考学习范式转型

在社会发展过程中，人们的衣食住行等各个方面都发生了重大变化。学校教育作为整个人类社会发展的重要组成部分，同样也会因为社会的发展变革产生相应的变化。这些变化既是社会发展自然推动的结果，也是教育发展规律及其需求推动的结果。现代学习空间作为学习者开展学习活动的基础条件，需要充分体现与时代发展相一致的变化，同时也要充分关注学习者成长过程中的核心需求，根据学习需求的变化进行适当的调整，根据学习目标的具体要求体现出可塑性。

4.2.1.1 学习空间有助于构建新型教育生态

学习空间是学习行为发生的基础条件，与学习者之间形成了健康稳定的关系，可以推动建立新的教育生态。通常情况下，许多实践工作者往往会将学习空间和学校教室联系起来，认为所谓的学习空间就是指代现代化的教室。教室是学习空间的重要类型之一，但并不等同于学习空间全部，因为仅仅依靠教室等特定的教学场所，并不能帮助学习者完整地理解学习内容与真实世界的具体联系。

学习的发生需要依赖特定的学习生态，学习生态又是教育生态中最主要的生态。学习生态是一切与学习有关的利益相关者和外部学习空间之间构建的稳定的自治系统，学习者可以通过与学习空间之间形成的稳定关系，促进学习的持续发生。影响学生健康成长的学习生态，不仅仅包括学校内学习空间和师生之间构建的关系，也包括家庭内由学习空间和家长、孩子构建的关系，还包括社会中的其他学习系统与学习者之间构建的稳定关系,甚至还需要考虑如何与学生的终身成长建立关联。

在进行食物烹饪之前,厨师需要准备各种烹调材料。厨师可以根据具体菜品的烹饪需要,通过适当的组合,从而调制出具有不同风味的菜品。教师在设计教育教学活动之前,也需要充分依赖教学条件,通过对各种支持学习活动发生的条件进行系统思考,结合具体的学习目标需求,合理地对教学中各种不同的条件进行适当的组合,从而设计出合适的教学活动,以帮助学习者更好地理解教学内容,实现学习目标。

学习是一个复杂的系统,其中有许多变量往往难以得到精准的控制,但也有许多变量可以提前进行设计。现代学习空间就是一个变量的提供场所,如果能够将可能影响学习者学习的各种组件充分体现在学习空间中,就可以为教师设计更加适切的教育教学活动提供更多的选项。学习者的外部支持条件各不相同,进入了统一的学习空间以后,他们的不同学习背景可能会直接影响其对新的学习空间的判断,导致他们形成不同的适应状况。

借助技术的支持,现代学习空间既具有统一性,也具有差异性。所谓统一性是指教师可以结合学生的学习特点,设计可供其在特定的共同学习场所进行学习的具有相似性的教学活动。所谓差异性是指借助于在线学习空间等,教师可以提供多样化的教学内容呈现与组织方式,学习者可以从联通的学习空间中获得与其认知水平相适应的学习活动支持。

4.2.1.2　学习空间有助于激发内在学习动机

与生活水平和时代发展相一致的学习空间,可以让学习者更快地适应空间的变化,并建立学习的内在动机和愿望。当前,人们的整体生活状态、生活方式都发生了重大改变。由于新技术的介入,人们在理解外部世界的过程中,视野变得更加开阔,对外部世界的认识更加富有时代特征。人们不断将新的认识融入生产实践中,并使得人自身正在从繁重的体力劳动中解放出来,生产效率得到了提高。

在学校教育中,我们从事的教育教学活动同样需要能够体现社会的变革。一方面表现在教学内容需要能够体现时代的发展和变化;另一方面表现在开展教育教学活动的方式需要能够体现时代发展的变化。如果学校的学习内容与社会的实际发展需求相脱节，学生的学习环境与他们的生活环境之间存在隔阂，那么学生进入学校的教学系统以后，就自然会遭遇因为环境差异带来的学习困境。

对学习空间中包含的复杂组件进行适当的组合，就有可能为学习者创设出既与学习目标相适应，又符合认知需求，且与其生活实践相匹配的学习环境，刺激他们产生内在学习动机。学校在完成基本配置时，哪些是必备的组件，哪些是可有可无的选项，往往会受到学校所在区域经济发展水平的影响和制约。如果不能够充分理解学习的外部支持条件，学习空间中的组件设计就难以体现教育的价值，教师在思考如何应用不同组件设计支持学生学习的活动时就会遭遇困难。理解不同组件在学习空间设计中的价值，引导广大教师通过选择不同的组件设计、安排教学活动，就可以促进学生建立学习关系，理解学习的意义。

学校自从产生起，就一直关注如何设计合适的组件，以帮助教师设计和开展教学活动。譬如，黑板和粉笔就是学习空间中常见的组件。利用黑板和粉笔，教师可以很方便地向学习者呈现不同的内容，包括内容的基本结构和关系等。一些教学实践工作者认为，与PPT呈现的教学内容相比，粉笔呈现的教学内容并没有改变教学本身，并不能带来教学的实质性变化。尤其是有的资深专家、学者、学科教学名师仅仅凭借一支粉笔和优美的语言，就可以将教学内容以极其生动的方式呈现给学习者等现象的出现，似乎都验证了一个假设：真正促进教学质量提升的要素并非技术，而是教学中的人。

但是，现实世界中的名师之所以成为名师，尽管他们并非一定是依赖现代科学技术，但一定也不是完全依赖粉笔与黑板这种传统技术的支持，而是依赖他们对学生的准确判断及合理的教学设计，能够懂得如何抓住学生的学习兴趣点，促使学生关注所学内容。由于受制于技术条件，早期的名师有可能会通过黑板等传统技术方式成就他们的教学能力和水平，但当下名师的成长一定离不开当前的技术条件。利用现代技术构建的学习空间，教师可以让学习者获得更多的学习资源，更好地了解外部世界及其发展变化，学习者可以与远距离的、跨时空的其他学习者之间建立更加广泛的联系，可以为学习者提供更加逼近自己认知习惯的资源形式，增强其内在学习意愿。因此，新时期的名师无论是在教学的组织形式还是在具体的教学策略方面，都必然会比过去的名师更加充实、更加丰富。

学习动机会影响学习者在学习过程中的投入度，进而影响学习的效果。学习空间能否促进学习过程更加具有品质，其核心在于教师。技术可以为教育提供部分功能，但这些功能需要依赖教师的设计和执行才有可能得到彰显。如果没有教师的实践应用，学习空间的所有教学功能都将会被隐藏，并不能在教育教学实践中自动地发挥作用。如果教师刻意回避现代技术，课堂环境就有可能会远离学习者的生活世界，身处与世隔绝的环境中的学习者的内在学习动机或学习愿望同样也会因为缺乏合适的环境刺激而被遮蔽。

4.2.1.3　学习空间有助于建立新型学习质量观

判断学习空间是否有利于提升学生的学习质量，需要不断理解学习质量的内涵，建立评价学习质量的新效标。在研究领域，许多研究者通过实证研究的方法就技术能否提高教学质量等进行了不同的研究，并得出了"没有足够的证据能证明技术有可能会真正改进教育教学的质量"等研究结论。这些具有"逆时代特性"的研究结论常常会引起学术界的极度兴奋，甚至会成为广大教师不愿意变革课堂教学实践的主要证据。

大量事实已经证明，为了达成某些学习效果，可以采取的路径或者方法往往是多样化的。无论是外部条件很好的学校还是外部条件很一般的学校，学生的学习成绩水平都有可能会出现差异。简单地将学习结果归因于学校的外部条件，显然是不合理的。对教育质量的观察可以有许多维度，但是最基本的观察维度还在于如何通过学习改变学习者的生活品质。我们需要充分观察教育是否能够帮助学习者更好地理解相关的学习内容，达成相应的学习目标，并借助这些目标的达成来改变他们的生活状态，引导学习者将自己所学的内容和真实的生活世界建立起关联，从而改变和优化自身的生活行为与习惯，推动整个社会综合质量的提升。

在学校教育中，对于课程体系内的学习，依据以往的教学习惯，通常是将人的认知理解成三个基本层次：第一个层次是间接认知，即个体能够对前人积累的理论和观念有比较系统的认知；第二个层次是直接认知，即个体能够在自己的生活世界运用形成的认知，通过不断优化和整合，建立更直观的认知；第三个层次是内化认知，即个体通过与真实世界中不断出现的真实问题的持续交往与问题解决，系统地思考并不断改变旧的认知，主动建立新的认知。

生活世界中的个体的认知不同于学校教育中的认知，同样也存在三个基本的层次：第一个层次是观察与模仿层次，即个体通过模仿他人的行为，并结合持续的观察与思考，逐步形成了关于外部世界的基本认识；第二个层次是借鉴与内化层次，即个体通过学习和观察他人的行为，并通过与外部世界的持续交往过程，逐步形成的一套有别于其他个体且可以应对外部世界的系统认知；第三个层次是优化和调整层次，即个体在运用自身建立的认知与外部世界进行交往并解决问题的过程中，能够适应外部世界的变化，不断修正自身的行为方式和习惯，进而形成与时代发展相一致的新的认知。

可以发现，学校教育中对人的认知的层次的理解与教学活动设计，与真实世界中人的认知习惯并不一致。这主要是因为学校教育本身是一个追求高效的学习场所，它需要将人们从凭借各自的经验进行认知转化为可以参考前人的经验进行认知，这样就可以避免学习者需要经历长时间的自然观察进行低效认知，而是借助前人的结论进行高效的认知。就此意义上讲，学校引导学生基于前人的认识组织教学活动的做法是合适的。但是，如果我们在引导学习者进行认知的过程中回避了个体的自然属性，仅仅以所谓的"高效过程"实现课程中要求学生掌握的以学习内容为主的目标，并将此作为理解高效的唯一标准，就很容易导致学校教育在实现教育目标的过程中出现偏差，甚至可能会导致学习目标仅仅指向了学习中的内容层次、核心素养的某些局部，没有完整地反映对个体成长的最基本要求。

用学习空间引导学习者从书本的世界走向真实的世界，就是要跳出片面的教育质量观，建立更加完整的教育质量观。学校教育需要帮助学生建立一些基础素养，但是这些基础素养能否帮助他们更好地面向未来变化的世界，能否引导他们在变化的世界中运用自己建立的基本素养解决真实世界中的真问题，是建立完整的教育质量观需要考虑的关键问题。用学习空间为学习者构建丰富的学习场景，引导其学会适应变化，可以促进他们形成创变性思维，提升核心素养。

4.2.1.4　学习空间可以为学习者提供精准支持

充分考虑学习空间中各种组件的变量属性，借助组件的不断重组，可以为学习者学习不同内容提供支持和帮助。现代学习空间的内涵正在发生变化，从早期的单纯的物理场所逐步过渡到了包括网络在内的虚拟场所和包括社会人在内的社会场所。网络可以让打破时空关系，使学习者的学习不再受制于所在区域的师资、资源、环境等条件。学习者对学习内容的理解，不会再局限于书本上的抽象的文字表述。学习者对世界的理解，也不再仅仅局限于他的身体所能触及的有限范围。

现代学校教育中的许多教师从师范院校毕业以后并没有经历太多的社会实践体验。一些教师从学校走向学校，接受教育的过程就是抽象的，因此对真实社会并不熟悉，对社会的理解大多源自教材或有限的生活经历。在与有限的社会人进行交往的过程中，教师个体形成了自我认知，这一过程就难免会使得教师和真实世界存在某些脱节。对真实世界不熟悉，导致教师不得不以抽象的方式组织和设计教育教学活动与教学内容，从抽象到抽象可能就会成为当前学校教育中许多教师不得不采用的基本方式与必然存在形式。

借助学习空间中的不同组件，以及学习空间和外部世界的广泛连接，可以帮助广大教师更好地观察和分析真实的外部世界，理解自己所教学科和真实的外部世界之间可能存在的联系，进而将这种联系引入教学活动中，帮助学习者更好地认识和理解真实的外部世界。譬如，对于生活在东部地区的学生，如果他们在学习过程中需要理解西部地区的文化特征，如葡萄干的制作工艺等，假设仅仅通过抽象的文字进行学习，那么他们建立的关于葡萄干的制作过程的认识，就很难与真实制作工艺保持一致。教师可以借助学习空间的视频资源等，或者通过直接连线的形式，以更加直观的方式帮助东西部地区的学生熟悉对方的文化和区域风貌，这样就能帮助学习者建立关于这些内容的直观印象，避免因为学习内容过于抽象导致认知出现偏差。

学校教育要想培养具有创新性的学习者，必须对其进行基础知识和基本技能的训练。但是，如果学习者不能理解这些基础知识和基本技能如何与其所处的社会产生关联，或者学习者仅仅将认知局限在自己生活的世界，那么形成的认知就会较为片面。学习空间中不同组件的适当组合，可以为学习者营造丰富并充满变幻的世界。以变化的世界不断刺激学习个体，就有可能让其真正地产生无限的学习冲动和欲望，并将自身的主体责任充分发挥出来，推动学习效能的整体提升。

4.2.2 学习范式转型需要学习空间发生哪些具体改变？

学习范式转型，是由学习的目的与价值决定的，而不是由外部的理论研究或其他力量推动的。强调在教育过程中要培养学习者的主体责任，是因为只有学习主体自身认识到了学习的价值，才有可能主动思考如何通过学习更好地适应未来世界。现实的情况是，处于不同认知阶段的学习个体，尤其是低年龄段的学习个体也许根本就不想去理解为什么要适应外部世界，为什么需要建立主体责任，为什么需要形成自我独立的能力。进入大学学习之前，许多学习者甚至不希望自己主宰学习过程，更加依恋父母和教师，在遇到一些关键问题或处理相关事务时，更希望由父母和教师帮助自己进行重大决策。

如果我们仅仅试图通过有限的说教引导学习个体建立所谓的主体责任，既不符合当前的教育现实，也不符合教育的基本规律，甚至还有可能违背他们认知规律。借助现代学习空间进行学习场景设计，就是为了充分尊重不同阶段学习者的具体特点，从其认知需求出发，在遭遇有限的认知困境或现实生活困境以后，能够有条件且有可能主动突破困境，在不需要或有限依赖教师或父母的条件下，寻找到解决问题的方法或路径。

4.2.2.1 设计指向真问题的学习情境

利用学习空间，可以充分考虑到学习者的特殊性，设计出与其认知能力相当的问题情境。在实践过中，"情境创设"是广大教师十分熟悉的概念，无论是大学教师还是中小学教师，在设计教学活动时，总会思考如何创设学习情境、问题情境等。通常情况下，"情境"被看作学习内容或问题赖以存在的特定境遇。譬如，当教师要向学生描述某一个物理概念时，可能会通过创设一个能够体现该物理概念应用的情境，帮助他们理解这一概念的内涵。

【示例1】 物理学中的三棱镜现象

为了帮助学生理解三棱镜、色散、光的波长等物理概念，物理老师会借助三棱镜进行演示实验。当一束白光射向三棱镜以后，在另一侧的屏幕上会出现红、橙、黄、绿、蓝、靛、紫的七色色带。进而，老师可能会告诉学生彩虹是如何产生的。再进一步，老师还可能会告诉学生，由于红光的波长较长，折射率小，所以通过三棱镜的折射后会出现在色带的上方，而紫光由于波长较短，折射率大，所以通过三棱镜的折射后会出现在色带的下方，上述七种光形成的色带排序，就反映了不同颜色的光的波长与折射率。

在教学中，倡导设计情境。一方面，情境来自真实世界；另一方面，情境本身又区别于真实世界，是对真实世界中某些现象的抽象，是为了帮助学生理解相关知识点建立的。简单地说，"情境"可以被看成所要学习的内容在真实世界中可能存在的情景与境遇，是为了向学生解释学习内容提供的支持与服务，是为了让学生理解学习内容的价值提供的某些特定事实。在学习过程中，借助情境，可以帮助学习者理解其中包含的学习内容，一旦进入学习任务以后，他们就可能跳出情境理解学习内容。在以情境为基础的学习过程中，学习的任务主要集中于理解学习内容等方面，重点关注的是如何引导学习者理解内容的内在逻辑和相互关系。

4.2.2.2　丰富体现真变化的学习场景

利用学习空间，可以为学习者提供丰富变化的刺激场景，引导其产生自由行动的意愿。场景包含了情境，但又超越了普通的情境。教学过程中所设计的场景，不仅可以帮助学习者理解学习内容，还可以引导学习者运用所学内容解决真实问题，形成与真实世界中存在的现实要求相一致的学习制品。场景既包含了丰富的外部环境和条件的支持，也包含了特定的学习任务。在以场景为基础的学习过程中，学习任务主要集中于帮助学生理解学习内容的应用价值和学习内容，以及学习内容与真实的外部世界之间的关系，帮助其构建学习的内在逻辑与外在逻辑。

学习中的"场景"，主要涉及两个重要的方面：一方面指向了学习者在学习时所处的外部学习支持条件，这种条件既能够反映真实世界，又能够以真实世界的特定任务需求进行具体的呈现；另一方面指向了学习目标的达成，它既要能够方便学习者在特定任务的需求和学习内容之间建立某种关系，也能够帮助学习者将他们形成的联系转化到具体的学习任务与过程中，可以帮助学习者借助特定的学习场景完成相应的学习任务。

【示例2】 如何帮助学生理解羽毛[①]？

教师引导学生观察在天空中飞翔的大雁和小鸟，在水中游泳的鸭和鹅，进而引导学生思考：下雨天，雨水会不会打湿大雁的羽毛？在河水中游泳的鸭和鹅，为什么不会因为河水沾湿了羽毛而让它们沉入水中？带着一系列问题，教师给学生提供了不同的羽毛，让学生认真观察并分析，提出自己关于羽毛的见解。进而，教师又引导学生根据自己的观察学会用绘画的方式描述羽毛，并通过色彩来表达羽毛。

在上述学习任务中，教师将学生带进了由"有羽毛的动物"构建的学习场景中。学生建立的关于课程内容、学习目标的理解，需要依赖对真实羽毛的观察和探索。学生通过观察羽毛，形成了关于羽毛的基本认识，包括羽毛的结构、羽毛的特征、羽毛的差别等。学生还通过观察不同动物的羽毛，并结合自己直接观察到的羽毛，对羽毛的形象进行了描绘，并在他们的绘画实践中将其展示出来。在此学习过程中，学生一方面可以通过观察和研究羽毛，形成科学的思维方法，懂得如何科学地观察与分析问题，并借助科学探索过程得出相应的研究结论；另一方面也借助对羽毛的直观了解，结合美术学习的基本要求，形成了绘画技能。

在以场景为基础的学习过程中，学习者可以以特定的制品形式表达对学习的理解。学习制品既可以准确地反映学习任务的基本要求，也可以充分融入关于学习内容的系统理解。利用学习场景，学习者可以创建不同的学习制品。对于特定的学习目标来说，学习制品的形式可以是多样化的，可能是创意文案、实践报告、诗词

[①] 此案例来自南京市玄武区的教学展示活动，笔者应邀参与了案例的观摩与点评活动。这里简要介绍了该案例的部分内容。

歌赋等，也可能是创作的某些视频、表演、实物产品等。对于参与完成特定目标的学习者而言，他们在实现学习目标的过程中也可以创造不同的制品形式，用以呈现他们对学习内容的理解和对学习目标的把握。

设计学习场景，需要充分理解场景对学习的价值。第一，学习场景描述的事实，必须是在现实世界真实存在的，是关于客观世界的具体描述，学习者所要达成的学习目标，需要或者可以依附于这些具体的事实，但场景提供的事实并非学习内容对应的唯一事实。第二，学习者要达成的学习目标，如果抛弃了某些特定的场景，就有可能形成关于学习目标的局部理解，或者只能达成学习目标的有限学习层次。第三，学习者在达成学习目标时需要依赖场景，形成的学习成果本身与场景具有高相关性，甚至还可能借助特定的物化制品表达学习成果。第四，以学习制品的形态表达学习成果，可以促使学生将单纯的"知能思维"转化为"知能-心智思维"，可以引导他们基于真实世界的现实需要激活内在学习潜能，理解学习的价值和意义。第五，学习者依赖特定的学习场景形成的学习结果，可以迁移到不同的场景中，为学习者在未来的生活世界遭遇到更加复杂的、变化的、新的真实场景时，提供可以适应这些场景变化的基础。

学习场景的介入，有的是为了帮助学生理解知识与技能，有的是为了帮助学生应用知识和技能，还有的是为了帮助学生理解真实世界的丰富性和多样性，引导其产生对大自然的无限憧憬与更强的学习欲望。场景是对真实世界中的真实情况进行的具体表达，但是在实践过程中并不可能在学校里完整地还原所有的真实世界。在学校教育中，教师和学生需要对真实世界进行凝练与高度概括，形成一些可以直接应用于支持教育教学活动的场景。教学中的场景设计，不能局限于简单的应用思维，不能仅仅是为了体现学生具有了简单的创造创新能力，更不能让教学场景变成学生学习过程中的简单装饰或装点，而应让其成为引导学生丰富认知结构与能力、建立认知思维、形成面向未来学习力的基础。

如果所有的学习场景都要通过实体空间并借助实体化的条件进行设计，有限的学校空间就很难容纳丰富的场景。现代学习空间的发展，可以将学习者无法触及但是在真实世界可能会发生的相关场景带进课堂教学中，为其创造更加真实的复杂世界体验，建立关于外部世界更加完整的认知。

4.2.2.3 适应体现真需求的学习世界

利用学习空间，可以为学习者提供关于世界的联结，引导其不断适应变化的外部世界。在人类社会的发展过程中，时间与空间是两个重要的联结维度，借助时间与空间，可以将世界中的万事万物关联起来，进而构建丰富的世界形态。学习的意义，一方面是为了认识世界，另一方面是为了不断改造并创造世界。改造与创造世界，需要依赖已有的世界，基于对已有世界的系统认识。时间维度可以用于描述外部世界的发展过程，空间维度可以用于描述外部世界的变化样态。

从当下来看，真实世界既包括学习者所处的世界，也包括学习者无法触及但真实存在的世界。从历史的角度来看，真实世界既包括人类社会曾经出现过的世界，也包括人类社会未来可能会出现的世界。生活在当下的学习者，既需要理解过去的世界格局或客观规律，也需要适应不断变化的世界并能够顺应这一变化过程中可能出现的新规律。对于每一个个体而言，世界的变化，不仅仅源自外部力量的简单推动，个体自身也可能会成为推动这一变化的主体。正是因为无数个体的主动思考与发现、主动作为与创新，人类才可以在认识世界的过程中不断改变世界。

在现代学校教育过程中，需要不断调整教育思维，坚持教育的价值导向，实施文化与科技并重的教育策略。利用学习空间构建的学习场景，既要能够便于学习者实现中华传统文化与现代文化的融合，也要能够便于学习者理解现代科技对社会发展的支持作用，推动其构建科学的思维习惯和方法，利用现代学习空间提供的组件，在形成知识与技能的同时，获得创造的条件，产生创造的意愿，构建创新的制品样态，丰富学习的成果形式。

利用简单的、实体型的、封闭型的学习空间，学习者对真实的外部世界的理解往往会局限于自己有限的视角。对真实世界的理解，需要依赖真实世界，而真实世界本身又远远超越了我们所能触及的范围。这就要求现代学习空间能够跳出实体和封闭等属性，借助现代科学技术构建的新型学习空间，将会表现出联结性与开放性等新型属性，可以为学习者提供更加生动、丰富的外部刺激物，从而为学习者建立主体学习责任创造条件。

第 5 章

学习空间中的场景融合设计

关于学习场景的理解，许多研究者从不同角度进行了很多生动的描述。在教育过程中，关于场景的理解千奇百态，各具特点。在现实理解中，有的研究将场景理解成不同的教学、学习或教研等特定的学习样态，如情境化教学、个性化学习、游戏化学习、教学研训等[1]；有的研究将学习场景等同于某些事物的发展特征，如增长、约束、崩溃或转型等[2]；有的研究认为场景就是指某些特定的现实应用领域，如商店、酒吧、咖啡馆或办公场所等[3]。

关于学习场景的研究，既需要包含对学习空间中的场所属性的研究，也需要包含对转运属性的研究。在研究场景化学习的过程中，有些学者提出服务于人的实际应用需求，人与某些特定应用所需的特定存在物之间会产生"景"，支持景的附着力可以看作是"场"。[4]这里将"场"与"景"区分开来进行分析，对于理解场景的内涵是有帮助的，但真实的场景通常是无法切割的。因此，我们可以从功能的层面理解场景的价值。一方面，场景是可以用于描述真实世界或构想世界的存在物；另一方面，借助场景可以帮助实践者理解真实的需求，进而形成有针对性的问题解决策略。

---

[1] 钟正，王俊，吴砥，等. 教育元宇宙的应用潜力与典型场景探析[J]. 开放教育研究，2022（1）：17-23.

[2] 刘晓峰，兰国帅，魏家财，等. 教育数字化转型助推未来高等教育教学：宏观趋势、技术实践和未来场景——《2022年EDUCAUSE地平线报告（教学版）》要点与思考[J]. 苏州大学学报（教育科学版），2022（2）：115-128.

[3] 青月. 元宇宙元年"内卷"背后的场景之争[J]. 大数据时代，2021（12）：34-41.

[4] 刘铭，武法提. 场景化学习服务模式构建研究[J]. 电化教育研究，2021（1）：87-92，114.

5.1 从场景设计到场景融合设计

学习场景是用于帮助学习者理解学习内容、解决真实问题、达成学习目标的外部支持条件。推动学习的场景革命，必然会遭遇很多重要的现实挑战或追问：为什么在过去的学习中不强调场景也同样可以帮助学生达成学习目标呢？在过去的教学中，教师也会根据学习内容创设许多情境用于支持学生的学习，这种情境不就是场景吗？既然我们已经有了设计场景的经验和实践，为什么还需要进行所谓的场景革命呢？在学习过程中，如果提供了特定的学习场景，会不会增加学生的认知负荷呢？这都成为摆在现代教育工作者面前的现实问题，如果无法对此类问题进行系统回答，就很难说服广大教师系统思考学习场景等具体问题。

5.1.1 技术的革新指向了现实世界的场景要求

要清晰地解释什么是场景，就有必要从整个宇宙的视角来理解真实的世界。在我们的研究中，无须准确说明宇宙是什么，但至少需要理解宇宙的复杂性。人类的存在及其思维能力，使得人类总想弄清楚一些基本问题[①]：我们生活的宇宙是什么样子的？我们与宇宙是什么关系？在探索这些问题的过程中，人们总是想构建一些关于宇宙的假说，不断尝试证明这些假说，并通过持续修正假说，试图说明我们所处的宇宙的真实状态。

探索宇宙的道路注定会充满困难，而且永远不可能形成关于宇宙的终极"解"。

---

① 韩民青. 宇宙的结构、演化与人类的作用——新人择原理与人学宇宙观[J]. 东岳论丛，2000（6）：21-28.

一些宇宙学的研究者会尝试从"本原"的角度理解宇宙,于是不得不创造出时间和空间的概念。"宇宙"两个字,在中文的意义上,就分别表示"空间"与"时间"。时间可以回应产生与起点等问题,而空间则可以回应规模与量级等问题,于是与宇宙相关的研究都无法绕开时间和空间这两个基本概念。

当下的宇宙,之前是什么样子的?没有人说得清楚。但一旦与时间建立了关系,人们必然希望说清楚当下的宇宙是从何时开始出现的。如果我们认为宇宙始终如一,那么仅仅依靠时间这一概念永远回答不了一个命题,即"当前的宇宙产生的时间零点在哪里?"对于这些问题的追问,被看作哲学层面的东西,但我们知道人们之所以能够提出这些问题,还是与人本身的生活世界有关。因为我们身边的万事万物都呈现了一个共同的规律,即存在生老病死。由此及彼,既然万事万物都有一个起点,那么宇宙又怎么能够例外呢?所以上述问题就像我们在与人交往的过程中有时会关心他人的生日一般,总想弄明白对方是何时来到这个世界的。

事实上,对于许多问题,要想做出令人信服的回答并不容易。譬如,我们可以认为植物的生长源于一粒"种子",但种子自身就是一种继承,它可能是某植物生长的起点,但一定不是该植物的生命起点,还与前一代植物存在着相依关系。如果依此逻辑追问,我们的答案就永远没有起点,但很显然这不符合哲学家的预期,同样也不符合科学家的认知。如果不存在起点与本原问题,或者不能回答清楚起点与本原问题,似乎很难解释世界存在的广袤性、变化性、多样性。于是,就出现了关于"宇宙"的持续假说与解释。

宇宙存在着固有的自然法则。人类关于宇宙的认识,就存在着持续的自我修正。[①]人们起先认为,宇宙是无限且不变的,后来又发现宇宙是有限的,提出宇宙是无界有限的,再后来又出现了体现量子观的多宇宙观点。依据量子观,只要存在一个相对可测的粒子,那么宇宙中还会存在与其属性完全一致的其他粒子,这些粒子具有完全相同的运动特征,甚至它们还可能存在于不同的宇宙中。基于这些假说,就可能会存在一个具有决定性的宇宙。该宇宙是产生其他宇宙的基础,包括我们当前生活的宇宙也是由其决定的,这种决定其他宇宙的宇宙是一种"元宇

---

① 韩民青. 宇宙的结构、演化与人类的作用——新人择原理与人学宇宙观[J]. 东岳论丛,2000(6):21-28.

宙"。①"元宇宙"可以不断创生新的宇宙，甚至我们生活的宇宙也可能会创生新的宇宙，创生出来的新宇宙与创生它的母宇宙可能具有相似的属性与自然法则，也有可能会与我们熟悉的宇宙存在完全不同的自然法则。②

"元宇宙"本来是一个哲学概念，也是一个关于宇宙科学的概念，2021年前后，"元宇宙"概念开始被广泛应用于计算机科学领域，并与虚拟现实技术建立了广泛的联结。③计算机科学领域所说的"元宇宙"，与宇宙学中的"元宇宙"概念存在的相似性在于，位于不同宇宙中的粒子具有同属性特征与异法则特征，但计算机科学领域的"元宇宙"的内涵更狭窄，它关注的是真实宇宙中的所有实体对应的数字时空中的"孪生"性质，存在于数字时空中的某些特定孪生物，既能够反映真实世界对应实体的特征（同属性），也可能会创生出超越真实世界中具体实物的新的特征（异法则）。对"元宇宙"研究的热度始于2021年，也在同一时期悄然降温，其中的原委，我们不能妄加评论。但类似于"元宇宙"等与技术发展相关的一种新概念的出现，都存在着同源性，即"场景"。

任何新技术的出现，都是以挑战人类的已有极限或不可能为目的的。譬如，弓箭技术可以让人类在远离敌方伤害的情况下消灭对手，冶炼技术可以让人类获得更具可塑性和强度的材料，并制造出支持人类生产生活的工具，等等。如果从场景的视角来理解新技术的产生与应用，对于弓箭技术，主要是考虑到在近距离作战的条件下，敌我双方处于近距离的空间，在此"近战场景"下，攻守双方的力量、工具的进攻范围等都可能会成为决定胜负的主要因素，于是就可能会促使人们思考几个问题：一是如何增加攻击的距离？二是如何增加攻击的力度？三是如何增加攻击的伤害性？等等。弓箭技术中的"弓"，同时满足了远距离与力度的要求，而"箭"则解决了攻击中提高对敌伤害性的问题，这就有效解决了近战场景中保存我方力量的特定需求。

对于教育而言，场景一直被视作教育领域的重要概念，也被看作影响教育质量

---

① 韩民青. 宇宙的层次与元宇宙[J]. 哲学研究，2002（2）：28-34.
② 韩民青. 宇宙的结构、演化与人类的作用——新人择原理与人学宇宙观[J]. 东岳论丛，2000（6）：21-28；韩民青. 宇宙的层次与元宇宙[J]. 哲学研究，2002（2）：28-34.
③ 刘革平，王星，高楠，等. 从虚拟现实到元宇宙：在线教育的新方向[J]. 现代远程教育研究，2021（6）：12-22.

的关键要素。如何理解教育中的场景，在研究与实践中存在着分析视角的差异，但不管从什么角度理解，都存在一些基本的共性。

第一，场景可以转化为客观存在物。场景描述的对象，无论是源于对现实世界的真实记录，还是源于主体的想象，都可以以客观存在物的形式表示出来。譬如，在《西游记》中，作者创设了很多现实世界并不存在的神话故事，但读者在阅读这些神话故事的时候，脑海中也会建立起与这些故事相关的场所及其关系。作者正是借助自身对真实世界的感知与想象，让读者可以获得相似的体验感。

第二，场景可以蕴含丰富的学习对象。在教育中引入场景的概念，主要在于教育中的场景包含了丰富的学习对象。对于同样的场景，应用在不同主题的教学过程中，体现的学习内容是不一样的，也是存在差异的。譬如，对于学校召开的"运动会"这样一个场景，其中既包含了不同的运动要素，如跳高、跳远、铅球与长跑等特定的运动项目，也包含了在运动过程中形成的很多感人的运动故事，还包括许多反映运动会中不同项目的统计数据等内容。将运动会这一场景中的不同内容提取出来，能同时服务于体育、语文、数学等不同学科的学习，引导学生理解这些学科的学习目标和现实世界中的特定事实之间的关系，促进学生对学习内容的价值化理解。

第三，场景可以强化外部世界的联系。在现实世界，不同的场景有大有小。每一个独立的场景，都有可能包含复杂的要素，而这些独立的场景之间又会存在许多联系。设计教学场景，就是要从整个复杂的世界中寻找有限的片段，并将其作为独立的场景用于帮助学习者理解学习内容，达成学习目标。如果这些片段始终保持着独立性，就有可能让学习者形成相对孤立的知识体系。如果以更宏大的"场景思维"来组织和设计学习内容，就有可能帮助学习者通过有限的、独立的场景理解，构建不同的场景关系，完整把握复杂的真实世界。

第四，设计场景需要依赖技术加持。场景是对真实世界的描述，来源于真实世界，但在学校教育中学习者可以接触的真实世界是有限的，这就涉及如何在学习者所在的学习空间构建面向无限世界的复杂场景的现实需求。借助场景的设计，教师可以帮助学习者在有限的学习时空建立对无限世界的感知，进而为其适应终身学习奠定基础。技术介入学习场景的设计，就是要能够通过技术的声、光、影等不同属性，为学习者获得多重感知提供不同外部刺激条件，引导他们在这些复杂条件的支持下，不断感受无限广泛的外部世界包含的复杂性，建立主动学习的意愿与动力，推动学习向生活化方向转变。

现代技术的持续发展让学习者获取外部支持的可能性也在发生着持续的变革，这就启迪广大教育工作者需要不断地思考：如何理解教育实践对学习的真实价值的支持作用？如何持续逼近学习的本质？如何持续推动教师和学生理解学习的意义？只有真正理解了学习的应有之义，教育利益相关者才能够真正理解技术的力量，并不断变革学习的过程与方式，推动学习者达成高质量的学习目标和结果。

5.1.2 空间的存在可以创设支持学习的新场景

学习空间存在于现实世界的复杂空间中，是整个现实世界的复杂空间的重要组成部分。除了具有现实世界的各种复杂空间的基本属性以外，学习空间还具有一些特定的属性，主要表现在以下几个方面。

第一，学习空间具有高密度性。所谓高密度性，是指学习空间包含的各种支持学习的组件在空间中所占的比例远远高于现实世界中的其他空间中的组件所占的比例。学校作为专门从事教育活动的机构，需要设计特定的学习空间来支持和帮助学习者，以满足不同学习者对真实世界的多样化体验需求，形成关于真实世界的系统性认知。学习空间尽管来自真实世界，但它不是对真实世界的简单复制或投影，而是一个可以用于描述复杂外部世界的学习中介物。在学习空间这一特定中介物中，包含了丰富的学习支持组件。教师利用这些组件可以服务于特定的学习目标，设计出体现变化特征的学习环境，支持学生的学习活动，产生高质量的学习行为。

在早期的学校教育过程中，使用的组件大多数都是以实物的形态呈现的，并通过实物才能构建出场景，且在场景中还可以明显地出现组件这一实物的具体形态。在现代技术的加持下，学习空间中的组件可能还包含了形态各异的实物形式，但由这些实物构建的学习场景，将会不再完全以组件实物的形态呈现，还可能根据这些组件的技术特征，创建更加依赖特定组件却跳出组件的实物形态的丰富多样的新场景样态。譬如，我们利用虚拟现实技术或增强现实技术构建的学习场景，在抛开技术支持时，这些场景将不复存在，但在进入这些场景时，我们同样不会关注提供技术支持的具体组件形态。

第二，学习空间具有多结构性。所谓多结构性，是指为了帮助学习者更好地理解学习内容，达成学习目标，可以对学习空间出现的组件序列和关系进行调整，通过丰富、优化或简化等方式，改变不同组件的复杂程度，不断为学习者提供体现变化结构的场景。在学习空间中创建场景，主要是为了支持学习者学习，因此设计的学习场景具有一定的抽象性。它不是对真实世界的完整还原，而是对真实世界的概括性描述。设计学习场景，可以让场景中充满与真实世界具有同等复杂性的各种要素，也可以去除一些要素，甚至还可以添加一些要素，以帮助学习者更好地聚焦学习的关键目标。

教学可以被看作一种干预过程，干预的目的在于帮助学习者准确地领会和理解学习目标，并能够将目标转化成学习者自身的行为能力，服务学习者未来的行为需求。在长期的教育实践中，教师常常将教学理解成是将需要掌握的学习内容告知学习者，一旦学习者能够记住或运用这些内容，就认为他们已经领会和理解了这些学习内容。因此，在实践中倡导要强化学习内容与真实世界的关联这一理念时，不同的教育利益相关者对这一理念往往会有不同的判断，有些个体认为设计丰富场景并利用场景学习，既消耗了教师的大量精力，也会浪费学习者的学习精力，是一种浪费时间的行为。

关于认识发生机制的许多研究已经提供了大量的证据证明，学习者在和外部世界进行交往的过程中，如果能够与外部世界建立深度的互动关系，就有可能聚焦于外部事物，更加准确地领会外部事物包含的核心内容，也能更容易把握学习内容的本质，提高理解与应用能力。借助学习空间包含的不同组件来设计符合学习需要的学习场景，就是为了帮助学习者更好地从这些场景中发现知识存在的价值和意义，进而促进他们在知识之间建立关联，支持学习的发生。

设计学习场景，引导学习者能够从场景中观察学习对象，在场景中应用学习的内容，但是并不是说一切学习都需要依赖场景。学习者既要能够借助场景进行学习，又要能够跳出场景进行思考。通过场景可以让学习者理解知识来自何方，跳出场景可以帮助学习者理解知识的价值并不仅仅局限于某些特定的场景，就是要强调学习的结果可以帮助学习者将其迁移到更加复杂的真实世界中，从而为构建终身的学习体系奠定基础。

第三，学习空间具有可重塑性。所谓可重塑性，是指可以通过调整和补充，改变学习空间包含的组件，并根据技术的持续发展不断改变空间的组件形态，实现学习空间的功能持续更新和升级，不断构造出符合不同学科需求的学习支持环境。现代学习空间既可能是相对固定的，也可能是充满变化的。譬如，对于一些大型学校，通常会建设有专用的功能教室等具有特定目的的学习空间，对这一类空间的改造往往是基于原有功能进行的，实现的是有限条件的更新或补充。还存在一些类型的新型学习空间，会充分依赖现代技术的发展，实现所有组件的系统再造。

新技术所带来的核心变革，不仅会让教师基于教学结构思考教育问题，还会从学习结构的角度来思考教育问题。譬如，在现代教育过程中，学校会充分考虑如何依赖现代技术关注教师的教学过程和学生的学习过程，关注教与学过程中师生的行为，并支持对师生的行为轨迹进行分析。教师采用的教学策略或学生的学习策略是否真正满足了教学或学习的需要？研究和实践领域提出了循证思维的计算教育观，强调基于证据进行教与学的设计，依据师生在教与学过程中的具体行为数据，设计合适的教学或学习策略，以更好地服务于高校的教与学活动。

为了满足教与学的需要，学校在创建现代学习空间时，需要充分考虑如何借助学习空间构建新型学习场景，既要保障场景能够支持学生建立与学习内容之间的关联，也要能够充分纳入数据思维的观点，借助技术方式巧妙地采集处于学习场景中的师生形成的不同行为数据。对于场景而言，在采集数据的过程中，要充分尊重师生的隐私，确保所有的数据使用行为都符合技术的伦理与规范，而场景自身的要素也要充分尊重教育规律，避免在技术应用过程中违背基本的公序良俗。

设计学习场景，既有可能是对真实世界中已有场景的再现，也有可能是对现实世界中真实场景的抽象，还有可能是对未来世界中可能出现的未知场景的想象。因此，在应用场景时，可以对其进行持续的设计和改造。当学习者面对真实世界中的具体问题无法进行聚焦时，或者不能发现其中需要关注的重点研究话题时，都可以通过场景来对相关主题进行强化，不断突出某些关键元素，帮助学习者面对场景、基于场景、运用场景、思考场景，进而跳出场景，逐步构建完备的知识和能力体系。

借助学习空间中的不同组件构建新的场景支持，利用这些组件涉及的新技术拥有的声、光、电等特性，可以模拟出超越现实世界且具有更强的感官刺激的新场景。这些场景不仅关注学习者的视觉、听觉等感官，还有可能会关注学习者的触觉、嗅觉、味觉等感官，有助于学习者完整的身体都介入场景，通过具身体验对外部世界形成更完整的理解。

5.1.3　学习空间的变革可以促进场景走向融合

在现实世界中，每一个独立的功能体都有可能会构成场景。譬如，学校的食堂、体育场、图书馆、教室等，都可以被视作不同的场景，这些不同的独立场景具有的功能各不相同。

对于学习场景，除了可以从功能层面理解，还可以从现实世界中的具体布局或区域特征等方面理解。以一个特定的地区文化符号为例，对于某一个特定区域包含的文化元素，既有可能体现了丰富的历史特征，也有可能充分彰显了地域特征。一旦我们以特定的区域文化作为场景，那么就需要理解这种场景包含的若干组成要素、构成区域文化的各种符号等。如果将这些场景融入学习过程，就需要引导学习者理解不同要素和符号与区域特定文化的关系，了解形成这些文化元素的历史脉络与轨迹。譬如，南京的夫子庙建于公元 337 年，位于南京市的秦淮区，分布在秦淮河的两侧，是南京市的重要文化地标，史称中国第一所国家最高学府，也是中国的四大文庙（包括南京夫子庙、北京孔庙、曲阜孔庙和吉林文庙）之一。夫子庙周围包括江南贡院、乌衣巷、大成殿、瞻园、老门东、白鹭洲公园、中华门等著名的景点，且有鸭血粉丝汤、南京盐水鸭、臭豆腐、麻油素干丝、鸭油酥烧饼等著名小吃。

如果将"夫子庙"作为主要场景纳入学习序列，对于身处南京的学生而言，他们可以通过切身体验理解夫子庙。但是，对于一些非南京地区的学生而言，让他们都亲临夫子庙，就很不现实。利用虚拟现实或增强现实技术，借助全景视频技术的支持，可以在现代学习空间中构造出比较完整的夫子庙场景，身处不同地区的学习者借助技术的适当支持，可以建立沉浸式的虚拟体验，感知夫子庙的文化。

第一，利用现代技术，可以在学习空间实现对真实场景的全景还原。场景对学习的价值和影响，主要表现在对场景的利用方面。当前的许多新技术可以帮助我们更好地实现对真实世界中各种场景的记载。我国的空间技术得到广泛发展以后，北斗导航系统构建的强大全景地图，也可以支持用户对一些真实世界的全景进行还原，但还很难关注到很多具体细节，且由于实录型的场景通常过于琐碎，缺少加工的特性，如果将其直接应用于教学过程中，就有可能会导致学习效率下降。

在教学过程中，在符合国家法律和基本社会秩序的情况下，在不违反国家的安全等核心利益的前提下，教育工作者可以合理发挥不同利益相关者的作用，动员不同责任主体一起关注体现区域文化元素或符号的场景，共同创建和丰富场景式素材库。如果广大教师对这些场景式素材库进行适当的加工和处理，就可以构建出更多有利于学习者使用的多样化的场景式学习资源。

在过去的教学中，广大教师常常也会设计不同的学习场景，但是一种习惯的做法是不同学科的教师往往会独立地思考如何服务于学科教学为学习者提供场景支持，并独立地进行场景设计。于是，就会出现一种常见的现象，即每一个学习个体需要根据不同学科知识和内容，同时面对多个不同学习场景，对每一个场景都需要花费大量的时间理解场景的内容和文化特征，将过多的精力花费在如何理解场景的具体内容上，而不能够将主要精力用于思考如何从场景中发现其包含的学习对象或问题等方面。这种多场景的学习行为，如果仅仅是从场景涉及面的视角进行了扩充，而没有从学习能力层次提升的角度进行思考，就有可能会导致学习效率受到影响。

对于丰富的场景式学习资源，不同学科教师要能够共同参与讨论和使用，对有典型特征的场景做出准确的分析和判断，挖掘相同场景包含的不同学科元素，基于特定的场景引导学习者构建丰富的学科联结，在共同的场景中发现不同学科之间的关系，进而借助这些典型场景促进不同学科的共同发展。

第二,借助学习空间,可以实现不同区域学习者之间共享异域场景。主张不同的学科教师能够一起探讨如何选择具有典型文化特征的场景支持学习者学习,并不代表学习者不需要跳出自己的生活世界就能理解更加多样化的场景,而是倡导能够引导学习者在基于特定的场景进行学习以后,可以将所学知识和内容迁移到其他场景,形成独立的学习与思考能力。

我国幅员辽阔,有 56 个民族,每一个民族都建立了许多具有特色的文化元素与符号,当下世界的跨文化特征同样越来越明显。在进行场景设计的过程中,引导相关者一起参与建设,将不同区域的文化符号与元素转化成场景式的素材,并经由不同区域的教师进行适当加工,就可以转化为丰富的场景式资源,一旦不同区域的资源都得到了补充和创建,就可以推动不同区域进行资源的交换与共享,实现场景式学习资源的极大丰富与高质量利用。

在推动体现区域文化特征的场景设计与制作过程中,首先要考虑的要素是如何建立区域文化自信,坚持弘扬文化与保护文化的统一性,坚持以核心价值观为导向,避免夹杂与文化自身格格不入的杂音,真正实现让学习者建立尊重与热爱祖国不同区域文化的秉性,也有利于学习者不断形成呵护传统文化、丰富与发展区域文化的品质。

学习者学习一些现代科学技术,同样离不开学习场景的支持。譬如,学习者要了解机器人、人工智能、全息投影、5G 等新技术的应用,就需要依赖特定的场景。创设体现新技术应用且满足特定应用需求的不同场景,可以帮助学习者理解技术的特性与价值,有利于学习者结合现实的真实需求,思考如何将学习的新技术与他们的真实生活应用结合起来,理解技术之于个体生活实践的支持价值,激发个体建立学习新技术的内在动力。这样才有可能推动学习者不断思考技术支持生活应用场景的现实需求,促进技术支持社会各领域持续转型与发展。

第三,强调场景应用,可以推动现代学习过程直接关联真实生活世界。学习涉及的内容,有的指向了人类的生活基础,有的指向了生活应用,还有的指向了方法层面。并非所有学习内容都可以直接映射到特定的学习场景中,但通常都可以通过内容之间的关联,间接建立与学习场景的关联。如果抛弃了学习场景的支持,学习者习得的所有基础性学习内容，就有可能会脱离他们的实际需求，并成为孤岛。

设计学习场景，前提条件是要对学习目标和内容进行系统梳理。确定学习目标，需要依赖课程标准，但绝对不是简单地对课程标准包含的不同条目的一般性陈述或说明，而是需要引导学习者从实际问题中感悟课程标准强调的核心素养和相关目标的现实价值，懂得如何将学习过程中形成的文字和符号转化成适应和改变生活的具体方式方法。

长期以来，教育工作者形成的教育惯习、社会上的不同群体对教育形成的固有认知等，已经让人们对当下的教育存在方式及其行为过程形成了基本的认知框架。倡导设计学习场景支持教育教学活动，一方面需要广大教师突破原有的认知惯习；另一方面也需要广大教师不断思考如何从学习者的真实学习困难出发，关注学习过程中学习者可能存在的困惑，系统思考如何借助场景优化和改进教育教学过程，提升教育教学的品质。

5.2　学习空间支持下的场景融合

在现代学习空间融入场景思维，不仅要关注不同场景的独立性，还要关注场景之间的融合，借助场景的应用，实现教育过程的创变。我们系统分析当前的教育教学实践中存在的诸多问题，不难发现，许多教育工作者在推动学习者完成学习行为时，往往将主要精力用于对已知世界的知能的把握方面，教师也会想方设法帮助学习者理解相关知能，并通过设计大量的重复性训练，或者加强记忆术的研究，帮助他们记住更多的学习内容。但是，如果学习内容与具体场景出现了"脱节"，学习者形成的知能体系就往往是"脱境化"的。如果在后续的实践领域没有出现相应的刺激场景，这些知能就有可能会慢慢在学习个体的大脑中变得沉寂，甚至终生都无法唤醒。

5.2.1　从场景融合的视角理解适应性学习空间建设

在教育研究和实践中，人们经常会关注教育的意义到底是什么？教育活动可以改变学生的哪些方面？学生需要通过教育行为塑造什么？接受了教育的学习者可能会产生什么样的变化？如果不能做出清楚的回答，就会导致广大教育工作者对为什么需要设计教育场景，以及如何设计满足特定需要的学习场景等产生疑惑。

场景设计的首要任务在于帮助学习者理解学习的意义，而学习的意义最终会通过生命的意义展现出来。对于生活世界中的每一个个体，他们从一个独立的生命体转变成生活在特定群体中的社会性个体，需要经历系统的社会化过程。社会化过程中会遭遇外部不同刺激物，这些刺激物会引起个体在认知与行为等方面不断出现新的变化，并有可能会让不同个体面临诸多新的挑战。在面对新挑战的背景下，不同个体可能会产生不一样的心理感受，有的个体会产生战胜外部各种挑战的内在动力，也有的个体可能会因为外部刺激过于强烈而变得不安，甚至可能会产生焦虑情绪。

不同的外部刺激，必然会导致个体产生不同的反应。学习个体既可能产生消极的反应，也可能产生积极的反应，如何将消极的反应转化成积极的反应，将消极情绪转化为积极情绪，应当成为现代学习范式下教育工作者需要关注的核心内容。学习者的个性既可能是与生俱来的，也可能是在与外部环境相互作用的过程中慢慢形成的。譬如，纵观人类社会发展的历史，我们常常会发现不同的历史时期总会出现一些具有集体行动特征的社会性行为方式，这往往与外部环境存在较大的关系。尽管我们难以改变个体与生俱来的特性，但是对于来自外部环境作用形成的特性，可以通过教学活动的设计及其实现不断加以改变。

第一，基于孤立的场景形成的个体认知局限性，是认知格局不高的基本原因。个体在成长过程中出现的不同行为方式，以及给外人呈现的个性特征，往往与个体自身在成长过程中经历的场景有很大关系。每一个个体都会表现出不同程度的自我为中心的特性，但这种自我中心的程度与格局又取决于个体社会交往的圈子大小。我们可以把个体社会交往的圈子理解成一种生活的场景，圈子越小或者越封闭，个体所能接触的外部世界就会越小。

个体在和外部世界进行交往的过程中，存在着场景封闭的局限性。如果个体不能够意识到这种局限性，那么在观察外部世界时就容易形成强化自我中心的行为或意识倾向。现代学习倡导学习者能够实现情感迁移，建立共情意识，就是为了引导他们跳出自己所在的有限的封闭场景，主动观察和思考不同的外部场景，学会以其他场景的立场理解不同场景中诸多事物或现象存在的原因。

学习者应该跳出场景看世界，跳出个人中心的思维理解世界的变化。理解世界的丰富多样性在于多样化现象的共同存在，可以推动个体不断冲破自我建立的封闭场景的局限性，不断改变自己的认知格局，进而以一种更高的境界与情怀准确认识更大的外部世界。设计场景融通的学习空间，可以让学习者接触具有关联特性的场景。当学习者在有限的认知场景中陷入困境时，他们就有机会触碰更大的场景，并接触更大范围的社会交往圈。

进入新的社会交往圈，学习个体会与更多的社会群体进行交往，在与新的交往圈交互作用的过程中出现的新的认知冲突，能够让个体体会到外部世界比自己所处的世界更加复杂，也会慢慢意识到自身建构的有限认知体系并不足以应对复杂的外部世界中存在的复杂问题。融通的真实场景，可以推动认知个体不断突破自我，不断修正自己关于外部世界的认知，不断完善自己的认知体系和认知结构，进而对外部世界形成更完整的认识。

第二，通过融通的场景，可以推动个体形成全局观点，有助于个体建立未来视野。在几千年的文明进程中，人们对外部世界形成了许多重要的认知，对于这些重要认知，哪些是当下的学习个体需要掌握的？哪些是学习个体在解决实际问题时可以查阅并调用的？哪些是学习个体可以作为个人的兴趣和爱好进行选择性关注的？对于这些问题，教育领域并未形成统一的观点。

如果教育工作者和社会大众将教育理解成是帮助学习者认识或记住关于外部世界的已有认知，那么就有可能会出现一种错误的认知观点，即学习的发生并不总是需要真实场景的支持，学校的任务就是尽可能多地让学生掌握更多的知识。人类对世界的认知是无限的，而学习者的学习生涯是有限的，在有限的学习生涯中必然需要选择性地学习，包括选择具体的学习内容、认识外部世界的方法等。设计融通式学习场景，学习者可以结合场景理解学习内容对真实生活世界的价值，也可以理解如何根据场景的需求选择性地学习所需内容，懂得根据场景需求进行适应性学习的方法。

庄子言："吾生也有涯，而知也无涯。以有涯随无涯，殆已！"当家长或者教师总是习惯让孩子在有限的时间不断重复某些作业或接受无节制的课外辅导，片面追求扩充孩子的知识面，却忽视内容学习的场景化引导，他们就有可能会出现内在的负向情绪。如果外部个体对学习个体的行为表现出不满意，他们也可能会持续向学习者输送负向情绪，这些外部输入常常会叠加到学习个体的情绪体系中。一旦学习个体积累的负向情绪多于自身的正向情绪，如果这种负向情绪得不到缓解和释放，就有可能会让学习者产生消极行为倾向，出现压迫感与逃避感。

在声学系统中，有一个概念叫"负反馈"。在一个扩声环境中，如果扬声器输出的声音转化成声源并送给了话筒，话筒就会将这些声音进行放大，再通过扬声器输送出来，于是就可能会建立一个内在的自循环系统。这种自循环形成的负反馈机制表现在现实中，就是刺耳的啸叫。学习过程中，如果学习者产生的消极情绪出现了类似于声学系统的自循环式负反馈机制，就有可能会增强个体的负向情绪与行为，甚至会影响学习者的身心健康。

学习中存在的许多学习困难，都与学习者无法在不同概念之间建立关系有关。譬如，在物理学习中，学习"力矩"的概念，就需要建立在对力和力臂概念的理解基础之上。对于"力臂"这一概念，如果抛开了应用场景，就可能变得十分抽象，即使学生能够解答一般的问题，他们通常也很难将其与真实的世界联系起来，并导致这些概念难以进入其长时记忆系统。设计融通式的学习场景，就是要帮助学习者在学习过程中不拘泥于某些具体细节，而是以一种更广的视野理解学习内容。在真实场景中遇到了具体问题时，一旦学习者建立了问题解决的需求，就会化被动的学习为主动的学习，并有可能建立理解概念的新逻辑，形成理解概念的新思路，解决自身在"脱境化"学习中面临的困难。

第三，引导学习者在贯通式学习场景中进行思考，有助于形成学习的主体责任。在教育实践中，偶尔会出现一些学习个体因为各种不可知因素的影响出现极端行为的事件。遭遇这些极端事件以后，有的时候，我们会抱怨现在的学习个体缺少应对挫折的能力，或者会认为这些个体过于脆弱，却很少会反思教育过程，尤其是很少会反思教育过程中出现的许多非正常现象。

在现实世界中，忽视学习个体的差异并采用千篇一律的教学方式，是人们普遍接受的教育样态。家长对教育的过分干预，是在教育实践中呈现出来的另外一种常见教育样态。教育是一个长期的过程，优秀的教师往往会在与学生进行接触和交往的过程中不断关注其差异性，有意识地设计出可以促进学生成长的差异化路径。但当前的现实状况是，许多家长都接受过高等教育，且他们接受高等教育的背景存在着较大的差异。在实践中，许多家长习惯于运用他们在教育经历中形成的教育思维干预学校教育，并导致许多教师畏手畏脚。

孩子的成长，一定不是单独依赖学校或家庭的孤立行为，而是学校、家庭与社会共同作用的结果。家长需要与教师保持合适的沟通，但家长一定不可以粗暴式地干预教师的教学活动，这样教师就可以为每一个学习个体设计出更符合成长特征的学习行为指导方式与支持方式。如果家长不能够和教师进行合理沟通，一味地按照自己的主观判断对教师的行为进行过多的干预，甚至不断提出片面的要求，就有可能会在家庭和学校之间出现不应有的对立，甚至会破坏教育的健康体系。

在学校教育中，绝大多数教师都能够秉持对学习者负责任的态度设计教与学的活动，绝大多数家长也能够充分与学校进行沟通，便于教师为学生设计出具有针对性的学习指导方案。由于不同个体的认知具有局限性，有的家长因为与教师在某些行为中存在认识的不一致性，又担心教师可能会对自己的孩子打击报复，于是往往会基于自身的判断采取一些间接方式给教师施加压力，试图借助外部力量改变教师的教育行为观，让教师陷入两难的境地。家长需要与教师进行沟通，为教师提供关于孩子行为数据的准确陈述，便于教师更准确地对学生做出判断。如果家长真的想关心教师的教学行为，就需要从完备教学场景的视角了解教师，并对其行为做出准确的判断，而不能片面、单向、简单地对教师的行为进行"肢解"，甚至强行对教师的正当行为进行不正当的判断。

教育是一个需要尊重社会规则的行为系统，教师设计的教学活动需要依据国家的教育法规，且要充分尊重学生的学习规律。但是，教育一定不是教条式的，不是一成不变的，它需要教师结合对学生具体学习状况和面临的困难的整体判断，进行科学的组织和安排。学校、社会和家长需要给予教师更大的发挥空间，让他们可以真正沉下心来认真研究每一个不同的学习个体，并为这些个体设计长效性的学习路径指引。

　　学习的主体责任一定是来自学习主体自身。师生都是教育过程中的主体，但教师的主体责任主要指向了教学的设计，而学习者的主体责任则主要指向了学习的行为。借助融通式的学习场景，可以让学习主体在场景中主动思考和发现问题，并学会通过自我循证等方式不断解决问题。尽管在学习过程中学习主体有可能对外部的各种事物做出不准确甚至完全错误的判断，但只要他们形成了学习的内在动机，认识到追求建立正确判断的主体责任，就会主动与外部世界进行持续的、有深度的交往，进而形成对外部事物的准确判断。

　　从现实来看，许多学习个体并不习惯通过与认识对象的交往来认识这一对象，而是习惯借助他人对认知对象的判断，建立对外部认知对象的认知。这种脱离了认识对象的特定场景的认知，有可能会导致学生在理解认知对象的过程中出现对其他主体的依赖，思考缺少独立性，缺少批判性思维。对于这类学习主体，教师需要给予特别关注，只要学校、社会与家庭能够赋予教师一定的主体决策权，他们就可以建立起教学的主体责任，真正地靠近学生，并不断地走近学生，引导学生不断建立学习主体责任。学习个体建立了学习的主体意识与责任，就一定可以不断调整自身对外部世界的简单认识，并不断修正和完善自身的认知结构。

　　第四，强化学习场景的贯通式思维应用，可以推动学习者形成对外部世界的信任感。强调学习场景的融合设计，本质上是为了引导学习者在面对不同场景的过程中，能够主动调用自身的认知，通过与不同场景进行交往，不断修正自己的认知结构。在认知的调用过程中，学习者能够将学习的内容、学习的场景、学习的方法等组合到一起，这样就出现了"贯通式思维"。

　　学习者为什么不敢面对真实的场景？这是因为许多学习者已经习惯了向书本学

习，习惯了将书本上的知识奉为"经典"。但是，他们却忽略了一个事实，即如果知识脱离了具体的场景，就会变成一些简单的教条，不能表现出实践的价值与意义。在现实世界中，有一些个体还出现了新场景的回避特性。他们习惯了对旧场景的依赖，在与旧场景进行交往的过程中，和旧场景之间建立了一定的稳定关系。这种对书本的依恋和对旧场景的依赖，都体现了个体在学习过程中存在着对特定对象的信任感。

所谓贯通式思维，既包括学习者在学习过程中习得的不同学习内容之间要能够实现贯通，也包括学习者在学习过程中建立的关于所学内容的问题解决方法之间要能够实现贯通，还包括学习者在未来的真实世界中遭遇的不同复杂场景之间也要能够贯通。同时，还要强调学校、家庭、社会之间实现贯通，通过建立共同的教育目标，形成对教育的共同理解，推动不同个体持续形成核心价值观。

如果学习者对变化的外部场景缺少信任感，就会试图逃避这些新场景，并寻求在旧场景中实行自我保护，甚至在旧场景中进入"沉睡"状态。设计融合式学习场景，需要关注场景的不同特征，既要注重新场景与旧场景之间的联系，也要考虑到不同场景之间的跨度。设计新场景的初心，在于唤醒在旧场景中"沉睡"的学习者：一是要让他们懂得学会如何跳出自身的封闭逻辑体系；二是要让他们懂得外部世界始终处在变化过程中；三是要让他们懂得变化的世界中必然会充满新的挑战；四是要让他们懂得在应对挑战的过程中不断突破自我。

新场景虽然充满挑战，但这种新场景却是真实的，是我们在进入持续变化的未来世界时会经常遇见的、复杂程度可能会越来越高的现实。学习者与新场景进行交往，就是要建立与新场景的信任关系。这种信任关系主要包括：一是学习者的原有认知结构对新场景可能价值的信任关系；二是学习者对新场景可能改变原有认知结构的信任关系；三是学习者对新场景可能增进自身解决复杂问题能力的信任关系。

如果个体能够以"信任感"面对复杂变化的外部世界，在遭遇新的变化场景时，就会产生更加强烈的与新场景进行互动和交往的意愿，并能够从这些交往中获取个人成长的兴趣和快乐。一旦学习个体对新的场景抱有成见甚至抵触情绪，就难以从与真实世界的互动中感受到个人认知成长的快乐，甚至还有可能会出现兴趣消退的现象。

家庭教育是现代教育的重要组成部分，家长对孩子的成长有着至关重要的作用。借助包含了融合式场景的现代学习空间，也可以让家长感知到与家庭教育相关的不同场景及其变化。家长所在的生活场景，也会让他们形成一套关于教育的独立体系。然而，任何一种自建的体系都具有相对的封闭性。家长建立的这种体系一旦具有了防御性，对外部其他场景就可能会始终保持警惕状态，甚至可能会产生一定程度的对抗特性，并有可能会在与外部世界的交往中强化保守性与孤立性。

护犊子的心态是家长形成封闭体系的主要原因。事实上，学校中的广大教师同样具有护犊子的心态，他们所做的各种行为与所采取的各种方式，同样是为了帮助学生获得更好的成长。利用融合式场景引导家长以更加开放的视角观察外部世界，理解变化的教育，可以让家长跳出自身建立的封闭思维体系，并且能够以更加完整的视角来对待教育，以更大的格局和更强的理性，与学校一道为学生构筑更加舒适且不失真实的学习支持系统，满足学习者的个性化需求，设计出丰富的教学样式，服务于学习者的成长。

第五，借助适应性学习空间中的不同场景，可以帮助学习者循序渐进地构建韧性。韧性是个体在与外部世界进行交往的过程中，在面临各种不同的复杂变化与新的挑战时，表现出来的一种基本属性。韧性是个体的元素养，在与外部世界进行互动的过程中，对于不同的外部刺激，个体的感受并不相同，外部世界作用于个体时，个体感知的刺激对象、对象作用于个体的程度等都存在变化。受其影响，个体的韧性也会表现出不同的外部行为特征。

在数字化时代，由于富技术的出现，每一个学习个体在与这些技术进行交往的时候，都有可能会因为自身能力结构基础的限制，在面临由技术构建的复杂场景时出现不同程度的困难。在遭遇强烈的特定场景变革时，如果个体无法适应突如其来的外部变化，甚至有可能会陷入困境。面对不同的变化、遭遇的各种困难与困境，个体表现出来的基本属性就是韧性。由于数字化的出现引发的个体韧性，我们将其称为"数字韧性"。

韧性的强弱与个体的经历有关，尤其是与他们经历过的场景有关。当个体长期处于相对独立的场景中，且场景给予其自身的外部刺激呈现出了一定的平衡状态时，他们构建的韧性就会呈现出一定的稳定性。如果个体所处的场景突然出现了重大的变化，或者个体从一个相对稳定的场景进入一个充满变化的场景，他们原有的韧性系统也会发生改变。让个体熟悉不同的场景，并引导其跳出自身构建的场景思维理解不同场景，有利于帮助他们不断改变和塑造韧性。

我们可能会发现，在现实中存在一类学习者，由于在各种测试中一直处于比较低的成就分数水平，他们也会慢慢地习惯自己的成绩位置，对于持续出现的低分数状态，其心态可能也会比较好。但是，如果学习成绩出现了巨大的波动，或者上升或者下降，都有可能会导致个体产生较大的情绪起伏。譬如，当一个学习个体始终处在教师和家庭的呵护下，并且学习成绩维持在一个相对稳定的水平时，如果因为某些突然的变化，导致外部的呵护消失，他们就可能会产生巨大的情绪波动。

在实践中，教师习惯的教学互动方式与学生喜欢的学习互动方式之间常常会存在差异。教师认为重要的要素，往往会作为其设计互动的主要方式，譬如，教师可能侧重于作业、提问并关注个别学生。对于学生而言，他们更加喜欢的互动方式往往与自身的能力展示有关，譬如，希望有机会表达理解并获得教师的及时帮助（图 5.1，图 5.2）。师生对不同教学活动理解中存在的不一致性，有可能会转化为学习困难。

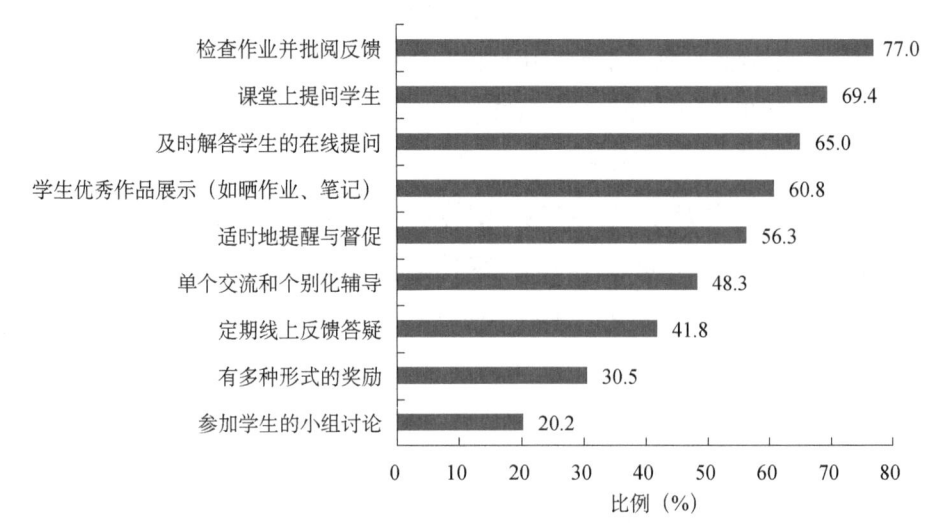

教师教学互动行为	比例（%）
检查作业并批阅反馈	77.0
课堂上提问学生	69.4
及时解答学生的在线提问	65.0
学生优秀作品展示（如晒作业、笔记）	60.8
适时地提醒与督促	56.3
单个交流和个别化辅导	48.3
定期线上反馈答疑	41.8
有多种形式的奖励	30.5
参加学生的小组讨论	20.2

图 5.1 调研显示的教师教学互动行为偏好情况

资料来源：2020 年江苏省中小学大规模在线教学调研结果

图 5.2 调研显示的学生学习互动行为偏好情况

行为	比例(%)
课堂上提问学生	65.6
及时解答学生的在线提问	58.5
定期线上反馈答疑	53.4
检查作业并批阅反馈	52.4
学生优秀作品展示（如晒作业、笔记）	36.9
适时地提醒与督促	31.5
有多种形式的奖励	22.1
参加学生的小组讨论	21.8
单个交流和个别化辅导	17.1

资料来源：2020 年江苏省中小学大规模在线教学调研结果

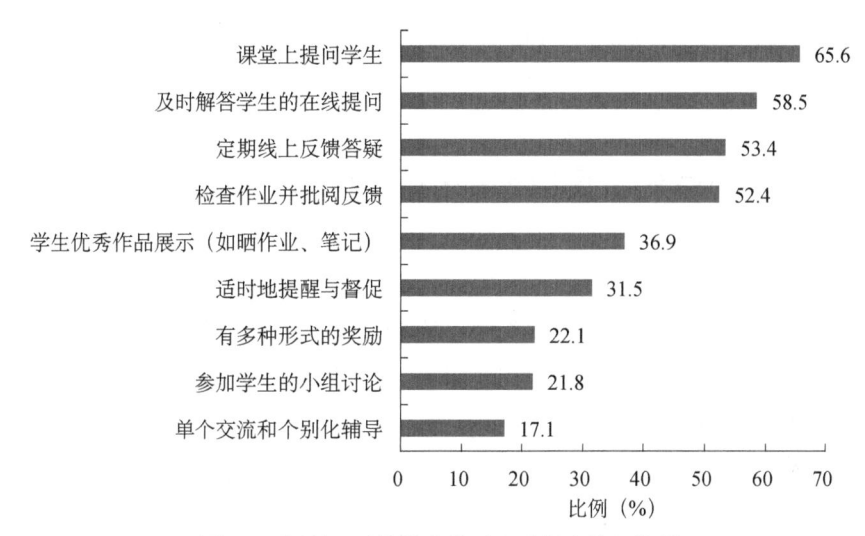

我们从 2020—2022 年出现的全球大规模公共卫生危机事件反映出来的一些现象可以看出，一些学习者由于长时间适应了面对面的学习方式，习惯在教师的授导下进行学习活动。当突然进行网络支持的学习，且需要不断通过自主方式进行学习时，一些成绩水平相对稳定的学习者出现了学习困难，甚至成绩还出现了明显下降。如果父母、教师都因为成绩波动为他们输入了消极的刺激情绪，学习个体不能够消化这些外部的消极情绪，这些情绪就有可能会使负向情绪得到增强，进而导致他们的韧性出现下降。

利用现代学习空间构建融合式学习场景，就是为了给学习者和家长提供体现了变化的多样化场景支持。在教学实践中，教师需要合理地借助场景，通过设计体现了变化且有序的场景支持关系，帮助个体渐进式地适应不同场景，慢慢体会到外部世界变化的复杂程度。这种融合式场景可以让学习个体和外部世界进行交往时，产生一个通过韧性构建的缓冲区。

在实践过程中，教育系统利用人工智能、大数据技术等支持现代学习空间的建设，合理地记录个体在学习空间中与不同场景交往时形成的行为数据，借助对个体的不同行为数据的分析，可以为其提供差异化的适应性场景支持，从而推动不同个体在实践中建立适应性的学习结果，在与外部世界交往的过程中保持健康成长。

5.2.2　场景融合可以增强空间对学习的适应性支持

设计学习场景的关键目标是支持学习者的认识发生，准确理解场景对认识发生的支持价值，只有如此才有可能构建出符合教育规律的学习场景，否则学校创设的不同学习场景就有可能会转化为新的学习负担。

学校创设的学习场景需要面向全体学习个体。学习的发生需要依赖特定的知识条件，借助不同条件形成的刺激，可以引导学习者与外部世界建立互动，逐步形成对外部世界的认知。学习个体具有差异性，而学校教育又具有普适性和共同性，在设计教学活动的过程中，如何兼顾具有差异性的个体并实现共同的学习目标，是现代学校教育管理者和广大教育工作者面临的新问题，也是不得不思考的问题。

事实上，即使学校不进行新型场景设计，仅仅保持原有的教学样态，也能做到面向全体学习个体。但是，因为缺少对外部条件与认识发生的关系的系统思考，没有能够从学习者需求出发并体现其差异，学校提供给他们的充其量是一种学习的场所。场景和场所的本质差异就在于，场景包含了大量的学习刺激物，这些刺激物有可能会激活学习者建立学习意愿，并有可能推动他们对自己曾经经历的学习行为或过程进行反思。

我们可以以"超市"来类比学习场景。一个现代化的超市，其中不仅有丰富的商品，还有可能会设计一些用户体验区，引导用户建立与新型商品之间的关联。对于进入超市的消费者来说，在走进超市之前，可能已经大致形成了某些特定类型商品的购买需求，但是这并不表明他们已经确定了固定的商品购买目录清单。超市将同一类商品放到一起，当许多消费者选购商品时，可能就会主动对不同商品进行性价比分析，甚至可能再关联到一些新型商品。尽管有的商品原先并不在个体的购买目标中，但当他们在与商品的交互中发现了这些商品的现实价值以后，就有可能会产生购买的愿望。

创设新型学习场景，就是要跳出学习场所的物理性空间边界，打破旧的学习场景呈现的千人一面的状况。在研究和实践过程中，许多研究者、区域或者学校都十分注重对未来教室的研究与投入。系统分析和比较相关研究成果与应用成果，不难发现，当前关于未来教室的许多研究往往还是停留在物理性空间的层面，通过构建富含技术的新型教学场所，实现教学内容的延展、学科教学的整合、学习形式的调整。

学习场景的创设，离不开对现代学习空间的系统思考。通过新型学习空间中多样化组件的不同组合，可以让广大教师结合学科和跨学科的教学与学习要求，设计出符合学习者认识发生的多样化学习场景。因此，未来教室应该呈现给广大教师的，不仅仅是其中包含的体现了最新功能的技术样态，还需要能够为教师提供便于他们结合教学活动进行组件重组以构建变化场景的可能性。当教师和学生处于新型学习空间以后，他们可以调用不同组件，构造出具有变化特征的不同场景，面向学习个体提供丰富的刺激物，促进个体认识的持续发生。

然而，并非每一个学习个体都需要经历所有的场景。学校或教师创设学习场景，需要充分考虑到每一个学习个体。但并不是每一个学习个体都需要经历每一种学习场景，这是因为学习场景的价值和意义在于帮助学习者在学习内容和真实世界之间建立关联。学习者的认识发生过程，不仅仅取决于他们与外部世界中的真实场景的交往程度，还与自身已有的认知结构有关。创设差别化的学习场景，就是为了使不同学习者做出差别化的交互行为，推动认识的发生。

在教育教学实践中，人们对不同学习者之间存在的学习差异有不同的认知，有一些教师或者家长简单地将未能快速达成学习目标的学习者界定为"学困生"。从严格的意义上来讲，这种对孩子的界定存在片面性。对于绝大多数学习者来说，之所以在学习过程中会出现学习困难，并不是由其与生俱来的本质决定的，而是因为他们在学习相关内容时，无法建立对这些抽象的学习内容的主观映像，这些学习内容成了抽象的知识。

学习者形成的学习结果，在大脑中可能有三种形态：一是抽象的知识形态；二是形象的知识形态；三是抽象与形象相结合的知识形态。对于抽象的知识形态，学习者在记忆这类知识时，主要依赖它们自身包含的复杂逻辑；对于形象的知识形态，学习者在记忆这类知识时，主要依赖它们对应的应用场景；对于抽象与形象相结合的知识形态，学习者在记忆这类知识时，则主要依赖知识的逻辑与场景的双向作用。对于遇到困难的学习者，通常就是因为他们在遇到某些具体的知识内容时，没有办法从自己的大脑中调用可以体现这些知识应用的具体场景。

创设学习场景，需要关注知识的不同形态。对于一些抽象的知识，譬如，在哲学层面上定义的"物质"，指的是在人的意识之外独立存在的、同时也能被人的意识反映的客观实在。对于这一概念，它描述的对象既可能是可见的，也可能是不可见的，但它一定是存在的，并不会因为人类的意识而被创造或消灭。在哲学上，创造"物质"的概念，主要是为了解释世界的复杂性与多样性。物质可以被看作构成世界的基本单位，即使是我们看不见的"空气"，其中也包含了构成它的多种不同物质。由此一来，要引导学习者理解"物质"的内涵，就可能会涉及宏观领域与微观领域，还会涉及物质的一些基本属性或延伸属性，如物质的可测量性、物质的可组合性、物质的空间占有属性等。

对于抽象知识，在理解其抽象性的过程中，同样可能会借助真实世界中的具体知识加以解释，并在此基础上逐步向抽象知识过渡。因此，在学校教育过程中，教师既需要关注如何让学生的认识从抽象知识向具体知识过渡，也需要关注如何让学生的认识从具体知识向抽象知识过渡。在这个过程中，提供学习过渡支持的刺激物，就是学习场景。我们可以将学习场景理解为学习者在认识外部世界的过程中需要依赖的刺激物。对于不同的学习者，他们在实践中遇到的刺激物并不一样，学校需要创设面向每一个学习个体的学习刺激物。但是，并非每一个学习个体都需要同样的刺激物。学校可以结合学习个体在认知过程中可能出现的学习困难，为他们提供符合其认知需求的场景支持，帮助他们更好地建立学习认知。

智慧化学习空间可以为个体提供适应性支持。学校在支持学习者学习的过程中，能够为其提供的是学习空间，而不是实际生活中的具体场景。学校创设学习场景，需要依附已有的学习空间。进入学校以后，学校能够给学习者呈现的直接形态是学习的场所，这些场所中有丰富的学习组件。然而，学习组件自身并不能转化为学习场景，需要教师结合学习者认知的需要，进行适当的设计。

学习场所是学习者可以直接进行学习活动的物化空间，但直接借助学习空间并不能获得可以帮助他们理解知识的各种学习支持条件，而是需要借助空间转化创设的学习场景的支持。学校提供的学习空间，尽管是学习者直接开展学习活动的场所，但它提供的却是间接的支持，因此我们将学习空间看作学习的中介物。学习场景并非学习者可以从学习空间中直接获得的，需要教师通过对空间中的不同组件进行转化，并结合具体的学习目标而变化。因此，相对于学校的具体场所而言，学习场景是间接存在的，但它又直接指向了学生的知识获取过程，是支持学生认识发生的直接刺激物。

在现代学习空间中，借助不同的学习组件可以设计不同的学习场景。对于不同的学习场景，可以赋予其不同的属性，建立不同的场景参数。学习者在学习空间中开展学习活动时，学习空间可以结合他们的学习行为，对其学习的整体状态进行判断，及时把握其认知困难，推送相应的学习场景，支持开展有针对性的学习活动。这种依赖于学习空间的支持并给予学习者差别化的学习场景刺激的过程，就是适应性学习过程。

以语文中的古诗词的学习为例，学习古诗词时，有的学习者在阅读了有限的诗词以后，就可以很好地理解和把握诗词的核心内涵，但也有一些学习者在阅读了大量诗词以后，也难以理解诗词的基本内涵。这与学习者的学习方式存在较大的关系。会学习的学习者在阅读诗词时，不仅仅试图弄清楚诗词中的每一个词语的意思，还会试图弄清楚作者在创作诗词时所处的历史背景。结合作者所处的时代、创作时的特定背景、参与的基本活动等特定要素理解古诗词，可以更好地领会作者创作时的情感，并能够真正领悟古诗词的价值。

诗人所在的历史朝代、诗人创作诗词时所处的特定环境、诗人的具体生活状态等，可以帮助读者更好地理解古诗词的文化意蕴。这里所说的历史朝代、诗人创作诗词时所处的特定环境、诗人的具体生活状态等，都反映了诗人的生活经历和文化习惯，可以被看作阅读和理解古诗词时需要提供的学习场景。基于对形成特定文化的历史场景进行还原，既可以帮助学习者理解特定文化形成的历史原因，也可以帮助其理解特定文化场景包含的丰富历史元素，促进认识的发生。

对于古诗词的学习，学习者会表现出理解的差异性。借助与古诗词相关的差异化场景设计，可以为学习者提供不同的学习切入视角，形成差异化的认知路径，推动他们更好地掌握相关内容，领会在特定的历史文化背景中，这些人为什么会以古诗词的形式表达情感，同时也可以理解诗人为什么会用古诗词的形式记录历史事件、描述历史生活，从而体会古诗词的文化价值，进而理解语言文字在促进文化传播方面的重要价值。

通过中国古代的语言与文字，我们不仅可以理解中华传统文化的底蕴之深厚，还可以理解中华优秀传统文化与当前文化之间的序贯性和脉络性，可以帮助学习者理解为什么需要学习中国语言与文字，如何通过语言与文字理解历史的沧桑、社会的进步、文明的形成等。当学习者建立了语言与文字的学习需求以后，就可以从中国古代博大精深的传统文化中，读懂中国，读懂实现中华民族伟大复兴的时代可能性与必然性。

现代课程标准强调要关注学习者的核心素养，通过不同的课程体系强化核心素养的不同维度。以语文学习为例，课程标准主张要借助"语文学习任务群"的构建，帮助学习者利用实践活动，直接面向个体的生活世界，在生活实践中建立"学习主题"，强化对语文课程的学习。构建学习主题，需要依赖学习场景，并将语文学习的目标与内容、学习所需的资源、学习者的生活世界、学习者认知的方法等统一纳入特定的场景中，通过设计特定的学习任务群，引导学习者基于生活、服务于生活，从生活世界出发，建立课程理解。

知识是相对于学习者而言的，在外部世界的各种不同刺激物作用于学习者之前，如果学习者没有对其形成部分或完整认知，那么这些内容并不能称为知识。学习过程是一个外部世界的持续刺激与输入、个体的适当吸纳与内化、领会与输出的过程。对于来自外部的充满了变化的刺激物，学习个体在观察和判断的时候，需要对这些刺激物进行辨别与区分，发现不同刺激物的相似性与差异，建立对外部刺激物的准确认知。只有当学习者能够弄明白来自外部世界的具体刺激物的某些特征，且能够对其做出相应的判断时，才表明学习者具备了相应的知识。

我们阅读的教材、各种著作等，都是其他个体关于外部世界的具体描述，是他们关于外部世界的认识。这些认识建立在不同个体与外部世界进行交往的基础之上，其认识水平取决于他们与外部世界的交互程度。如果学习者在学习过程中仅仅依赖教材、著作或者文献，他们的交往对象就可能会孤立于真实的生活世界。脱离了现实世界以后的学习，需要学习者借助抽象的思维逻辑理解形象的学习内容，并需要借助简单的、指向记忆和调用的练习形式强化学习，这种学习就难以帮助学习者建立长时记忆，学习结果也很难为他们的真实生活提供帮助。

现代学习空间提供的丰富学习场景，既可能需要依赖学校的物理场所，也可能需要依赖现代网络学习空间的虚拟场所，还可能依赖现代物联网技术连接远距离的真实场所。将学校搭建的学习场景和真实世界的现实场景融合，实现时空的跨越，不仅可以改变学习方式，还可以引导学习者在课程标准的框架下，跳出教材进行学习，推动其构建终身学习力。

现代科学技术持续发展，并逐步渗透到了人类社会生活的各个领域。尤其是20世纪中叶，航空航天技术取得了重要突破以后，人类社会的生产与生活方式发生了巨大变化。21世纪以后，现代科学技术更加日新月异，富技术的社会发展背景引发的变化，几乎改变了人类几千年来形成的生活范型，整个人类社会都处在持续的转型中。因此，需要结合社会的发展持续补充新型学习场景。

处于持续转型的社会之中，教育领域同样也需要不断适应社会不同领域的持续转型而改变。以互联网、大数据、人工智能、虚拟现实为代表的现代科学的发展，推动了人类各个领域的持续创新。持续升级的移动通信技术，持续增强的新型计算机集群引发的算力革命，增强现实与混合现实技术的突破，使得元宇宙技术也开始从研究走向应用。一系列新技术推动的社会革命，使得人类的未来生活场景持续发生变化，人类社会形成的基于旧场景的认知，也必然会逐步让位于新的场景。

设计符合社会发展预期的学习场景，一方面需要对技术发展有比较准确的预判；另一方面也要对未来社会的发展建立比较准确的预期。在现实的教育发展历程中，学校教育往往滞后于社会的发展，有的时候还存在学习内容过时的现象，尤其是在涉及科学技术相关内容的学习时，学校常常会教授一些已经过时的技术。学校教授过时技术的主要原因在于师资的缺乏。新的技术淘汰了落后的技术以后，对于全国广大教师而言，部分教师可能会难以适应技术发展的现实需求，无法快速掌握新技术与适应新变化。

学校在设计现代学习场景时，不仅要关注学习者的变化，在完成课程标准规定的不同课程学习任务时的需求，也要充分考虑到社会发展的现实变化，能够服务于教师成长的需要，设计有利于促进教师专业发展的场景，引导广大教师顺应社会发展的变革，主动提升和改变自己的能力结构和行为方式，不断提高教学设计水平。

在长期的学校教育过程中，学校设计的学习场景往往偏向于固定化与静态化。学校将部分学习场所用于构建学习场景以后，该场所往往会长期保持同样的场景形态。学校借助这些场景，满足了特定学科的教学要求，且这些学科相对也比较完备和成熟。但完备与成熟都是相对于学科的内容体系而言的，重视的是对该学科的基础性认识。对于学习者而言，如何将这些基础性认识转化成社会发展的推动力，如何将学习内容转化为解决社会真实问题的创造性源泉，仅仅依赖旧的学习场景往往难以解决。

诚然，掌握学科的基础性内容是学习者学习复杂内容的基本条件。借助基础性的学习场景，学习者可以掌握学科的一些基本概念或者原理，譬如，在物理学习过程中，利用力学的不同装置，可以理解加速度的存在、力与速度的关系、力和时间的关系等。借助化学实验装置，学习者可以理解温度、气压的变化，化学物质之间形成的不同反应，懂得燃烧、沉淀等基本化学现象及其涉及的化学规则。

基本的物理或化学属性，并不会因为社会的变迁而发生变化。但是，当人们对物质的认识发生了变化以后，就可以建立更多复杂的物理或化学模型，创造性地生产出新的符合物理或化学特征的物质或产品。现代航空航天技术的发展，使得人类对整个宇宙的认知都在发生变化，人类社会对新材料、新能源的认识，也将会导致人类的生产与生活方式出现重要变革。对于未来的学习者而言，他们的视野将不再仅仅局限于自己所处的生活世界的有限时空，可能会进入更加广泛的未知领域。

21世纪，我国已经组织了多轮课程标准的修订，这都是为了顺应时代发展的要求，让教育尽可能与社会发展保持同步。未来社会，对学习者核心素养的要求，也会持续发生变化，表现在与现代技能相关的素养方面将会尤为突出。今天，我们要求学习者应当具备的技能类核心素养，在不久的将来有可能会面临着被淘汰的命运。

国家颁布的课程标准,是学校教学的基本依据,也是学习者应该达到的最低标准。但从实践来看,目前许多地区或学校都将课程标准当作教学实践中的最高标准,有的学校甚至将全国统一考试大纲作为组织教学的基本依据。考试可以被用作检测学校教学质量的判断形式,如果学校教育将考试作为目的,那么其培养的人才就必然会违背人才发展规律,难以满足社会对高质量人才的需求。

纵观世界的科学技术发展历程,我们不难发现,在人类社会发展早期,我国的科学技术发展水平一直处于一个较高的层次,这与当时的实践者和研究者能够将研究的重心聚焦于教育解决真实世界的实际问题有很大关系。当前,我国基础教育领域十分重视基本知识和基本技能的教学,并关注学习者的学习过程与方法,重视引导学生学会探究。但是,如何将知识和技能转化成解决复杂问题的基础,需要构建现代学习思维体系。所谓学习思维,就是要在学校教育和社会发展之间建立逻辑关联,以学校教育支撑社会发展,以社会发展推动学校教育变革与创新。

建立课程标准,旨在明确人才的培养目标和人才规格,强调如何服务于国家战略,服务于各个领域的全面发展需要,形成完备的立德树人育人体系,强化"五育"并举的育人模式,引导个体建立正确的核心价值观,形成符合社会基本规范的必备品格,具备解决未来社会生活中各种复杂问题的关键能力。在落实课程标准的过程中,要重视对学生的一般性要求,也要关注其特质,能够主动发现并培养适应未来社会不同领域的专门人才,对学生进行个性化指导,丰富人才的结构与层次,为社会变革提供复合型的人才储备。

因此,持续优化和补充不同的学习场景,既是现实社会发展的基本需求,也是培养高质量人才的必然选择,还是实现国家长远发展战略的基本保障。以场景吸引学习者,用场景刺激学习者,借助场景帮助学习者,通过场景让学习者能够在学习内容和现实需求之间建立关联,进而形成现代学习思维,有助于学习者主动实现学习结果转化,主动思考学习内容的实践价值。

第 6 章
体现个性化的学习结果关联

在现代教育实践过程中，教育工作者普遍重视并长期思考如何关注学习者的个性化问题，但是对个性化内涵的理解又存在很大的差别。关于个性化的理解，大致有三种不同的视角：一是个性化的认知偏好，即要事先弄清楚学习者的个人认知基础，给予不同学习者差异化的学习内容，服务于其认知喜好；二是个性化的认知路径，即要充分关注学习者的学习风格与习惯，为不同的学习者设计体现差异的学习活动与过程，以达成统一的行为结果；三是个性化的发展目标，即要从未来职业发展角度，分析学习者的个人特长，引导他们在关注共性要求的基础上，进一步丰富和发展特长，提升专业技能。

尽管研究者对个性化存在不同认识，但是基本的意图是相同的，即在教育教学实践过程中要充分尊重学习者的个性化，在教与学的过程中设计体现个性化的学习行为和学习活动，帮助他们更好地达成学习目标。设计个性化的教学活动，前提是必须弄清楚学习者的个性化差异。在早期的纯粹依靠面对面的学习场所组织设计教学活动与教学行为的教育场景中，个性化通常仅仅可以作为一种理想。这是因为教师要试图分析和发现每一个学习个体的差异，除了依靠课堂观察以外，只能依赖对其不同课程考试分数的人工分析。然而，这一过程常常又会占用教师太多的时间，且即使教师获得了相应的分析结果，但是对结果的理解往往又依赖教师对数据的理解水平。因此，某些教师在实践过程中常常会采用简单化的处理方式，结合考试分数，将学生划分成不同的等级，并将主要教学精力用于获得高分的学习者，低分的学习者很容易被教师忽略。

现代科学技术的发展，使得学生的学习行为可以借助富技术支持的学习空间得到记录。学习空间可以记录学习者的学习行为轨迹，承载了大量反映学习者学习过程的数据。借助这些数据，依靠系统自身的数据处理能力与教师的数据理解能力，可以帮助教师了解学习者在学习过程中的学习时间投入、问题解决方式、学习结果的正误等情况。基于这些数据，教师可以对学习者可能存在的学习困难做出更加准确的分析和判断。

分析学习者的学习结果，不应当仅仅观察考试分数，还需要判断其问题处理能力。譬如，对于一些学科的基本概念，学习者需要能够对概念的特征及其关系做出判断。有一些概念，其中一个概念 A 包含了另外一个概念 B 和概念 C，此时通常称概念 A 为"属概念"，概念 B 和概念 C 是"种概念"。例如，数学中的"三角形""直角三角形""钝角三角形"，"三角形"是一个属概念，"直角三角形""钝角三角形"是种概念，"直角三角形"的特征是有一个角为直角，"钝角三角形"的特征是有一个角为钝角，"直角"与"钝角"指向的是两种特殊三角形的"种差"。学习者在学习这些基本概念的时候，不仅要能够从学科体系之内理解这些基本概念，在理解概念的同时，还要学会定义概念，并由此掌握"属+种差"的概念定义要领。

跳出固定的学科体系理解学习结果，从学习者解决复杂问题的角度判断他们的学习水平与个体间的差异，就是强调要以"高阶思维"作为衡量学习结果的标准。相较于高阶思维，学校教育过程中仅仅以培养学习者的知识技能恢复与调用能力为目标的学习，往往被看作一种低阶思维学习。低阶思维的学习活动，侧重于重复性训练，重视的是对学生解答学科问题能力的培养，因此教师在教学过程中常常会将主要精力用于大量习题的训练。大量的训练，对于提高学生的解题速度与正确率等有明显的帮助，但是这并不意味着大量的训练就是最为有效的学习方式。

重视对学习结果的再认识，建立学习结果之间的关联，最终解决的是如何在合适的外部刺激引起的高效反应与大量的外部刺激引起的有效反应之间建立新的平衡关系问题。譬如，在一间大房子里有一只蚊子，我们的目标是要消灭这只蚊子，如果采用喷药法，只要药物的量足够大，这只蚊子就会被消灭，但这可能会消耗许多药物，且对房子的环境造成了破坏,如果能够准确找到蚊子所处的位置并进行准确打击,产生的负作用就会较小。但是,在一个巨大的空间中找到这只蚊子本身就不容易,判断蚊子的生活习性、确定合适的时机并采用合适的策略就显得十分重要。

一个普遍存在的事实是,一些教师习惯通过布置大量的作业追求学生获得更高的分数,很多家长亦通过增加额外的辅导或补充训练等行为延长学生的学习时长。在长期的大学教学经历中,我们在与许多大学生进行交流后发现,许多能够稳定地获得较高分数的学习者,他们完成的练习训练总量并不多于其他学习者。实践中,我们还发现,有经验的教师通常更加重视教学过程设计,关注课堂教学效率,布置的作业量通常比新手教师要少得多。

作业是支持学习者能力提升的有效方式,但如果不对作业进行设计,就有可能会产生负作用:一方面表现为学习者因为沉重的作业负担产生学习倦怠;另一方面也会导致学习者因为消耗过多的精力影响身体健康。设计教学活动,就是要思考如何借助合适的外部刺激,促进学习个体产生高效的反应,而不是依赖大量的、无限度的、无节制的外部刺激来追求学习效果。在教学活动中,教师不仅要让学习者参与到学习内容的分析与处理过程之中,还要引导其建立学习内容体系的完整结构。完整的教学设计,既包括教学活动设计,也包括作业设计,还包括学习过程设计,其要点就在于思考如何让学习个体通过投入更少的学习精力产生更好的学习效果。

6.1 学习结果的呈现及其实践价值

表现在教学端,学习结果是教师在设计教学目标和教学内容时需要认真思考并期待学生最终达成的结果。表现在学习端,学习结果是学习者在经历了不同的学习活动后形成的可以用于解决外部真实问题的结果。依据学习结果的作用和功能，加涅将其分成了五种类型，即言语信息、心智技能、认知策略、动作技能和态度。[①]依据学习结果的作用对象，我们将学习结果分成两大类型，即知能型和心智型，前者指向了已知世界，后者指向了未知世界。依据学习结果的作用层次，我们也可以将学习结果划分成三大类型，即结构、关系、价值，其中结构主要指向了学习的具体内容及其构成，关系主要指向了不同内容之间的关联，价值主要指向了学习内容的实践应用。

6.1.1 学习结果的内涵及其结构

如何理解学习结果，对于家长、教师和学习者而言具有重要的现实价值。在学习者正式接受学校教育之初，教育利益相关的三方，尤其是家长与教师最好能够通过适当的行为方式，围绕什么是合适的学习结果进行适度沟通，建立统一认知。如果三者对学习结果的理解差别过大，就容易导致家长、教师和学生之间出现不和谐，影响教育质量。

学习结果是个体认识发生后建立的核心素养。和谐的家校关系是推动高质量教育发展的基本保障。随着我国教育普及率的不断提高，当前的学生家长接受教育的程度越来越高，由于接受教育的过程存在较大的差异，导致他们对教育的理解也存在较大的差异。随着社会的发展，家长对孩子的教育期待越来越高，他们习惯运用自己建立的教育思维对学校提出不同的教育要求，并建立了关于学习结果的不同理解。有的家长认为孩子只要能够完成大量的作业，就可能获得较理想的学习结果；也有的家长认为应当给予孩子更多的自由学习时间，宽松的学习氛围往往可以产生好的学习结果。

---

① R.M. 加涅，W.W. 韦杰，K.C. 戈勒斯等. 教学设计原理（第五版修订本）[M]. 王小明，庞维国，陈宝华，等，译. 上海：华东师范大学出版社，2018：50-56.

第 6 章 体现个性化的学习结果关联

【现象 1】 强个性家长带来的教育尴尬

某学校收到了来自教育主管部门的反馈,有家长匿名举报任课教师给小学二年级的学生布置了家庭作业。教育主管部门明确要求学校不得给小学一、二年级学生布置课外书面作业。当学校决定取消书面作业以后,大多数家长都对学校教师表示了不满,认为教师对学生没有尽到应有的指导责任,自己也不知道在家里如何指导孩子,于是不得不选择让孩子参加校外辅导班。

上述现象涉及多个方面的问题。对于学校而言,如何理解和执行国家或地方教育主管部门的有关文件?对于家长而言,如何理解学校的决策与具体的做法,并与学校保持良好的沟通?尤其是对于低年级阶段的孩子,学校与家长如何协同并设计合适的教与学的活动、课外活动等,让学生在活动中体会学习的乐趣,建立学习的兴趣,家校之间如何构建和谐的关系等,都需要进行系统的思考,并使其便于付诸实施。

在这里,有必要区分两个基本概念,即学习效果与学习结果。学习效果主要关注的是在进行了某些学习行为以后能否达到学习目标要求;学习结果主要关注的是通过学习行为以后达成的学习目标状况,是学习者形成的能够解决各种不同复杂问题的核心素养。如果抛开了学习结果谈学习效果,学习效果就会变得没有意义。譬如,在教学过程中,如果教师将大量时间用于指导学生进行机械的、无意义的记忆,在同样的时间,不同学习者能够记忆的内容在数量上会存在差别,一种普遍的认知是谁回忆的内容多,谁的学习效果就好。事实上,这种学习效果的高低并不会指向学习者的学习结果。

由于一些家长和教师将学习效果等同于学习结果,许多学校对如何教育学生、如何给学生布置适量的作业等缺乏系统的、准确的认知。有的学校在学生较低的年龄阶段就布置了大量的作业,学生的学业负担变得越来越重。群众对高质量的教育需求与教育实践行为存在的负担过重的矛盾,导致社会对教育越来越不满意,也使得学习者的学习幸福感出现了下降。教育主管部门不得不介入教育的许多具体细节中,通过建立专门的校外教育培训监管机构、出台作业设计与指导意见等,对学校和家庭的课外行为进行指导。

学习结果直接指向了学习者的核心素养，是其处理复杂的外部世界中各种问题的基本素养，既包括可以覆盖不同领域问题的元素养，也包括指向特定领域的真实问题的具体素养。元素养主要涉及价值观、认识论与方法论等层面，是学习个体在处理各种具体问题的过程中逐步形成的指向个体终身发展的关键素养；具体素养则涉及具体的学科领域，是个体为了解决特定问题，通过习得不同学科领域的知识或能力体系，并能够综合运用不同领域的知能表现出来的关键素养。

教师在设计教学活动时，需要考虑如何从核心素养的角度理解学习结果，表现在实践中，就是当学习者遇到具体问题时，无论是指向学科知能体系的问题，还是指向心智体系的问题，都应当能够较快地形成问题解决策略，并能够高效地确立解决问题的知识框架。

【现象2】 教师的片面性导致家校游离

某学校的班级群中，班主任老师专门"@"了几位学生的家长，说放学后他们的孩子在学校操场上打篮球，希望家长进行教育。家长都进行了回应，表示回家后会对孩子进行批评教育。私下里，这些家长对教师在群中点他们名的做法并不是十分满意，回到家中以后，他们也没有批评孩子，而是希望他们以后在打篮球的时候要尽量注意避开老师的视线，争取不让老师发现。

教育的目的就是帮助学习者构建核心素养，而核心素养又应当与整个社会发展的基本价值观保持一致。对于学习者而言，核心素养涉及多个不同的维度，譬如，我国倡导的"五育并举"的育人体系，强调从德、智、体、美、劳五个维度综合发展学习者的核心素养。学习者核心素养的五个维度是相互关联的，每一个维度的建构程度或水平都会影响其他维度的发展。实际应用中容易出现的一种现象就是过分重视"智育"这一维度，忽视其他四个维度。忽视"德育"维度，可能会将学习者培养成精致的利己主义者；忽视"体育"维度，学习者的身心健康可能会出现很大问题；忽视"美育"维度，学习者可能会缺少艺术情操与人文情怀；忽视"劳育"维度，学习者可能会成为社会的巨婴。

尤其是"体育"，是最容易被家长和学校忽视的一个维度。青少年学习者正处在身体发育的关键时期，他们天生活泼好动，借助体育活动中的集体主义行为，可以强化学习个体之间的交往。还有许多研究发现，通过体育活动，个体的大脑会分泌一种叫作多巴胺的物质。该物质可以让个体出现兴奋，释放压力。有的学校常常会牺牲学生的体育运动时间，甚至部分教师还会将学生参与体育运动看作个人的问题。这些影响孩子放松身心的做法，一旦引起了学生的反感，就有可能会导致他们对学习产生厌倦。

笔者在江苏参与的某次活动中，听到徐州某小学介绍了他们学校开展的"花式跳绳"项目。查阅该校的相关材料发现，这所学校在20年前差点就办不下去了，但学校新的管理者上任后，力求改变学校的现状。2010年起，学校创建形成了"花式跳绳"办学特色，不单让学生练跳绳，还开设了跳绳知识课、欣赏课和技能课等，跳绳成了学校的文化，还开设了"绳技"与"绳艺"课程，创建了30余种基础跳法和300多种花样跳法，并录制了200多段花式跳绳微课[①]，学校学生的视力不良率与身体肥胖率等指标都远低于该地区的平均水平。2017—2020年，该校学业质量调研一直位列全县村小"第一方阵"，坚持了10多年，学校基本上实现了学生近视率和肥胖率均为零。[②]

学习结果可以通过学习目标与内容进行阐述。学习目标是学习者完成了学习行为之后应当达成的学习结果的概括性描述。这既可以从学习结果的范围方面进行描述，如语文教学中，当学生学习完了一个单元以后，可以从该单元的关键主题、出现的主要生字词、主要写作特征、主要修辞手法等方面来描述目标；也可以从学习结果的达成要求方面进行描述，如哪些内容要求学生能够背诵，哪些内容要求学生能够默写，哪些内容要求学生能够掌握其应用的不同领域等；还可以参照一些学习理论中关于目标的描述方式来概括学习目标，如布卢姆认为认知领域的学习目标可以从知道、领会、应用、分析、综合与评价[③]六个层次进行描述，威金斯

---

① 林培. 解码骑路小学，一根跳绳的"魔力"效应[EB/OL].（2021-04-23）[2024-03-25]. http://edu.jschina.com.cn/jy/ 202104/t20210423_7059362.shtml.
② 江苏省教育厅. 为党育人　为国育才——江苏高标准建设教育强省[EB/OL].（2021-11-26）[2024-03-25]. http://jyt.jiangsu.gov.cn/art/2021/11/26/art_57807_10125939.html.
③ B. S. 布卢姆等. 教育目标分类学　第一分册　认知领域[M]. 罗黎辉，丁证霖，石伟平，等，译. 上海：华东师范大学出版社，1986：59-180.

等认为可以从解释、阐明、应用、洞察、神入与自知[①]六个侧面描述学习的目标，马杰认为进行目标编写可以同时体现对象、行为、条件与标准[②]四个基本要素。

如何理解学习的目的，会直接影响对学习结果的判定。学习结果是学习者完成了学习任务后形成的结果，通过学习者的行为能力才能体现出来。因此，在描述学习结果的内涵时，可以从以下几个方面进行思考：一是学习结果直接指向了现实问题的解决，且可以体现出强度与层次差别；二是学习结果的形成过程，需要伴随着学习者的问题解决过程，不能脱离现实问题，也不能仅仅依赖抽象性思考或训练；三是可以通过学习者解决问题的思考行为方式、采用的具体问题解决策略等来判断学习结果的强度。

以语文教学为例，如果要判断学习者在学习了某篇课文以后形成的学习结果，就不能够仅仅以其能否背诵或默写课文作为衡量依据，而应当关注学习者学习后的行为能力的变化：一是是否具备了阅读同等难度文章的能力？二是在阅读文章的过程中，能不能分析和判断作者创作该篇文章的主要背景或写作意图？三是能否借助合适的工具或者方法来帮助自己增进对文章的理解？四是能否从一篇课文的学习中，体会到这篇课文与所在学习单元的关系，理解教材编辑者选择这篇课文用于本学习单元的意图？五是能否进一步从一篇课文的学习，形成主动学习整个语文单元的意愿，并能够比较本单元中不同课文的设计意图？六是能否借助本单元的学习，形成模仿、借鉴、突破的写作能力，高质量阅读的能力，学习与探索传统文化的能力，以及继承、创新与发展新文化的能力？

借助上述例子，我们可以从结构的视角来理解学习结果。所谓结构，是指学习者为了达成学习目标，需要学习的特定内容。特定的学习内容，通常又包括许多具体细节，教师习惯将细节内容称为"知识点"。当学习者完成了所有的知识点的学习以后，才有可能达成相应的学习目标。如果在教学时忽略了某些具体的知识点，学习者就有可能出现知识欠缺，导致他们在面对具体问题时无法建立知识的联结。

---

① 格兰特·威金斯，杰伊·麦克泰格. 追求理解的教学设计（第二版）[M]. 闫寒冰，宋雪莲，赖平，译. 上海：华东师范大学出版社，2017：92-118.

② 转引自乌美娜. 教学设计[M]. 北京：高等教育出版社，1994：141-142.

借助学习目标和学习内容可以阐述学习结果，但是如果仅仅通过目标和内容的陈述来判断学生的学习结果，学校就有可能培养出大批"高分低能"的学习者。分数是可见的，而能力通常是隐性的，分数通常会被用作衡量学习者是否可以进入更高的学习层次的门槛。因此，家庭和学校往往忽视了隐性的能力而片面追求显性的分数，却没有意识到隐性的能力是获得显性分数的重要支持条件。

进入真实的问题场景以后，外部的不同刺激物会共同作用于学习者的不同感官，这些刺激物可以激活不同感官共同参与作用。学习者能够在特定的场景调用已有的知能体系，如果在解决问题的过程中遭遇困境或者形成认知冲突，他们就会不断思考如何跳出这些困境，如何解决这些冲突，并由内而外地产生解决问题的意愿。此时，借助新内容的学习，学习者就可以达成更加高阶的学习目标。学习的具身参与感、沉浸体验感，可以让学习者的不同感官从各自独立的工作状态转向联结的工作状态，让学习者在学习过程中获得成功学习体验，并最终转化为显性的高成就分数。

学习结果可以大致反映不同个体的能力差异。个体的差异是一种现实存在，学习就是要帮助学习者消除差异，但是一个阶段的学习任务完成并消除了某些旧的差异以后，学习者的学习结果必然还会出现新的差异。在特定的教育阶段，理解差异的意图在于帮助学习者消除差异，而不是为了发现差异以对其培养层次进行区分。

要比较甲和乙两名学生的长跑水平，最合理的测试方式就是让他们进行一次实际的长跑活动，通过测量两者跑完同样路程花费的时间来判断他们的速度差异。我们可以将长跑需要具备的特定技能转化成知识体系，如长跑的技巧、长跑的用力或发力方式、长跑的身体保护、长跑训练的时机等，并将其作为学习者的笔试考核内容。不排除跑得慢的学生的答题分数水平有可能会比跑得快的学生更高，如果赋予笔试成绩与实际测试结果不同的权重，甚至有可能会出现跑得慢的学生的总评成绩高于跑得快的学生的现象。然而，在国际体育比赛中，一定会将奖牌发给跑得快的运动健儿。

从甲和乙分别通过不同的学习行为提升长跑水平来理解什么是学习结果，我们就不难理解，如果仅仅通过笔试分数来衡量学习结果，显然难以对学习者做出准确的判断。依然以长跑为例，对于一些普通的个体来说，不排除速度稍微快一些的学习者对运动知识体系的理解要弱于速度稍微慢一些的学习者。但是，对于高水平运动员来说，当能够稳定地保持高水平的运动状态以后，他们对运动知识体系的理解自然会高于普通学习个体。我们甚至还会发现，在经历了真实的运动过程以后，他们还能够细化书本知识，并对书本知识中可能会影响运动效果的知识内容进行修正。

再以物理学科为例，每一个学习者都能够轻松地背诵一些基本的物理概念或公式，但是，当碰到物理问题或现象时，常常会出现不同的反应。对于一些常见的物理现象，许多学习者往往很难给予合理的解释。譬如，自行车在行驶的过程中为什么能保持平衡？如何对行驶的自行车进行受力分析？学习了力学的基本知识以后，如果让学生对自行车进行改造，或者分析如何使用多用途的自行车，学习者能否准确区分平地骑行和爬行时如何巧妙地使用多用途的自行车？

基于问题解决的需要理解学习结果，就是要让学习者能够明明白白地学习，从解决真实问题的现实困境出发思考学习中存在的真实困难，在后续的学习过程中可以确保发力的方向正确。理解了学习者的真实差异，并发现其形成的关键原因，教师才能够为学习者提供合适的教学支持策略，提供适当的指导，让他们发现自己在具体内容的学习过程中存在的真实困难，结合学习差异存在的真正原因形成学习路径，不断突破这些困难，逐步领会学习内容，实现学习目标。

在当前的教育实践中，也可以找到无数的例子证明，一些学校通过封闭式的管理，迫使学生投入大量的时间和精力，借助大量的练习与训练，让学生获得较高的分数。如果对这些学校采取的措施进行深挖，就会发现其存在"马太效应"。有的学校在采取了某些新措施，学生的成绩出现了大幅度提高以后，学校的声誉与影响力都会得到提升。部分学校为了维护声誉并保持持续增长势头，借助公办与民办等不同办学方式，并采取"掐尖式"招生方式，抢夺不同地区的优质生源，一旦拥有了大量的优质生源，学校在各类考试中占据高分段的学生比例就可能会大幅度上升。

一种现实状况是，如果部分学生不被外地学校"掐尖式"抢夺，在本地区的学校中，他们同样有机会获得比较高的成就分数。"掐尖式"的招生方式对高分段的学习者的影响并不是太大，却有可能会导致另外一批学习者受到意外伤害。名校的光环笼罩学校后，那些处在中位水平甚至低位水平的学习者就可能需要承受更大的学习压力。他们有可能会为了获取高成就水平而付出更大的学习代价，甚至可能会超越自身的身体极限，导致学习韧性呈现下降趋势。

追求统一的高水平，是教学设计的核心指向。但是，统一的高水平并不代表学习者会获得统一的高成就分数。统计学研究早已证明，只要是一个自然群体，在对其学业水平进行测试以后，结果都会大致呈现正态分布。通过教学设计可以提升学习者的成就分数水平，但是对于一个自然群体而言，在接受新的考核以后，其学习结果依然会符合统计学的分布规律。相较过去的成绩分布，改进后的教育过程，学生的分数分布规律不会出现根本改变，但群体的平均分数水平一定会获得大幅度提升，表现在国家层面上，就是全面提升了全体国民的综合素质。

学习结果是学习者的结果，而不是家长或教师的结果，但学习结果可以反映教师的教学水平，甚至也可以反映家长的水平。现代社会，在评价人才质量的过程中，越来越关心人的全面发展，关心学习者在不同维度的综合发展。衡量学习结果，绝对不能将学习结果中的不同维度割裂，不能片面追求"智育"维度的发展，更不能片面追求知能体系的高成就分数，而忽视了学习者其他维度的发展，否则学习者一旦出现了其他维度的缺失，就可能会因为"短板效应"而出现成长性障碍。

6.1.2 学习结果的表达及其关系

在学习过程中，如果将学习结果仅仅界定为学生需要掌握的不同知识点，只是关注如何帮助学生建立指向学习目标的具体的知识点的"结构"，学习结果可能会具有一定的完整性，却缺少关联性。不同学习内容之间缺少关联，对于学习者来讲，形成的知识体系就可能是相对孤立的、零碎的。如果学习者建立了大量零碎的知识体系，而不能够建立知识体系之间的关联，就不容易形成稳定的知识结构。

世界具有普遍联系性，同时也具有相似性。在学习过程中，如果学习者能够建立不同学习对象的联结，那么就有可能借助某些熟悉的学习对象理解未知的学习对象，实现学习的迁移。我国课程标准一直强调要注重课程学习内容之间的联系，既包括学科内不同学习内容之间的联系，也包括不同学科之间的学习内容的联系，还包括学习内容和完整的育人目标之间的联系。

强调联系，就是要引导学习者不仅能够建立不同学习内容的结构，还要强化结构内与结构间的关系。所谓关系，可以理解为基于特定的法则建立的联系。譬如，在数学学习过程中，学习者需要掌握一些基本的运算规律，弄清楚加减乘除运算，还要能够理解如何进行四则混合运算，其中加减乘除就构成了不同数值之间的关系。懂得了加减乘除的基本运算规则以后，学习者还要进一步弄明白在什么样的情况下可以运用加法，在什么样的情况下需要运用减法、乘法和除法。

【示例1】 如何理解数值的关系

2010年12月，A国组织了一个包括10人的代表团前往B国考察，代表团到达对方国家时，当地的温度为15℃。已知B国考察地日常使用华氏温度报告天气情况，请问该国当时的华氏温度是多少。

如果将本示例提供给小学四年级的学生，并提供华氏温度与摄氏温度的转换公式，他们是不是就能够轻松地理解如何计算呢？在上述示例中，存在多个不同的数值，其中包括月份、人数、温度等。提供了转换公式，绝大多数学习者能够理解"温度转换"这一关键要求，且很快就能够理解必须用示例中的摄氏温度和华氏温度进行转换。如果回到具体的学习过程中，我们就会发现，在小学阶段还存在一些学习者，他们对基本概念无法形成清晰的理解，可能会将示例中的所有数值都进行转换，包括示例中描述月份或者人数的数值，都有可能会被转化成华氏温度的数值。

理解学习结果的关系有助于建立学习一致性。学习结果既不是无限学习内容的简单叠加，也不是若干学习单元的简单集合，应当是学习内容及其关系的复杂性组织结构。对学习结果关系的理解，已经成了学校教师设计教学活动关注的核心要素之一。譬如，在学科教学中，对于一些新的学习内容，教师常常会让学生从已经习得的学习结果出发，进而引导他们思考两者之间的联系。

万事万物之间存在联系，但并不代表所有的联系都可以用因果关系进行描述，还可能存在着某些特定的关系法则。在实践中，还有一些事物之间也存在某些联系，甚至这些联系遵守特定的关系法则，但有的关系法则可能难以用准确的、特定的语言形式进行表达，难以构建完整的数量关系。譬如，一个存在破损的小系统，如果不进行修补，就有可能会在一个关键的时间节点出现突变，转化成一个更大的故障系统。这里存在着一定的因果关系，甚至也存在着某些数量关系。但对于绝大多数非专业的人来说，他们可能并不容易发现其中包含的数量关系，只能简单地说明这一现象背后存在的因果关系。

以数学学习为例，学习勾股定理等数学原理，此时学生存在的学习困难可能并不在于理解勾股定理本身，而在于他们不能够进行熟练的数学运算。一旦学生无法进行熟练的数学运算，甚至不懂得如何进行数学运算，那么他们在运用勾股定理进行求解的过程中，就有可能会出现许多错误。我们可以发现，数学运算能力直接关系到后续的数学定理的学习。在数学运算方面，部分学习者进行数学运算的主要困难可能在于没有完整地掌握两位数的乘法，尤其是在数值出现了"0"等特殊字符时，更容易出现错误。

并非所有的学习过程中学习者都会遇到学习困难。如果教师设计教学活动时，没有关注所要学习的内容与其他内容的相互关联，或者说该内容与其他内容的关联度并不高，甚至完全以一个纯粹孤立的体系设计并组织相关内容的教学活动，只要教师采取的方法得当，不排除经历了适当的学习过程以后，学习者也可以顺利地掌握学习内容，达成学习目标。但是，对于相对孤立的学习体系，即使学习者可以建立与其相应的认知，但通常都只会在短时记忆系统中保留一定的痕迹，当给予学生稍微复杂且需要他们建立关联的任务时，学生就有可能会遭遇新的学习困难。

经历了一定的学习过程以后，学习者常常会表现出不同的学习结果，并会通过结果商数反映出来。所谓结果商数，是指学习者在完成了学习任务以后获得的成就分数水平与社会或国家对其期待的水平的比值。结果商数越高，表明学习者形成的学习结果得到社会认可的程度越高。

出现学习结果商数差异的根本原因在于，学习者对目标理解、过程理解与方法理解的不一致性。每一个个体都有关于外部世界的基本看法，形成了自身特有的认知基础。个体的认知基础是支持他们实现新的学习目标的基本条件。只有建立了新的学习目标与已有基础之间的联系，学习者才能利用已知理解未知，进入更高的认知阶段。

强化学习结果的关系有助于促进学习迁移。学习结果是综合性的，从不同的层面理解，有不同的内涵，但这些内涵中都充满了丰富的关系。从学科层面来看，学习结果涉及课程标准规定的不同层面；从素养层面来看，学习结果涉及学生形成的学科核心素养；从能力转化层面来看，学习结果涉及言语信息、心智技能、认知策略、动作技能或态度等不同方面，既可能是为了帮助学生理解一个简单的概念，也可能是为了帮助学生掌握某些特定的原理或规则，能够运用规则解决各种不同的复杂问题。譬如，在人的成长过程中，许多个体从学会说话到认识文字，到能够准确地理解词汇、准确组词并积累词汇，能够通过合适的方法对词汇进行组织并形成准确的句式表达，进而能够形成连贯式的完整文字陈述，再到能够组织比较完整的文章或论述等，每一个环节都需要依赖前一个环节奠基，需要通过前一环节形成的学习结果促进新的学习结果的生成。

学习结果之间的关联，既可能出现在学科之内，也可能出现在不同的学科之间。学习者在学习过程中存在的知识理解困难是不一样的，不能理解相关表达不足是出现困难的重要原因之一。譬如，在小学数学的除法内容中，对于"除"和"除以"两个概念，学生常常会出现混淆。对于"除以"这一概念，就是语文学习中的"意动用法"。韩愈的《师说》中有一句："今之众人，其下圣人也亦远矣，而耻学于师。"这里的"耻学于师"就是一种意动用法，即"以学于师为耻"。"A 除以 B"，就是以 B 去除 A 的意思。在学习内容的设计中，数学中的"除""除以"的学习安排在意动用法的学习之前，因此教师在引导学生理解"除""除以"这组概念的差别时，就要避免以意动用法作为基础而忽视学生的认知基础。反过来，在引导学生理解意动用法的概念与应用时，则可以借助"除""除以"来帮助学生理解其间的关系。

再如，"动之以情，晓之以理"与"除之以B"具有高度的同义性。延伸到数学领域，可以进一步改变描述，如对于数100，除之以4，商为25，等同于用4去除100，商为25；除之以5，商为20，等同于用5去除100，商为20；除之以10，商为10，等同于用10去除100，商为10；等等。通过类似的表述转换，引导学生结合实例学会表达，并进行不同表述的转换训练，就可以让学习在数学概念、概念内涵、实践应用之间进行完整的切换，逐步建立概念的关系。

对于某一个特定学科的学习，如果仅仅局限在学科内，学习者的视野可能就会限制在学科内部。当前的教育领域越来越重视学习者的综合素养，而综合素养一定会涉及许多不同学科，以跨学科的思维理解不同学科，并以学科贯通的视角理解学科学习，就可以让学习者在学习中体会到学习的价值，建立学科内与学科间的联系，推动已有学习对后续学习的影响，促进学习迁移的发生。

以数学学科为例，在数学课程标准中，为了帮助学生理解几何直观，发展学生的空间观念，标准举例建议[1]，可以引导其学会描述从学校回家的路线，绘制相应的路线示意图，理解不同的方向和主要参照物等。对于这一示例，教师既可以照搬于教学之中，帮助学生建立相对直接的空间感，也可以尝试将其和"数对"这一内容的学习结合起来，形成直观与抽象的结合。考虑到当前存在一些学生的家校位置、距离等比较复杂，空间位置关系描述困难等具体情形，教师也可以适当对任务进行转换，譬如，从学校内的局部空间、校内外的有限空间等出发，引导学生理解并形成数学的核心概念。

在学习数学的时候，如果仅仅从数学的角度理解数学，可能还是比较片面的。当前存在的一个基本现实是社会上的许多成年人建立的空间位置概念都不是特别清晰，尤其是在涉及东、南、西、北等方位关系时，许多个体都存在认知盲区。在空间观念的培养过程中，如果能够让学生将身边的基本参照物、道路等关联起

---

[1] 见《义务教育数学课程标准（2022年版）》中的"例35"。

来，并能够结合前后左右、东南西北等方位词，辅以地图等其他能体现地理位置关系的工具，学习者建立的空间观念就不再仅仅局限于学科层面，也不仅仅会停留在数学题目的解答层面，而是会跳出学科的框架，进入真实世界。由此建立的空间观念，甚至可能会启迪学生思考一些更加现实的问题，譬如，对于电子导航系统，如何做到既能够反映空间内不同物体的水平位置关系，又能够反映垂直位置关系？

用学习迁移的视角设计和组织学习活动，就是为了帮助学习者学会在尊重并建立关于已知世界的相关知识的同时，能够主动地从所用的视角出发思考并理解所学，结合自身成长的需要与现实发展的需要进行学习，避免过分强调简单知识内容的识记而忽略了学习的本义。

重视学习结果的关系有助于提升学习的品质。在前文的论述中，我们从不同角度对学习结果的内涵进行了分析。归根结底，学习结果是经历了学习行为以后产生的结果，是通过参与不同学习活动并经历了系统思维以后形成的、能够支持学习者在实践领域遭遇各种复杂问题时有效应对的复合能力体系。学习结果既能够反映学习者对已有世界的认识水平和程度，也能够反映学习者处理未知世界问题的能力。

在教育实践过程中，不同认知主体对学习的理解不一样，对学习结果的追求也会各不相同。许多家长将学习结果理解成孩子在班级中处于一个较高的分数水平。从教育的意义出发，学习的结果应该是帮助学习者获得理想的结果商数。

理解学习结果商数，既可以以"社会期待"作为观察标准，也可以以"国家期待"作为观察标准。社会期待主要依赖于经验，是人们对学习者在同群体中所处的相对位置的期待；国家期待则以课程标准为基础，是国家课程标准对学习者提出的基本目标要求，关注的是学习者达成国家标准的基本程度。瞄准了课程标准理解结果商数，就是要重点关注学习者对课程标准要求的具体目标的落实情况，关注学习者的特定核心素养的形成情况。如果过分重视社会期待理解结果商数，就有可能导致家长过分关注学习者的分数及其排名情况，忽视对导致学习者排名落后的主要学习困难的分析与判断，提供的支持或帮助也有可能难以推动他们消除已有困难，甚至有可能使其陷入新的学习困境。

"品质"是一个复杂的概念，在实践中，难以用一些简单的数值对个体的"品质"进行量化，但品质又是描述个体的一个特别重要的概念，可以从个体在遭遇问题的过程中对待问题的态度、数据采集与分析能力、推理与决策能力、形成最终结论的能力等不同方面，对其品质做出综合判断。提升学习者品质的首要条件，是让其经历有品质的学习。每一个个体都是社会的构成单元，既是推动社会进步的基本要素，也是需要社会提供保护的对象。从社会构成的视角理解个体，理解个体的学习对社会的价值和意义，可以为设计有品质的学习提供支持。

有品质的学习，首先应当是有利于促进个体健康成长的学习。个体进入社会以后，就成了重要的生命体，生命的意义就在于健康成长。一切学习活动与行为都要充分考虑到学习个体的身体、生理与心理等因素，有利于其以健康的方式获得成长机会。其次，应当有利于促进社会文明与进步，抛开个体就没有社会，离开了社会，个体也将不复存在。借助学习，个体应当领会并形成与社会发展相适应的共同价值观，形成健康的生活方式与文化习惯，能够用社会基本规范和公序良俗约束自己的行为。最后，应当有利于个体持续适应社会的变革。个体所处的外部世界具有持续变革的属性，学习也是为了适应外部世界并能够更好地生活。在和外部世界交往的过程中，面对各种复杂的变革，个体需要具备一定的韧性，能够以积极的姿态对待外部的变化，通过完善自身的能力结构持续适应变化。

在特定的学习活动中，学习者形成的新的学习结果与其已有能力结构之间也许存在着形式上的偶尔独立性，但是从个体的成长角度来看，联系是必然的。基础教育课程改革中越来越重视跨学科的研究，并倡导通过设计项目化学习、单元化学习等不同形式来改变教育教学实践过程，广大教育工作者也越来越重视提升教学设计能力。学校教育以分科的方式组织不同内容的学习，但是学生形成的学习结果，最终会以综合的形式表现在他们的问题处理能力中。譬如，在观察自然的过程中，如何运用语言和文字表达自然之美，如何判断不同景点所处的地理位置，如何理解构成自然之美的不同动植物之间的生态关系，如何区分自然界不同植物的开花时节，等等，就涉及语文、地理与生物等不同学科的内容。

有品质的学习是指向学习个体的生活世界的，用生活的逻辑理解学习，学习才能够为生活提供服务。学习个体的品质会通过处理具体问题的过程自然地体现出来。学习既可能是为了帮助个体适应已有的生活世界，也可能是为了帮助个体适应变化的生活世界并持续形成新的生活技能，还有可能是为了帮助个体学会革新旧的生活样式并创新生活形式等。在推动学习个体创新思维方式、创新生活制品形态的过程中，如果教师对已有的生活世界毫不知情，对当前的生活世界具备的基本条件及存在问题等做出的判断不准确，那么学习个体的创新就无从谈起。

6.1.3　学习结果的应用及其价值

仅仅通过考试，大致可以判断学习者对相关知识点的接受程度，却不一定能反映他们对知识点的理解深度，学习结果只有通过应用才能彰显价值。

首先，理解学习结果的应用层次，便于设计合适的应用活动。学习结果的应用，可以区分为不同层次。第一层次是模仿性应用，即当学习者完成某一特定的知识点或单元学习以后，能够模仿知识点表达的观点，参考教学中出现的示例进行相应的练习，并通过练习体现其掌握程度，这是一种简单的应用。第二层次是转化性应用，即学习者在完成了某些知识点和知识体系的学习以后，能够实现知识点的转化，从真实的生活世界寻找现实问题，发现相似性，运用所学解决生产或生活实践中出现的基本问题。第三层次是创变性应用，即在面对复杂的生活现象时，为了理解这些现象及其中可能存在的问题，他们能够综合分析并寻找处理这些问题的办法。对于这类问题的处理，既可能需要运用某一特定学科中的不同知识点，也可能需要综合运用不同学科涉及的相关知识点。

其次，注重区分不同的课程教学形态，设计不同的应用活动。在日常教学实践过程中，对于新授课、实验课与复习课等不同的课程教学形态，往往需要运用不同的方式来组织相关内容的学习。对于新授课的学习内容，通常需要结合学生的已有认知寻找一个恰当的切入点进行引导，譬如，可以通过创设合适的情境、设计相应的场景等，帮助学生建立已有学习与新内容之间的联系，促进学生的学习。对于实验课的学习，常常需要学习者将理论和实践结合起来，既有可能通过实验发某些现象，进而寻找其中包含的相关理论知识，也有可能通过理论知识的学习，借助实践去验证和理解。

从当前许多学科的教学来看，最难设计的往往是复习课。在实践中，许多教师组织复习课的时候，往往先进行简单的概括，再引导学生通过重复训练的方式完成一些练习。如果把复习课简单地理解成一种单元学习的小结课，那么学习产生的价值就有可能会停留在某一个特定的单元。好的复习课应该有助于学生建立学习内容之间的联系，既包括单元内的联系，也包括单元间的联系，甚至还有可能会涉及不同学科之间的联系。借助不同学科的复习课，可以帮助学生加深对学习结果的理解，提升学习应用的层次和价值。

对于复习课与日常教学，在具体的教学方法方面存在着许多具体差别。在日常新知识的教学环节，教师组织和安排适当的活动，主要是为了帮助学生理解一些基本概念或规则，逐步形成对概念及概念体系的理解。在复习课的教学之前，学生已经具备了一定的知识基础，形成了对基本概念的理解，建立了基本的知识体系。复习课不是课程内容的简单重复，不是同一内容的二次教学活动，而是对概念关系的理解与重构。教师不仅需要帮助学生理解知识体系的关系，还要引导学生理解概念的差别与价值，使其能够运用所学知识解决一些复杂的问题。

【示例 2】 如何计算 $\tan 22.5°$

在南京一所初中的数学复习公开课，老师要求学生结合折纸这一方法复习函数相关知识，其中有一个环节是要求学生计算 $\tan 22.5°$ 的值。

在上述数学复习课中，教师首先引导学生回忆关于折纸的一些主要特征，如重合、平分角等，然后结合折纸的方法，引导学生思考如何能够完成函数知识的学习，并能够计算一些特殊值。

在复习课中，学生解决问题的方法很多，图 6.1 和图 6.2 是从课堂中学生解决问题若干方法中选择的两种方法。两种解法的共同之处在于，让学生结合正方形通过对折的方法形成对角线，并继续对折得到 22.5° 角。

图 6.1　计算方法一　　　　　　图 6.2　计算方法二

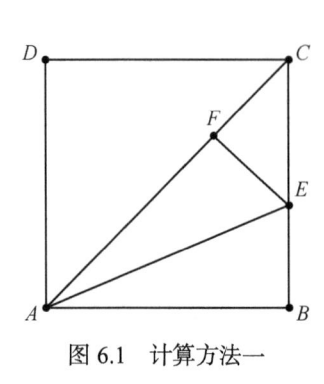

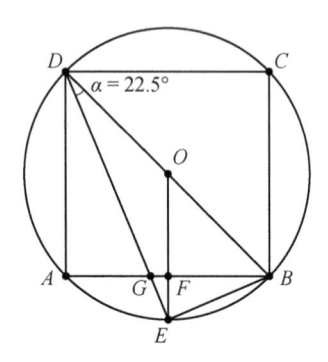

图 6.1 中的计算方法是班级中大多数学生的解法。在解答过程中，假设 $EF=x$，那么 $EC=\sqrt{2}x$，$BC=(\sqrt{2}+1)x$，由此可以得到

$$\tan 22.5° = \frac{BE}{AB} = \frac{x}{(\sqrt{2}+1)x} = \frac{1}{\sqrt{2}+1} = \sqrt{2}-1$$

在计算方法一中，学生利用折纸方法，可以很方便地得到 22.5° 角，这是解题的基本条件。因此，对于学习中可能存在困难的学生，教师需要引导他们分析折纸的特征，进而思考其中包含的数学知识，并逐步聚焦到"函数"这一数学关系中。

在这一次的公开课中，班级里有 1 名学生运用了图 6.2 所示的计算方法：首先，画一个正方形 $ABCD$ 的外接圆；其次，可以得到若干关系，并可以推断出 △BEF 是直角三角形，且 $\angle EBF=22.5°$。假设正方形的边长为 1，则圆的半径为 $\frac{\sqrt{2}}{2}$，$EF = \frac{\sqrt{2}}{2} - \frac{1}{2}$，$BF = \frac{1}{2}$，于是可以得到 $\tan 22.5° = \frac{EF}{BF} = \sqrt{2}-1$。

在公开课中，教师显然是没有预料到有学生会选择第二种解法，于是当学生提出自己的解法时，教师一直保持对该学生的追问，通过追问的过程不断理解该学生的解题思路。从公开课的现场来看，该生的解题思路与教师的预设存在不一致性，所以教师一直在追问，并且用了超过预期的时间让该生完整陈述了解题的思路。尽管最终没有完成预定的教学任务，但可以看得出来，教师并没有为了赶任务而选择放弃对学生进行追问,而是让学生完整地呈现了他的思维过程。可以看出,教师改变了自己预设的教学进度设计,因为他可能已经意识到该生的这一解法可以帮助其他学生理解内容之间的关系,可以提升学生解决复杂问题的能力和水平。

将此例子复述于此,主要意图并非说明在学习过程中需要引导学生形成解决问题的多种不同解法,而是要借鉴在该次课程教学中学生形成的两种基本解法,提供一些关于理解"学习结果"的再思考。如果仅仅是从解题并得到结果的视角看两种解法,显然第一种解法更容易为大多数学生理解,解题的效率也往往更高。但就课堂观察可以发现,对于第二种解法,该生自身在形成该解法时并没有花费太多时间。教师在引导他陈述解法时虽然花费了多于预期的时间,但从观察者的视角来看,笔者认为该时间的花费是值得的。

教学的时间是有限的,教师分布在每一个单元或知识点中的教学学时都是有限的。如何发挥有限时间的效能,帮助学生提升学习结果的效用和价值,是教师在设计教学活动、组织安排练习和引导学生运用所学知识解决复杂问题时需要考虑的关键问题。无论是普通的新授课还是复习课,教师都需要关注在本次课程的学习中学生应该取得何等层次的学习结果,尤其是指向不同应用层次的学习结果。一节好的复习课,不在于课堂中学生完成了多少题目的解题训练,而在于学生能否从有限的训练中进行知识的迁移。

体现综合运用的应用活动更能彰显学习结果的价值。所有教师几乎都能理解合适的应用对于促进学生学习结果的影响,譬如,通过解决来自真实世界的复杂问题,可以检验学生的认知程度。观察实践领域优秀教师的做法,不难发现,他们在设计与组织教学活动的过程中,常常会充分调动学生的注意力,重点关注学生存在的困难,结合真实世界的实例,引导其学会表达和思考。但是,由于对引入了实践领域的真实问题以后形成的学习范式的思考不足,广大教师在设计具体的体现了变化的教学活动时存在困难。于是他们常常会将难以变化的原因归于考试等特定压力,不愿或者不敢进行教学变革,习惯沿袭旧的教学范式。

一部分教师认为,一旦设计了体现综合应用的学习活动,就容易导致学习者的精力分散，甚至有可能会导致考试分数降低，拉低学习者的结果商数。系统比较当前学校的教育现状，不难发现存在一些重要事实：来自发达地区的学习者接触的外部世界，似乎要远远比一些偏远地区学校的学习者更丰富。不同地区的教师采用的教学过程和方法也存在较大的差异。对于一些偏远地区的学校而言，当教师开始进行教学变革，并注重引导学生接触更加广泛的外部世界时，学校的整体办学水平和发展进程的提升速度也会加快。

大中小型城市的教育发展质量整体高于普通乡镇，这是教育实践中无法回避的事实，但也有不少地方乡镇的教育质量正在得到显著提升。优质的教育往往会存在凝聚与内生长效应，当学校的教育质量得到提升以后，就自然会吸引优秀的教师资源与学生资源，并会使得其他优质教育资源向这些学校转移。笔者在跟踪基础教育领域的乡村学校发展过程中发现，如果学校能够主动思考如何让学习者学会观察和关注身边的世界，引导其主动进入并思考外面的世界，他们往往会充满活力，学习动力更强，更容易以不同方式展现自己的学习成果，取得较高的学习结果商数。

组织综合性应用活动，离不开合适的学习活动设计。设计综合性应用活动，一方面，需要考虑如何将课程标准、学习目标和综合应用的主题结合起来；另一方面，也要充分考虑在具体的活动过程中，如何引导学习者从认识发生的视角介入不同的综合性主题，确保其能够在具体的综合性活动中可以做到高效且有效地达成学习目标。

设计综合性应用活动，需要避免出现两种错误倾向：一种是"有形无实"的综合应用。这类综合应用形式上比较丰富，也比较生动，组织者过分强调学生的综合能力表现，却忽视了活动指向的学科目标。尽管学生的参与感很强，甚至形成的学习成果丰富多样，但是这一类成果有可能仅仅是学生已有能力的一种简单展示，其能力与水平并没有得到有效提升，学习活动缺乏学科的支撑。另一种是"有实耗时"的综合应用。这类综合应用关注了不同学科的特征，也重视学生的能力提升，但是由于过分强调活动要素的面面俱到，回避了学生的已有生活经历或特征，以"零起点思维"设计与组织相关活动，没有从学生认知的实际困难出发进行活动设计，使得学习者不得不将大量精力投入到一些低效的行为过程中，增加了学习的时间成本。

如果教师难以理解综合应用设计对于学生成长的意义，不能够对综合性活动如何支持学生成长进行系统思考，就有可能会导致设计的综合应用实践存在低效能现象。一旦教师将这种低效能现象理解成是由综合性的活动引起的，缺少对设计过程的准确分析，不能对导致低效能的原因、设计的细节等方面进行深入思考，就容易对综合性应用活动做出错误判断，影响后续教学实践中的持续设计与应用。

体现综合运用的应用活动，既要强调学科的基础支撑性，也要强调学科的内在关联性，还要强调综合应用对学科学习的反哺性。通过具体的综合性应用实践活动，学生可以将所学知识内容与真实问题联系起来，加深对所学知识内容的理解，同时借助学科综合应用，也可以更好地思考为什么需要学习相关学科内容，在解决问题的过程中体会认知乐趣，同时也能感知到自身认知的缺陷，激活不断超越已知知识体系并形成习得新知识内容的内在需求。同时，在解决问题的过程中形成问题意识与知识意识，产生学习不同知识内容的需要，提升综合素养。

6.2 学习结果中的同一性与个性化

对于生活在真实世界中的不同个体来说，需要具备什么样的共同认知体系以适应外部生活世界与社会发展的需求？需要建立何种特定认知体系以体现自己与其他个体的不同？这就涉及学习个体在形成学习结果过程中如何体现同一性与个性化的问题。

6.2.1 同一性指向了个体的共同成长属性

国家颁布了不同学科领域的课程标准，并且会持续进行修订。课程标准作为国家教育体系中课程领域的最高指导标准，是全国不同地区和学校设计、完善教育教学活动的最高行动纲领与基本指南。国家的教材体系、考试体系都需要依据课程标准进行设计，学校教师也需要依据课程标准的基本要求组织教育活动。

无论是哪一个学科领域的课程标准，都需要指向学习者的成长，关注个体在经历了具体课程的学习以后如何形成与课程要求相一致的核心素养，强调如何借助不同领域的核心素养塑造个体的学习品质，促进其更好地走进社会，并适应持续变革的未来。教育部在 2022 年发布的义务教育课程方案中，对课程标准的修订方向进行了系统阐述。结合修订后课程标准发生的主要变化，我们可以进一步理解课程对于个体成长的共同属性的要求，进一步理解学习过程中如何保障不同地区学习者在目标与内容等方面的同一性要求。

首先，课程标准确立了正确的个人成长导向。作为社会的重要成员，学习个体需要学习什么、如何学习、为什么学习等问题，直接决定了其未来社会性与社会价值。弄明白为谁培养人，才有可能清楚如何培养人。我国的课程方案明确提出所有的课程都需要强化育人导向，表现在课程内，就是要通过课程引导学习者形成核心素养；表现在课程间，就是要引导学习者打通课程体系，明确不同课程对个体形成能力体系的重要意义；表现在社会发展中，就是要了解课程学习对个体成长的支持作用，理解个体成长对社会发展的价值。

其次，课程标准明确了个体的共性能力要求。在实践领域，人们常说科学是无国界的，但发展是有国界的。在人类社会的发展与进化过程中，"落后就要挨打"是一个基本的现实，发展是硬道理。大量事实证明，社会发展离不开科学技术的发展，科学技术是第一生产力。世界上少数发达国家总是企图通过高人一等的方式来控制其他国家的发展，实现世界霸权。21 世纪，少数发达国家更是习惯采取"围剿"与"卡脖子"等方式，试图阻止我国科学技术的发展。在这样的历史背景下，我们需要不断反思我国的基础教育，既要坚守基础教育的优势，也要发现基础教育实践中存在的不足,不断推动课程变革,进一步理解育人目标与高质量发展之间的关系,思考在人才培养过程中如何理解共性,如何促进个体成长。

个体的共性成长目标必须是指向社会发展的,社会需要什么样的人才,我们就需要建立什么样的人才培养目标,并据此完善课程的内容结构、构建特定的课程内容体系,以支撑人才培养目标的实现。个体的共性成长目标必须依据高质量的评价标准,从课程的具体内容到课程内容之间的关系,再到课程之于社会的发展,执行课程的学业质量标准时,不应仅仅局限于众所周知的已知世界,而是应当瞄准未知世界,瞄准社会的发展需要,推动学习者主动思考社会进步与发展的要求。

在课程方案中,坚持以核心素养作为育人的基本目标和要求,以推动人才为社会发展服务作为育人的基本导向,通过课程学习提升学习个体的担当意识、责任意识,为推动中华民族伟大复兴提供人才支撑和保障。课程的学习强调既要聚焦关键的知识基础,又要重视推动学习个体将所学内容与特定的社会性应用主题相结合,能够从有限的学习世界向无限的生活世界跨越,在学习过程中不断增强对民族复兴的主体责任感和使命感。

最后,课程标准重视个体成长的共性规律。对于学习个体而言,尽管他们存在差异,但是从个体的总体特征来看,不同年龄阶段的学习个体具有相似的认知特征。国家在课程方案中特别强调要重视学习者的学段特点,注重学段之间的衔接,倡导要充分关注其认知阶段的具体特征设计学习活动。譬如,对于小学低年级阶段,需要充分关注学生的认知行为特点,设计符合儿童认知特征的趣味性活动,让活动充满游戏性,既要结合学生的日常生活,又要对生活进行提炼,让学习充满生活的味道,让学生从生活世界中体会到学习的乐趣。对于中高年级阶段,则需要在活动中有意识地培养学生的知能与心智结构,既要关注认知领域的形成,也要重视情感的培养,还需要重视对学习个体社会意识的培养,引导他们学会以社会化的视角认识自己,建立社会化思维,形成社会化眼光,提升社会化格局。

个体的特征与社会的人口学特征具有高度相关性。新中国成立以后,我国执行了不同的生育政策,譬如,在 1978 年以前主要执行的是"两个以上"的生育政策,

1978 年起《中华人民共和国宪法》提出了"国家提倡和推行计划生育"的政策，2016 年开始实施"全面二孩"的生育政策。家庭人口数量的变化对学习个体的行为特征产生了较大的影响。在独生子女家庭中，存在着较为广泛的"中心轴效应"，部分家庭出现了一切活动都围绕孩子进行的现象，孩子慢慢地累积形成了优越感。如果孩子在家庭中建立的优越感与学校教育中建立的平等感之间出现了冲突，假设家庭和学校对如何培养孩子这一根本问题产生了不一致，就有可能会影响孩子的成长，甚至会出现其社会性弱化的现象。

生育政策的变化对学习个体的特征也会产生重要的影响，学校设计的教学活动必须充分尊重学生的个性特征，建立与其生活形态相关的学习活动。譬如，在多子女时期，学校设计的学习场景，可能会借助家庭中的兄弟姐妹等的共同参与，引导孩子理解相关的学习内容及其背后的逻辑，可以借助家庭不同成员的共同介入学会应用所学知识解决实际问题。在独生子女家庭时期，学生对"兄弟姐妹"等称谓的理解发生了本质变化，教师在设计需要多成员参与的学习活动时，还要充分考虑三口之家的特性，让一些家庭内的学习活动容易实现。在"全面二孩"时期，设计的教学活动，也需要结合家庭人口数量的变化进行思考，设计体现家庭人口学特征的新型学习活动，便于学习者完成相关学习任务。

设计学习活动，不仅要关注人口学特征，还要关注社会与环境变化的特征，引导学习者主动观察外面的世界，能够从外面的世界中产生学习需求，懂得运用学科的知识和语言观察、思考和描述外部世界。在与他人交往的过程中，只有建立了平等的意识，才有可能学会与他人和谐相处；在与环境交往的过程中，只有意识到环境之于人类生存的意义，才有可能激活个体热爱环境与保护环境的意识；只有在与自然界的其他生命进行交往的过程中，才能体会到不同物种的生命权利，才能理解生物的多样性之于自然的意义，才能体会到生命存在的价值，才有可能真正理解为什么需要爱护动物并珍惜生命。

人类社会产生的对一切美好生活的向往，都源自对生活世界的理解与尊重。只有理解了中华文化与文明的历史脉络，才能对中华文化与文明产生敬畏与尊重，并形成热爱中华文化与文明、延续中华文化与文明的内在动机和需求。只有理解了中华文明演进过程中遭遇的各种曲折，才有可能引导学习个体建立民族自豪感，形成向往和平与建立人类命运共同体的意识。无论是国家的课程标准还是教材体系，无论是学校的具体教学活动设计与组织安排还是人才质量考核体系，都需要从学习个体共同发展的立场进行思考，通过综合设计培养出符合社会发展需求的高质量学习个体。

6.2.2 个性化体现了个体的成长特质差异

在教育实践过程中，我们常常会提出要尊重每一个学习个体，充分尊重其差异性。这里所说的差异性必须是在共性指导下的差异，是遵守了公共教育秩序与社会秩序的差异，是尊重了个体共同成长属性的基础上表现出来的差异。

从学习结果的视角理解学习个体的个性化，本质上是要尊重学习个体在成长方面表现出来的特质差异，帮助他们充分理解课程标准的基本要求，既允许选择不同的学习路径达成学习目标，也允许充分彰显自己的学习兴趣和爱好，在某些学科领域发挥自己的学习专长，形成百花齐放的学习局面。

首先，充分理解个体的认知差异，建立多样化认知路径。认识的发生过程，是学习个体借助特定的学习任务，经历特定的学习活动，形成对相关内容的理解，并持续达成学习目标的过程。学习空间的重要属性就在于，可以支持学习个体完成学习任务，达成学习目标。

如果回避了对学习个体的差异化理解，教师在教学过程中就有可能通过设计完全相同的活动帮助其实现统一的学习目标。事实上，学习个体拥有的生活背景、认识问题的起点、对问题的理解、解决问题的具体方法等都有较大的不同。如果教师设计的问题情境与学生的生活背景具有相似性，这时学生可能会更容易进入该情境，并保持与教师同频共振。如果学生的已有生活经历与教师设计的情境不存在交集，就有可能会陷入认知的困惑状态。

没有见过大海，我们很难理解大海的波澜壮阔；没有经历过风暴，我们很难理解在大海中航行时可能遭遇的颠簸。不同学科的课程标准都特别重视引导学习者学会观察外部世界。譬如，义务教育阶段的语文课程标准提出，要根据学生的特点和认知规律，引导其联系生活实际，选择合适的主题创设相应的学习情境，帮助他们形成语文课程标准中倡导的"语言文字积累与梳理"目标。义务教育阶段的语文课程标准中还特别设计了"跨学科学习任务群"，引导学生跳出语文自身的内容学习，能够借助语文的实践活动提升语文学习和运用能力。同时，其强调教师要鼓励学生在不同学科领域学会发现问题、分析问题和解决问题，尤其要重视如何在此过程中提升学生的语言文字运用能力。

将语文的学习与科学学科结合起来，学习个体就能够阅读相应的科普性文章，理解文章中的关键性科学内涵，运用准确的语言描述和记录观察到的科学现象，介绍科学研究的基本过程与基本发现，等等；将语文与地理学科结合起来，学习个体可以了解景物描写文章中介绍的地区的地理位置，还可以结合不同区域的位置关系形成一些比较，甚至可以引导学生了解相关地区的风土人情，等等；将语文与生物学科结合起来，可以引导学生在理解生物多样性的同时，了解促进生物多样性的生态保护，通过采访当地百姓等形式，了解身边的环境变化与生态变迁过程，学会描述身边的自然，采写体现身边世界变迁的故事，等等。

认知路径的多样性涉及不同方面，学习个体既可以在面对面的情况下借助教师的支持完成学习任务，也可以在网络学习空间选择线上的不同学习资源完成学习任务，还可以通过线上与线下相结合的方式完成学习任务。学习个体既能通过阅读大量文献，在比较的基础上以撰写学习报告的方式展示自己的学习结果，也可以通过反复练习与测试等方式强化对相关学习内容的理解；学习个体还可以通过设计实践项目，结合项目中的制品设计，融入相关学科知识，结合制品理解学科的关键概念和基本原理。

学习的目的是追求高品质的学习结果，而学习路径是促进高品质学习结果形成的基本条件。借助现代学习空间，可以丰富学习的支持条件，推动学习个体在学习空间中主动选择并参与和自己的认知特征相适应的学习活动。学习空间具有居所属性和转运属性，前者为学习活动的开展提供了物理场所，后者为认知的发生提供了促进机制。只有理解学习路径的多样化，教师才有可能避免对学生出现的结果商数的差异做出简单的判断，并能够将更多的教学精力转移到分析学生的学习困难中来。系统思考学习困难产生的原因，就可以基于解决学习困难的目的设计新的教学支持活动。当学习空间充满了丰富的教学支持活动以后，学习个体就可以获得差异化的支持，高质量地完成学习任务。

其次，充分尊重个体的兴趣爱好，支持特长型学习追求。学校需要依据国家课程标准的基本要求组织和设计相应的教育教学活动，避免背离或超越标准给学生增加过重的学业负担。在引导学生实现学习目标的过程中，除了路径的差异性以外，教师还需要充分尊重学生的个人兴趣和爱好，结合个体特征提供内容或主题等方面的差异化支持，允许个体以自己熟悉的场景或主题表达学习理解，满足其形成个人学习专长的需求。

教学主题的同一性，是教育实践中存在的普遍现象。在学习特定的单元或知识体系时，教师为了帮助学习者理解相应的学习目标，常常会选择同一个主题引导其进行思考，包括设计与该主题相关的场景，围绕相关主题理解概念，完成与该主题相关的练习，形成关于该主题的研究报告，等等。教师在教学过程中引导学生围绕统一的主题进行思考，有利于建立学习内容之间的内在关联，也可以帮助他们将不同的学习内容、不同的学科知识进行贯通，实现学习内容的系统理解。

以"授导"为主的教学，确立统一的学习主题是合适的。如果学习者对主题不是特别明确，可以通过和教师的交流与对话理解，建立主题与学习内容、学习目标之间的关系，借助主题的支持达成学习目标的基本要求。但是，授导型的教学能够解决的问题往往是面向已知世界和有限世界的，确立了统一的学习主题，学习个体就有可能会建立关于有限客体的认知。在教学实践中，如何引导学习个体从有限客体的学习中实现学习迁移，形成面向无限客体的问题解决能力，已经成为当前教师在教育实践中需要思考的重要命题。

研究和实践表明，探究性学习是改变"授导型教学"不足的主要学习形态，既需要依赖授导型教学中学习者已经形成的知能基础，又突破了授导型教学的限制，引导其从知能的接受者转变为"心智"的构建者。21 世纪，基础教育课程改革一直主张开展探究性学习，但是从实践的应用效果来看，探究性学习并没有能够真正与授导型教学实现衔接，两者之间尚未形成较好的互补关系，譬如，许多教师仅仅将探究性学习看作学科教学的拓展性活动，用于解决学科学习的知识延展，或实现简单的跨学科学习行为。

探究性学习也是服务于课程标准的基本要求设计的学习形态，是倡导由学习者主动参与并借助真实问题解决完成的学习活动，是基于特定的学习主题并指向了特定学习目标进行的学习活动。学习者开展的探究性学习活动，是由教师设计并在其支持下进行的，需要具备以下几个条件：一是探究性学习活动的设计必须具有明确的学习目标，目标应当来自学科领域；二是理想的组织形态是基于特定的学习单元设计的，其过程的组织应当有利于学生突破认知困难；三是要能够引导学习个体围绕特定的主题开展学习活动，主题的选择要与其学习兴趣相关；四是在具体的学习过程中，要充分关注学科的关键概念或原理，体现相关内容的应用性；五是在具体实施过程中，要关注绩效，注重探究活动对学生成长的支持价值，提升学习效率；六是重视学习成果的丰富性与多样性，鼓励学习者在成果的表征中体现思维变化，能够通过学习成果体现认知的发生。

在实践领域，有的学习个体会在某些领域表现出特定的偏好，甚至有可能会因为这种偏好而产生过高的自我估计。设计探究性学习，引导学习者学会将学习内容和特定生活主题建立关联，就是要使其在真实的生活世界中领会和理解学科的基本概念，从感兴趣的领域发现问题，探寻学科知识对其感兴趣领域的支持价值，跳出自己已有的封闭思维框架，实现自我突破。

我们常常会发现，有一些学习个体在某些专门领域具有天赋，他们有的痴迷于科学技术，有的醉心于文学创作，有的爱好野外活动，也有的热衷于游戏，等等。对于具有特定爱好的群体，如何做到既能够呵护他们的爱好又避免因为学科或领域的偏好而导致能力结构产生欠缺？如果依然采用同一性的主题设计教学活动，很难处理好上述问题。满足学习个体的差异化需要，引导其结合个人学习专长和爱好设计学习主题，领会和理解完整的个人能力结构对于发展其个人偏好的支持作用，则有可能改变他们的认知态度，建立新的认知格局。

以文学创作为例，有一些学生从小就形成了创作的爱好，具有较强的作品创意能力，能够进行完整故事的设计，创作出具有较强阅读性的散文或小说等文学作品。这类学习个体在学习过程中很容易出现偏科。如果教师不能够给予其合适的引导，就很难纠正他们的偏科学习习惯。对于一个立志于从事创作的学习个体来说，教师需要帮助其理解不同学科对创作的支持作用，因为仅仅依靠说服教育是很难达到这一目的的。假设教师能够让他们选择感兴趣的优秀作品，对这些优秀文学作品可能涉及的多学科知识背景进行分析，并能够发现其中可能存在的学科错误，如不同季节的植物与花卉描写、特定日期的天气现象描写、科技产品的应用与相关知识的描述等可能存在的不确切性，就有可能让学习者明晰为什么一个文学创作者也需要建立多学科的知识背景，建立体现不同学科支持的创作素养。

最后，进行适度的引导，避免个体形成偏执型认知偏差。给予学习者不同的认知路径，支持达成学习目标，结合自身的学习偏好组织学习活动，都强调要以课程标准为依据，落实课程标准对不同阶段学生的基本目标要求。学习过程中存在学习者自身已有条件的限制，加之外部支持条件方面的制约，在现实学习中常常会出现不同形式或不同程度的认知困难，进而出现认知方面的不一致性。学习过程就是一个持续消除不一致性并逐步达成一致性的过程，是个体持续建构关于外部世界的系统认识的过程。

沉浸于某种特定的学习场景，学习者往往会结合该场景形成自己的认识，并且会随着场景的变化持续强化和修正自己的认知。此过程可能会出现两种不同的导向：一种导向是学习者建立了关于外部世界的认识，会随着场景的持续变化不断修正认知，且这种认知会逐步逼近外部世界的客观实在性；另一种导向是学习者在建立认知的过程中形成了自己的偏见，且这种偏见又背离了外部世界的客观实在性。学习个体一旦形成了偏见，就会通过自我逻辑的推演不断强化偏见，还会结合不断变化的场景验证个人偏见，久而久之，就有可能会产生偏执型认知偏差。

在认知过程中，产生认知偏差是一种很正常的现象，但是如果个体出现了偏执型认知偏差，对其的成长就会产生负面影响。偏执型认知偏差往往与个体的价值观成熟度有关。价值观成熟度既是个体综合素养的重要内容，也是影响个体素养形成的基本维度。学校与家庭往往偏重对学习个体进行知识与技能层面的培养，对学习的过程与方法、价值观等方面的培养往往会被忽视。目前，国家教育部门已经在强化思想政治类课程与课程思想政治元素建设，对于提升学习个体的价值观成熟度具有很好的支持作用。

在学习者的所有学习结果中，价值观成熟度是最基础的，是影响个体其他类型学习结果形成的关键素养。价值观成熟度，首先体现在个体的国家感与国家情怀方面。学习个体需要从国家发展的立场出发，以国家发展的历史文化脉络理解"当下与未来"，理解国家发展的历史逻辑与必然性。其次，体现在个体的主体责任与担当方面。学习个体需要从纵向发展的维度和横向比较的立场理解国家的现状，结合发展的现实需要，不断建立学习的主体责任，围绕关键领域进行学习，为实现在关键领域的突破奠定基础，逐步建立实现中华民族伟大复兴的责任感与使命感。再次，体现在全局视角与辩证思维方面。学习个体需要加强反思与自省，能够意识到自身思维存在的局限性，主动关注不同领域，逐步形成包容性与全局观。最后，体现在实践行为与行事方式方面。学习个体的价值观不仅仅要体现在他们的日常语言描述中，更体现在他们的日常实践中，即能够以积极健康的态度对待复杂的变化，持续构建服务社会发展的内在意愿与行动激情。

个体的价值观成熟度越高，出现偏执型认知偏差的可能性就越小。价值观成熟度较高的个体往往具有更强的社会性，他们表现出来的适应并服务社会发展的内在动机，使得其往往会具有更强的容他性。价值观成熟度较低，个体就容易建立以自我为中心的思维倾向，过分关注社会对自身的支持作用，对于与自身的理解存在差异的外部条件，就有可能会产生过度警惕、质疑甚至排斥，在实践中容易产生排他性。

个体的认知形成与外部条件有关，也与个体的已有生活、学习经历有关，还和个体的思维方式有关。个体在实践中出现认知偏差，与他们在接受了外部的不同刺激物以后调用原有认知的方式有关。对于外部出现的不同刺激物，学习个体需要调用自身已有的认知基础对其进行分析、加工和处理。在这一过程中，如何进行决策，与他们的思维方式有很大关系。学习个体的思维方式和思维过程，是影响他们做出判断的原因。将学习个体的思维呈现纳入学习结果之中，通过分析其思维过程，可以大致弄清楚他们的认知行为方式。

教师一旦能够对学习者的思维过程做出判断，就可以发现其认知过程中可能出现的困难，也可以更加准确地分析他们出现认知偏差的原因。理性的思维离不开正确的价值观引领，以社会协同的视角设计沉浸式学习体验，让学习者有机会在参与中观察现实生活世界，了解实践领域存在的各种复杂现象，感悟群体协同包含的潜在力量，可以促使其价值观更加成熟。正确的价值观会促进学习个体形成更大的视野与格局，并激活内在潜能，使其主动改变思维过程和方法，避免出现认知偏执。

6.3 体现个性的学习结果内外逻辑

学习结果是学习者经历了学习行为以后形成的关于外部世界的认识。学习者自身的风格、学习的行为路径、接触的外部世界等都会影响学习结果，并会通过不同的结构形态呈现出来。对于特定的学习个体来说，学习结果既与学习个体的个人因素有关，也与自身进行知识构建的过程中理解外部客体的能力有关。学习个体的个人因素决定了学习结果的内在逻辑，对外部客体的理解能力决定了学习结果的外在逻辑。

6.3.1 学习结果的内在逻辑

学习个体尽管可以作为一个独立的认知存在,却身处复杂的社会系统之中,其言行举止与自身的生活背景存在着相依关系。在实践领域中,经常会谈到"知识"这一概念,人们常常会说人类社会已经积累了大量的知识,书本中包含了丰富的知识,等等。对于某一个个体而言,他拥有的藏书量再大,如果没有将其转变为自己的认知,就不能认为该个体掌握了知识。所谓书本上的知识,仅仅是前人对外部世界的认识,是外化于学习个体的,抛开具体的学习个体谈论知识,知识并不存在。学习个体只有通过与外化于自身的复杂世界进行持续交往,才能够拥有知识,并通过学习的结果商数体现出来。

首先,学习结果是个体认识持续发生的结果。哲学家在研究世界的过程中,提出了本体论、认识论与方法论等不同的研究领域,并想方设法阐明世界与人类认识之间的关系。当哲学家开始观察并思考世界的时候,认识就发生了。进行认识论研究的学者总是试图弄明白学习个体认识发生的起点到底在哪里,或者认为认识先于个体的肉体而存在,或者认为认识是因为肉体的存在而产生了可能性。

对人的认知机理有什么样的理解,就有可能会产生什么样的教学观。如果简单地认为认识先于个体而存在,在实践中就有可能会回避现实世界这一客观存在,设计的教学活动就可能会侧重于以同一化的目标为基础向个体输入外部知识,强调如何帮助个体恢复认知。如果简单地认为个体先于知识,设计的教学活动就有可能会回避个体自身这一客观存在,侧重于采用同质化的行为路径向个体输入外部认识。

作为认识论领域的专家,皮亚杰巧妙地将学习个体的生物学基础与认识发生的机制结合起来,既关注了个体的生物学基础引发的认识发生的可能性,又关注了个体的认识发生对其生物学特性的强化支持作用。两者之间几乎可以被看作一枚硬币的两面,缺少了任何一个方面的支持,另一方面都可能会受到影响。譬如,如果个体不具备基本的生物学活性,就无法形成基本的身体运动,无法与外部世界进行交往，认识就不可能发生。同样，个体的认识没有发生，个体就不能理解作为生物学的自身机体的系统功能与需求，没有了认识的支撑，作为生命体的个体就无法健康成长。

个体意识来源于其生物学活性，但个体意识又受到认识发生的影响。作为生命体的个体，从出生的那一刻起，充满活性的身体就产生了基础意识，并支配着其做出基础性行为。尽管从表面上看这些行为来自生命体的动物本性，但这种本性又使其具有了做出更加复杂行为的可能性。当个体的行为具有了一定的连贯性与复杂性时，我们常常将这种行为称为"活动"。就像一台运转的机器一样，它需要有能源作为基础，同时又需要外力推动进行运转，"活动"就相当于机器运转的点火系统，可以推动个体与外部的能源发生作用，进而促进认识的发生。

认识的发生来自个体与外部世界进行的交往活动，活动促进了个体的认识发生，认识又使得个体具有了从事更加高级活动的可能性，并通过越来越高级的活动建立关于外部世界的更加高级的认识。在持续的认识过程中，个体形成了不同的能力结构，形成了不同的学习结果。个体的学习结果，会让个体表现出区别于其他个体的不同素养，引导他们形成不同的行为特征。

其次，学习个体的内在素养决定了认知特性。内在素养既与学习个体的生物学基础有关，也与其逐步建立的对外部世界的认知有关。个体的生物学基础与认识发展机制之间存在着相互依存与相互促进的关系，尽管个体的认知系统是完备的，认知机制也是健全的，但如果不能够主动和外部世界进行接触，缺少与外部世界的"交往活动"，就会失去认识发生的活动基础。

认识发生机制是人的不同系统与外部世界综合作用的结果，可以用汽车的动力机制理解认识发生机制（表6.1）。其基本的逻辑在于，当外部的认识对象（刺激物）作用于个体以后，个体的内在认知动力系统会激发其产生不同反应，或者是保持无视状态（静默），或者是与对象建立互动关系（活动），一旦个体产生了积极的互动行为，并产生了内在的认知需求，认识就发生了。

表 6.1　认识发生机制与汽车动力机制的对比

项目	认识发生机制	汽车动力机制
来源	来自外部真实世界的具体事物，构成了认知的刺激物	不同类型的能源，如汽油、柴油、天然气、电力等
动力	认知激发系统决定了个体的反应是静默还是活动	点火启动系统决定了汽车的状态是启动成功还是熄火
结果	认识的发生	汽车的运行

唤醒个体的活动意识与欲望，引导个体主动产生与外部世界交往的活动需求，是教师进行学习设计时需要关注的重要环节。活动是个体的自然属性与内在特性，如果外部的刺激物不能激发个体的活动需求，不排除与外部刺激物呈现的方式有较大的关系。如同汽车一样，如果汽车使用 95 号汽油作为能源，而我们给它加入 0 号柴油，那么就不可能点火成功。

内在素养是激发个体产生"活动"的主要因素。依然以汽车为例，在点火启动过程中，如果电池本身出了毛病，即使给足了外部的能源，汽车同样无法启动。内在素养涉及个体的生物学基础与认识发生机制，其中生物学基础可以确保其在健康的状态下完成认知活动，这就要求个体经常性地使用自己的认知系统，能够在认知过程中不断修正和补充自身的内在动力机制，在遇到外部刺激物的时候，能够启动自身的认知激发系统，主动与外部对象发生反应，形成认知系统的变化。

过多地强调外部刺激，忽视对内在认知激发系统的关注，学习个体在学习过程中就可能会处在完全静默的状态。设计有趣的教学活动，引导学习者通过有趣的外部刺激激活内在的自然属性，从"无感"到"有感"，从"静默"到"活动"，激发内在学习欲望以后，个体就有可能会真正被"唤醒"。教师进行活动的设计，可以从简单到复杂，从有趣的活动形式开始，逐步过渡到既有趣又有意义的活动，让个体参与不同的活动形式，逐步实现从感兴趣到懂得意义，再到理解价值的认识层次变化，形成体现素养提升的学习结果。

最后，学习个体的视域境界决定了认知格局。西周，周天子采用了分封制的方式，给予宗亲和功臣不同的土地，共同参与国家的建设。秦朝，为了加强国家的管理，采用了郡县制。由谁来参与国家不同层级的治理，涉及人才选拔制度的变化。早期参与国家治理的人员主要采用的是"世卿世禄制"，人员的选拔与家庭出身有关，为了鼓励更多的人建立功勋，保障国家安全，又补充了以军功为依据的人才选拔制度。随着用人规模的扩大化，加之各地竞争的白热化，又出现了以"察举"为补充的人才选拔机制，社会上一旦出现了公认的贤才，就可能会受到重用。但这种人才选拔方式又取决于荐才者是否具备敏锐的眼光或公心，难免会出现任人唯亲的现象。科举制度出现以后，用人制度发生了重大变化，考试也成了国家选拔人才的重要方式。清朝末期，科举制度的弊端充分暴露，由于考试内容与形式的单一化，重文轻理严重，导致中国在科学技术领域的发展远远落后于世界发达国家，这一沿袭了千年的人才选拔制度被彻底废除。

我们综合人类社会的发展进程可以发现，人才选拔制度会影响教育内容与形态，而教育又对社会的发展产生了重要影响。在中国历史上，通过饱读经书获取功名的人物中有许多治理良才，但是由于对技术领域的长期忽视，缺少科学技术的支撑，国家的工业化进程明显落后于世界上的发达国家，社会的整体生产力与发展水平在19世纪末与20世纪初甚至出现了严重的倒退现象。

对学习个体的能力结构形成何种理解，会影响教育的整体设计。设计符合个体成长特征，同时也满足社会多层次人才结构要求的现代人才能力培养体系，对促进社会发展具有至关重要的价值。借助现代学习空间，可以为学习者提供丰富的外部刺激物，建立调动个体内在活力的各种支持条件，引导其不断扩大认知视域，激活个体形成主动参与、主动思考、主动建构的内在动机不仅可以帮助学习个体建立更加广博的认知领域，还可以促进建立不同学习结果之间的内在关联，跳出自己生活的有限世界，持续打破认知边界，建立更加宽广的认知和发展格局。

譬如，生物课程标准中提出可以让学习者利用社区的课程资源学习生物课程。但是，不同学习个体所处的社区、拥有的社区资源是存在很大差异的，有的区域可能建立了图书馆或者博物馆，有的区域可能有动物园或植物园，有的区域可能建立了少年宫或者科技馆，有的区域可能毗邻高等院校或其他科研机构，也有的区域可能建有大型养殖场或大型农场，甚至有的学校自身就有较为丰富的自然生态，等等。学校可以借助这些社区资源引导学习者领会和理解生物的多样性，接近身边的世界，主动观察与思考生物世界中的不同对象，合理建立与不同对象的互动方式。

真实世界的区域分布充满变化，分散在全国各地的学习个体身边的生物世界存在着较大的差异性。现代学习空间具有联通特征，利用线上空间可以实现不同区域之间的关联，引入富技术支持的学习空间，可以建立与真实世界相似的场景。借助技术的支持属性，可以延展学习个体的认知视域范围，可以让学习个体从走近身边的世界，逐步走向更加宽阔的外部世界。

学生的认知视域到底有多广，与学校和家庭教育中利益相关者的认知视域有较大的关系。如果教师和家长的认知视域不广，他们的教育格局没有打开，就很难让学习者建立更加宽广的认知视域，打开认知格局也就无从谈起。引导广大教育利益相关者建立关于世界的复杂性认知，需要建立不同的层次，实践领域的许多认知个体会把自身的认知格局简单地定义成源自教育评价体系，总认为是评价迫使他们不得不降低格局。事实上，在同样的教育评价体系下，一旦认知个体打开了视域与格局，就会拥有更加扎实的专业基础，在适应评价行为的过程中，就有可能更加有底气。建立了维持高品质学习结果的可能性，学习个体必然可以获得较高的学习结果商数。

6.3.2　学习结果的外在逻辑

在学习中华传统文化的时候，我们常常会借助经典故事的描述来理解文化背后的逻辑。中国的许多成语背后都有经典的故事，可以帮助学习者理解成语的内涵。譬如，成语"差强人意"，很多时候会被用错。成语"差强人意"出自《后汉书·吴汉传》。吴汉是东汉开国皇帝刘秀手下的一员大将，对刘秀忠心耿耿，刘秀对其也十分信任。一次刘秀战事失利后，诸将灰心丧气，只有吴汉神情自若，组织兵士整理军伍，刘秀知道后感慨道，还是吴将军"差强人意"啊！这是刘秀对吴将军的褒扬之词，意思是只有吴将军的做法"还算得上可以振奋人心啊"。

个体的认识是关于外部世界的认识，而非对书本知识的复述。在学习过程中，教育工作者经常强调要强化学习个体的"理解"，这种理解体现的就是对书本知识的深层次运用。学习个体的内在素养必然会影响学习结果，但是如果没有了外部世界的支持，缺少了在外部世界中的具体实践，学习个体借助书本或教师的讲解等建立的认知就可能会成为无源之水，所形成的所谓"理解"也将会失去依附的条件，理解就会停留在较低的层次。

首先，学习结果是个体对外部世界的系统认知。个体离开母体以后，就不再仅仅是一个生物学上的独立存在者，而是一个社会性存在者。学习的目的在于让个体可以适应外部世界，建立社会性。学习结果是学习者在通过学习以后形成的、能够反映他们处理真实世界的具体问题能力的一种结果，是学习者参与了特定的学习活动以后具备的综合素养，并可以借助问题解决的具体过程体现出结果的层次。

在现实世界中，我们常常会发现，有些学习个体接触了一些新概念或者新观念时，会产生疑惑，甚至还有可能会出现一些感觉：在没有接受新的外部刺激之前，他们认为自己对某些概念或观念是理解的，而接触了新的外部刺激以后，却发现自己对熟悉的外部世界的认识反而变得模糊不清了，其中的一个重要原因就在于个体形成的关于外部世界的已有认知结构存在局限性。

外部世界具有复杂性，相似的外部世界作用于不同的个体以后，其之所以会产生不同的反应，主要是因为这些个体的原有认知体系中建立的关于外部世界的认识存在差异。如果个体的原有认知视域比较窄，尽管对这些特定的认知视域可能建立了比较系统的认知，但是由于这些视域的包容范围过小，那么他们在遇到变化的外部刺激时，已有认知视域就有可能无法容纳新的外部刺激，出现认知困难，甚至会产生情感层面的不适。

学习个体建立的认知视域既可能与涉及的外部世界的领域和范围有关，也可能与个体建立的关于外部世界的认知体系的内在结构有关。外部世界具有较为复杂的时空关系，个体的学习世界同样包含着时空关系，以有限的学习时空关系帮助学习个体适应无限的生活时空关系，就需要以复杂的时空观引导其建立认知结构。个体就如同一座巨型的高楼大厦，其认知结构是认知的支撑体系，必须承担得起外部世界的各种刺激物的冲击，且个体的认知结构应该可以容纳面向不同领域与不同范围的知能与心智，否则就有可能会在面对变化的刺激物时产生彷徨与犹豫不决，甚至会感到力不从心。

研究领域一直十分关注情感领域的学习目标，但在实践领域中，人们却常常更加在意学习个体的认知领域的学习目标。正因为如此，当学习者在学习过程中出现认知困难时，许多实践者常常会将原因归结于个体的投入成本不足，很少会分析导致个体情感领域目标受限的原因。突破思维局限性，引导个体跳出已有的认知视域，逐步扩大认知的视域范围，在不同的视域内运用已有认知，建立跨领域运用已知知识的条件，可以帮助其获得不同的情感体验。学习个体建立了对学习目标的多情感认同，就可以促使他们建立对认知领域学习目标的复杂理解，促进学习目标的深度达成。

其次，学习个体的认知行为有赖于群体协同。个体的社会性在于可以通过融入社会群体，逐步形成适应外部社会的基本生存特征。主体人具有能动性，当个体来到真实世界以后，就会不断接触外部世界，与外部世界进行持续交往，同时也会不断观察外部世界，持续形成关于外部世界的基本认识。主体人同时具有主观性，在认识外部世界的过程中，个体的自然属性及其在社会生存中遭遇的不同事件会影响他们对外部世界的认识，有时甚至还可能会出现认知定式。借助与群体之间的协同，可以帮助个体突破已有的认知局限，建立更加准确的认知。

群体协同是个体建立社会属性的基础。在实践领域，个体对外部事物的持续认知，会逐步形成自我相对完整的认知体系。基于个体自身的视角理解认知体系，有可能会导致个体出现排他属性，基于社会的视角理解认知体系，则可以帮助个体建立容他属性。社会系统的形成，正是因为个体的容他属性强于排他属性。只有个体能够认同其他个体的认知差异，理解不同个体存在不同的诉求，才能真正理解社会存在的意义与价值。

群体协同是促进人类社会系统认识外部世界的基础。个体需要借助与自然界和人类社会的交往，慢慢理解外部世界，实现自身的成长。个体对外部世界的认识，有的体现了外部世界的实际状况，也有的因为融入了个体的主观判断而偏离了事物原有的样子。以植物的生长为例，不管是将豆子泡在水中还是埋在合适的土壤里，它都会发芽。劳动人民在长期的实践中发现了不同的植物生长与季节、区域等有关，并慢慢认识了植物生长的条件。不同的植物对空气、养分、阳光、水分、土质等有着不同的要求，于是同一区域的群体就形成了与区域、季节等相关的种植特征，并形成了相似的生活习性。

群体协同既可以促进个体之间的相互对话、分享与交换，也可以帮助个体不断修正旧的认知。真实世界如同一个宝藏，哪怕是其中的一个普通物体，人类对它的认识永远都无法触及其全部内涵。同样的一块石头，我们将它作为建筑材料，可能就会将其加工成石子；我们需要用它制作工艺品，就会对其进行雕琢；我们还可能会弄清楚它的成分，并对其进行提炼与加工，甚至有可能弄明白不同成分的配比后，创造出更多新的制品。现代科学技术的发展，也许就源自科技工作者对一块看似普通的石头的再认识。

推动个体之间的群体协同，就是要引导个体在构建认知体系的过程中，学会主动理解他人关于外部世界的认识，包括阅读前人的著作、与其他个体共同探讨等形式，既可以表达自己的理解，也要学会聆听并分析他人的理解，主动发现可能存在的理解差异并剖析其原因，通过对话与交流，逐步建立关于外部世界的系统认识。

最后，学习个体的涉猎范围决定了认知层次。我国的人才培养体系倡导"完整人"的培养理念，强调实现"五育"并举，追求个体德智体美劳的全面发展。"五育"并举，不仅仅强调要关注个体的德智体美劳五个方面的发展，更强调要实现"五育"渗透，让个体在整个身心共同参与的状态下建立对外部世界的认知。

国家通过持续修订课程标准，以学科的视角关注如何促进学习个体形成核心素养，并以跨学科的思维、项目化的实践、综合性的活动等多样化的变革，支持个体形成综合素养。但是，从具体的行为过程来看，重视个体的智育发展，轻视个体的德育、体育、美育与劳育的共同成长，甚至对个体智育发展的理解也往往偏重知识与技能的识记层面，是当前教育实践领域存在的主要问题。

个体的德智体美劳的发展，仅仅开设几门课程，或者背诵一些条文是远远不够的。德育的养成离不开个体在实践领域与生活世界的不同群体进行互动，能够在与其他个体的互动中体会外部世界的存在逻辑与必然性，既要理解个体之间可能存在的差异性，也要理解个体之间的平等性，认识到促进社会公平与均衡发展的必要性，理解学习对于社会发展的价值，建立与社会发展核心价值观相适应的个体成长价值观。只有学习个体建立了正确的价值观，才有可能建立合理的智育观、体育观、美育观和劳育观。

学习不仅仅在于引导个体适应外部世界，也要能够引导其主动发现外部世界存在的问题，建立改造和优化外部世界的理想。中华文明有五千多年的历史，教师需要从中华文明发展历史的维度理解今天的教育，既要帮助学习者理解中华文明发展进程中形成的对外部世界的重要认识，引导其在历史的文脉中形成学习的内在需求，也要引导其理解社会变革的过程中如何正确看待已有的认识，理解自己在中华文明发展史中的特定使命，以中华文明发展史中的一分子与重要参与者的视角，担负起相应的社会责任。

近几十年来，我国从一个农业大国逐步发展成了制造业大国，如今正在向科技强国转变。现代通信技术、大数据技术与人工智能技术等领域的快速发展，正在重塑人类的生活形态。我国将"数字中国"建设作为国家的发展战略目标，倡导建立数字经济、数字贸易与数字产业集群，通过数字化支持新农村的发展，建立数字农业，完善数字文化建设与发展。在"数字中国"的建设过程中，每一个个体既是建设的参与者，又是实践的创新者，更是成果的受益者。学习个体既要丰富自己的学科视域，也要结合真实世界的发展需求，扩大学科应用范围，理解学科知能的实践价值，在实践过程中完善对知能的理解，并通过持续创新不断开辟新的认知领域，构建心智体系，推动社会的文明进程。

第7章

学习空间中的师生行为变化

教育的产生与发展是一个持续的转型过程，转型的目标在于推动教育的高质量发展。教育的每一次转型，既离不开人们对教育规律的重新认识，也离不开技术对教育发展的促进作用。

2022年底，美国人工智能研究实验室OpenAI发布了一款以生成式交互为主要特征的工具ChatGPT以后，全网用户进入了对人工智能技术的狂欢与兴奋之中，许多教育工作者进行了深入的讨论。2023年，百度发布了"文心一言"公测版；科大讯飞推出了星火认知大模型；360公司推出了认知智能通用大模型"360智慧大脑"（简称"360智脑"）。ChatGPT与"文心一言"都是内容生成式人工智能产品，我们称其为生成式人工智能（artificial intelligence generated content，AIGC）产品。由于ChatGPT是较早进入应用的AIGC产品，我们也可以将其后出现的类似产品简单地称为ChatGPT类产品。①

AIGC产品的服务范围涉及不同应用领域，其尝试借助大语言模型形成的数据分析能力与水平，帮助用户提高管理或工作效率，提升企业的创新与研发能力，推动不同行业的数字化转型。通过测试不同AIGC产品可以发现，当前的许多产品还不具备完全准确地处理各种复杂问题的能力。但是，它们表现出来的技术功能的调整和优化，迫使教育工作者不得不重新思考如何理解教育的本质，如何设计更加

---

① 沈书生，祝智庭.ChatGPT类产品：内在机制及其对学习评价的影响[J]. 中国远程教育，2023（4）：8-15.

科学与高品质的教育教学活动。

7.1 适应性理念引发的师生行为变化

许多新技术产品出现以后，都可能会引起教育工作者的激烈讨论，但大多数的讨论是基于学术层面进行的，AIGC 产品引起的教育讨论却吸引了许多一线教师。广大教师对 AIGC 产品的功能对教育可能产生的冲击和影响等进行了系统思考。国际上一些教育机构甚至采取了紧急干预措施，以防止学校或学生在应用相关产品时出现抄袭、作弊等学术诚信失范行为。

个体具有复杂性，且不同的个体在特定的社会系统中扮演着不同的角色，因此在遇到技术变化的刺激时，通常会表现出不同的防御特质。互联网、物联网、大数据、人工智能、元宇宙等新技术的每一次发展，都会引发学术界关于技术与人的关系的大讨论。AIGC 产品既可以被看作新一代人工智能产品，也可以被看作由不同技术形态构成的具有富技术特征的产品。当 AIGC 产品进入了教育系统，并成为现代学习空间的基本要素以后，生活于现代学习空间中的每一个个体必然根据外部的变化做出相应的变化。

7.1.1　AIGC 催生的学习范式变革逻辑

教育是为人的生活服务的，设计教育的场景、建立学习空间等，都需要尊重社会的发展现实，与社会生活的发展保持一致。人类社会的不同领域都充分彰显了技术的应用特征,因此在进行教育变革,推动学习范式转型的过程中,自然也无法越过技术的特征,更无法建立脱技术化的教育场景。

首先,生活世界中的个体无法绕开技术构建的生态。生活世界中的个体与其所处的外部世界共同构成了个体的生命发展系统[1],并形成了不同的技术形态,既有直接来自自然的"前技术"形态,也有对自然中的生料进行直接加工的"生技术"形态,还有去除了自然的直接属性出现的"熟技术"形态,当前还出现了大量可以实现不同技术关联的"富技术"形态。[2]技术形态的发展离不开生活世界中的个体,而个体的发展又离不开技术的支持,个体与持续发展的技术构建的复杂生活空间形成了既有一定的稳定结构又会持续动态调整的生态关系。

其次,以AIGC为代表的富技术产品直接击中了教育的基本问题。AIGC产品不仅可以模拟人类思考,还可以模拟人类动态解决问题,尤其是具备了处理多模态数据的生成性能力。现实世界中的个体尽管会表现出多元智能属性,但大多数个体往往会在某些特定的领域表现出更强的智能,而综合了来自不同领域的丰富数据集的AIGC产品,在关于已知世界领域的智能方面,则有可能会表现出远远超越普通个体的特质。

当AI产品与人具有了相似的属性以后,人与技术如何相处,如何重新分配人与技术的社会存在价值,如何建立新的平衡等,就成了当前需要认真面对的问题,并使得教育领域不得不重新思考教育的基本问题,即教育的目的到底是什么。教育领域围绕教育的本质进行过多次广泛讨论,但往往难以撼动教育实践,实践中常常会存在将学习个体工具化的倾向,个体的主体性与生命性没有得到足够的尊重。[3]教育的目的不仅仅是让个体像工具一样去认识与改变外部世界,还要让个体以主体人的视角与外部世界和谐相处,引导个体在生活世界中幸福健康地成长。

最后,富技术产品可以支持建立体现适应性理念的教育转型思维。学校教育是

---

[1] 刘铁芳. 返回生活世界教育学:教育何以面对个体生命成长的复杂性[J]. 教育研究,2012(1):46-52,68.
[2] 沈书生. 学习空间的变迁与学习范式的转型[J]. 电化教育研究,2018(8):59-63,84.
[3] 鲁子箫. 从"社会"到"人":40年教育理论研究的主体转向——以"教育"概念界定为视角[J]. 教育学术月刊,2020(6):3-8,37.

引导个体认识真实外部世界的重要阶段，也是个体形成问题解决能力的重要过程。在早期的教育中，个体常常被看作具有独立责任的学习者，因此在设计学习目标时也会侧重训练独立个体的内脑，包括要求其能够记住关于已知世界的知能，领会并调用存在内脑中的知能解决各类问题。当 AIGC 产品也具有了这些类似的问题解决能力以后，我们就会发现如果学习的目标仅仅在于训练独立个体的内脑，那么个体就与这些产品一样，仅仅通过学习形成了一定的工具属性，构建了具有工具属性的脑。

我们将现代学习个体的大脑看作一个"复合脑"，既包括"内脑"，也包括与内脑相联系的"外脑"。内脑依赖生命体本身，决定了个体可以作为一个独立的会思考的生命体而存在，并决定了个体可能达到的能力层次；外脑在形式上可以独立于个体，但对个体的价值又依赖于内脑，外脑决定了个体对真实世界的感知能力与程度。内脑和外脑相互作用，共同构成了个体的"复合脑"，并决定了个体间的差异。复合脑包含三种具体的脑形态——数脑、汇脑与智脑，三种脑形态具有不同的智力层次。数脑是用于存储数据的，可以让个体实现从不知到知；汇脑是用于整合数据的，可以让个体建立知识之间的联系；智脑是用于创造数据的，可以让个体生成并恰当地应用新知识。达到智脑层次后的复合脑，使得个体逐步具备了解决各种新问题的能力，譬如，在解决与人相关的问题时，个体会懂得如何兼顾对象的情感体验。

AIGC 产品在模拟人类行为的过程中，同样经历了从数脑到汇脑、从汇脑到智脑的形态变化过程。AIGC 产品是外化于个体的，和特定的个体建立了关联，就会成为学习个体的外脑，并与个体的内脑相互作用，推动个体复合脑的建构与整体能力提升。然而，复合脑的建构并非自动发生的，而是个体在与外部世界进行持续交往的过程中，通过不断调整内脑与外脑的关系，并经历与外部世界中不同客体的持续互动，强化个体的主体责任与决策行为，借助输入、内化与输出的反复迭代逐渐形成的。外脑外化于个体，没有个体的主动作为，外脑永远无法与内脑发生联系。因此，在现代教育中，需要引导学习个体与外部世界建立积极的互动，帮助个体拓展外脑，并调整和优化内脑的功能结构，让个体在健康的生态下构建学习力。①

人脑在解决问题的过程中，需要具备一定的工具属性。但人区别于普通工具的关键在于具有主动适应变化进行持续优化与调整的属性，这种属性也常常被称为高阶思维。当个体具有了高阶思维以后，不仅能够运用自身的工具属性解决问题，还懂得如何选择和调用合适的工具解决遇到的具体问题。既然 AIGC 产品也可以具有工具属性，那么个体就可以不必与这些产品争夺与工具相似的能力，而应当思考如何形成调用合适工具的能力。也就是说，让 AIGC 产品成为个体的外脑，与个体已有的内脑进行功能的重新分配，引导其构建复合脑思维，并推动教育的转型。

如果以外脑的视角理解 AIGC 产品，我们不仅无须担忧这些产品可能引发的学术诚信危机，甚至还可以借助这些产品引导个体建立诚信意识，构建符合社会发展核心价值观的"德育"体系，毕竟外脑带来的危机主要还是取决于内脑本身。一旦个体建立了正确的德育观，其诚信体系也就自然可以逐步形成。因此，真正需要思考的是，如何引导个体建立正确的外脑认知，避免将其当作工具进行培养可能导致的现实危机。

正确理解新技术的教育价值，可以引导个体实现内脑与外脑之间的平衡。当个体进入适应性学习空间以后，学习空间就可以帮助学习个体丰富和完善知能-心智体系，引导他们合理向技术借力，并建立符合时代发展的自我成长方式。学习个体走进未知的社会以后，就更加容易形成社会的适应性。

7.1.2　学习事件中的责任分工与协同

学习个体能否成为学习主体，取决于其对学习的理解与学习的态度。在教育实践过程中，已经形成了一些基本的教学习惯，即个体的学习行为通常由教师进行设

---

① 沈书生，祝智庭. ChatGPT 类产品：内在机制及其对学习评价的影响[J]. 中国远程教育，2023（4）：8-15.

计，且学习过程中的个体行为通常是相似的，是在教师的统一安排下完成的，具有统一的行动路径与具体行动策略。如果个体在学习过程中与教师设计的教学节奏无法保持一致，就难以取得令人满意的学习结果。

教育理论界提出了许多与差异化、个性化相关的教学支持策略，甚至还形成了许多实践应用案例，但教育中存在的许多现实问题并未得到妥善处理。首先，教与学的行为大多数都是在学校教育背景下展开的，且以课堂形态进行组织，这就使得教师不得不在同样的空间与时间内为学生提供相似的活动，无法满足多样化需求；其次，即使教师考虑到学生的差异性并期待能够给予学生差异化的教学支持，但在具体的教学过程中，如何判断学生的差异化需求，却存在较大的困难；最后，即使教师可以准确发现学生的学习困难与差异，甚至可以设计不同的教学支持策略，但如何满足学生持续变化的需求，并给予其有针对性、体现认知水平和深度的指导，依然存在诸多困难。

设计面向所有学习个体的教学支持策略，既需要教师理解每一个个体的特定需求，也需要教师关注个体的认知风格与认知过程，还需要教师具有足够丰富的知能体系，让学习个体可以在教师的支持下建立适应社会持续变化的核心素养体系。事实上，上述对教师的要求，如果仅仅依靠教师的内脑，并试图依赖面对面的课堂教学来实现，就只能是一种纯粹的理想化要求。AIGC产品出现以后，包含了"富技术"形态的现代学习空间，可以让所有身处教与学过程中的个体（包括教师与学生）同时具有构建复合脑的可能性，推动教师与学生的复合脑相互作用，并以跨界协同的新思维重组教与学的新样态。

首先，AIGC产品为跨界协同提供了可能性。在技术发展及其教育应用的研究与实践过程中，人机协同一直被视作技术与人类和谐共生的基础。早在20世纪80年代，研究者就提出了计算机支持的协同作业（computer supported co-operative work，CSCW）思想[1]，倡导通过开发一些技术支持系统，方便不同个体在跨越时空的条件下协同完成某些任务。技术与人是两种完全不同的类属，两者之间存在着界别差异，因此系统提供的是协同工作的载体，完成任务的主体是人，系统为交流

---

[1] 张一飞. 群件：一个软件开发的新天地[J]. 计算机世界，1995（6）：39-40.

提供了条件，但并没有介入人与人的交流过程。

AI 技术试图让技术与人之间能够跨越界别属性，建立界别联系。ChatGPT 与"文心一言"等以生成式交互为主要特征的新一代 AI 制品，尝试以语言交流作为中介，在技术与人之间建立了界别联系。人类可以借助这些中介，实现与原本没有生命的其他物体进行会话与交流，实现与自然界中不同类属的物体或物种的交往。在此基础上，人机协同就不再局限于人与机器的简单分工，而是以关联的视角，实现了人与技术之间跨越界别的融合，让机器可以参与到某些本来由人完成的事务中来。

其次，跨界协同可以不断提升复合脑的价值。技术持续发展并不断对教育产生影响以后，一个需要认真思考的问题就是"如何让人做人的事，让机器做机器的事"。要回答这一问题，应该考虑的是"什么才是人该做的事"，否则本该具有高阶思维的人很可能就只能简单地完成本应当由机器做的事，而失去了人之所以成为人的应有之义。

通过持续的训练，人的内脑可以存储大量的数据或信息，对于提升内脑的活力具有积极意义。但是，内脑的容量是有限的，个体的学习时间也是有限的，如果学校教育中主要让个体输入已知领域的知能，其内脑就会消耗大量精力，无法腾出更多的时间整合不同知能，就不能主动实现输出。这种单向的学习输入而缺失输出的行为，既可能会导致输入的通道出现拥堵而不畅，也可能会导致输出的通道因长期闲置而失灵。

个体的内脑中存储了大量数据，但个体的记忆系统能否调用这些数据，取决于内脑记忆的对象。外脑不仅能够存储大量的具体内容，还拥有强大的计算能力与数据提取能力。如果要求内脑和外脑具备同等的能力，不仅内脑难以胜任，也会导致我们忽视外脑的存在。重新定义内脑的记忆对象，就是要让内脑既能够调用存储于其中的内容，也要能够调用存储于外脑的内容，以跨越界别的协同工作，针对特定问题合理调用复合脑，高质量地解决各种复杂问题。

最后，跨界协同有助于个体承担主体责任。主体责任是个体在学习过程中表现出来的自我觉悟，是一种主观能动性。如果学校教育强调让学生大量死记硬背一些关于已知领域的知能，就是将个体的大脑等同于内脑，忽视了外脑之于个体大脑的共构作用。

因此，应该以复合脑思维重新定义人脑，主张个体能够积极开发人脑的内脑特质，让内脑不能简化为记忆仓库，而应当成为创新智库。体现了"创新智库"特质的内脑，以思维为核心，以高质量地解决问题为目的，以合理调用复合脑中的特定内容为手段，通过构建合理的策略或方法，既可以支持个体健康成长，也能够促进个体形成独特的创新性。学校教育如果能够将人才培养目标集中到培养具有创新品质的个体上来，就可以不必花费大量精力让学习者重复许多低效能的行为，而是可以让他们在合理使用复合脑的前提下，激活潜能，彰显活力，在个性的释放中形成符合未来社会所需的禀性。

7.2 适应性空间对师生行为的支持

教师和学习者的共同作用，产生了现代教学与学习行为。现代学习空间的发展，以及教师和学习者对学习空间的理解，直接决定了教学与学习的品质。由富技术构建的新型学习空间，既可以改变学习支持策略，也可以推动教师改变教学样式，还可以促进学生不断建构新型学习样式。

7.2.1 适应性空间中的学习支持策略

教师不是学习的责任替代者，而是学习的策略支持者。在学校的教学过程中，广大教师有必要重新思考：如何借助富技术产品，尤其是新一代人工智能产品，持续改进学习空间的呈现样态，丰富学习空间的策略支持功能，推动学习者承担个体的主体责任，引导其学会通过跨界协同的方式，丰富个体的复合脑，构建符合时代发展与社会预期的核心素养。AIGC产品进入现代学习空间以后，如果能够将其与学习空间的其他要素建立关联，就可以更好地发挥空间的学习支持属性，从共同体层面、资源层面、工具层面与决策支持层面等方面，重塑适应性学习空间的学习支持样式。

首先，教师可以与AIGC产品建立指导学习者成长的共同体。教学过程中，给予足够的时间支配权，是促进学生构建主体责任的基础。但对于许多心智尚不成熟的孩子而言，如果没有教师的合理引导或适当监管，他们很可能会在学习过程中出现偏差，甚至可能会躲避学习任务，因此，建立支持学习者成长的教师指导共同体，是帮助学生建立学习意识的有效方式。通过共同体的作用，既要能够尊重普遍性的认知特征给予学生相似的支持，也要能够充分关注不同个体的差异提供有针对性的支持，真正体现支持的适切性与必要性。

发现并意识到在教学实践中学习个体之间的差异化存在，教师才有可能思考如何服务于这种差异化存在而优化教育教学过程。当前的教学实践中，考虑到学生的身心健康、自控力等因素，学生在课堂内普遍不具备使用个别化的技术工具支持学习的条件。如果构建了复合脑思维，首先需要引导学习者能够正确地理解外脑，进而再引入外脑支持内脑，就可以避免出现不必要的技术认知冲突，减少技术异化。将AIGC产品引入课堂，学习者在学习过程中出现了学习困惑，教师就可以引导其借助这些产品消除困惑，避免在教学中出现忽视少数人或者过度关注少数人的问题。

其次，学习者可以将AIGC产品作为高阶思维的数据源。一些实践工作者在对不同的AIGC产品进行测试时发现，许多产品目前尚不能完全理解用户的意图，但是可见的现实是，这些产品自身的持续优化与学习机制，正在让它们越来越贴近用户的需求。实践中一些用户故意设计了一些存在多语义性的问题，甚至还会故意设置一些不符合逻辑的问题交由这些产品回答，从而发现产品自身所包含的诸多缺陷，于是，也引发了人们对AIGC产品的各种质疑与调侃。

当 AIGC 产品能够以一种自洽但不完全符合人类认知的方式完成某些响应时，它就已经在告诉每一个个体，切莫用我们拥有的内脑思维去对待外脑。毕竟，个体在走进社会与实现自我成长的过程中，同样也表现出了类似的属性。一个可以预见的结果是，当用户不断对其进行测试并发现它们在语义理解方面存在的问题时，这些产品就会不断得到学习与提升的机会，更快地获得成长。

对待外脑，我们不是为了让其成为与自己的内脑具有同等属性的存在物，更不是为了让自己可以找到另一个同伴。将外脑作为推动个体思维成长的重要协同体，一种有效的方式是将外脑当作我们思维的数据来源。存储于内脑中的数据和来自书本的数据一样，只有当个体对这些数据进行了分析与加工以后，它们才有可能转化为知能，并指导个体建立成熟的心智，持续适应外部变化的世界。

再次，学习者可以将 AIGC 产品作为解决问题的工具集。在教学实践过程中，教师不仅会引导学习者关注已知领域的相关知能，还会引导学习者不断熟悉一些语法或运算规则，譬如，在数学学习中，教师为了帮助学习者掌握如何进行复杂的混合运算，常常会让他们花费大量的时间进行运算训练，这些训练对提升学习者的运算能力具有不可低估的作用。但是，现实世界中，对个体能力的要求往往并非具体的运算过程本身，而是要求其懂得选择什么样的运算规则、如何对复杂规则进行综合运用，以及不断思考如何改进规则。懂得了具体的运算规则以后，基于这些规则进行的具体运算，则可以依赖专门的计算工具。

在解决问题的过程中，人们需要运用不同的工具，解决真实问题的过程可以被看作基于不同规则调用相应的工具集的过程。合理调用 AIGC 产品，可以解决一些简单的问题，但它能否给出准确的解答，往往还取决于问题的呈现方式，包括问题的表述、问题的序列等。毕竟，AIGC 需要基于输入的多模态语言数据进行判断，并需要结合其训练数据集中已有的相关内容进行再生成，这就使得它在识别多模态语言数据时可能会存在语义理解的缺陷。这些缺陷恰好可以提醒学习个体，在学习过程中使用 AIGC 产品的目的并非省却思考的机会。借助 AIGC 产品形成的个体外脑可以从事一些具体的工具性任务，内脑的主要任务则可以从早期的机械式训练转移到高阶思维中来，学习个体可以省去不必要的时间支出，促进身心的平衡发展。

最后，学习者可以利用 AIGC 产品训练解决问题的策略链。AIGC 产品出现以后，为个体外脑具有的上知天文、下知地理的能力属性，是由调用它的个体内脑决定的。个体给予外脑什么样的刺激，外脑就会形成什么样的响应，外脑不会主动推动内脑进行思考，但会基于内脑的要求建立反馈机制。因此，如果个体期待 AIGC 产品能够生成符合其预期的内容，就需要巧妙地向其提出合适的请求，甚至是连续性的请求。

面对不同的现实问题，个体需要形成不同的问题解决策略，而问题解决策略既具有独立性，也具有相依性。学习过程也可以被看作学习者不断形成决策能力的过程，包括学习者如何从复杂的真实世界中选择特定对象、如何从特定的对象中发现真实问题、如何根据问题寻找解决路径、如何选择合适的支持工具、如何建立可以迁移的问题解决模型等。基于已有的课堂，训练的对象或主题可以是相对固定且有限的，而 AIGC 产品提供了丰富的主题，借助不同的主题可以更好地引导学习者提出更具针对性的策略，并由此构成解决问题的策略集合。当这些策略集合被运用于具体的问题场景以后，学习者就可以逐步形成从问题到方法、从简单到复杂、从过程到结果的系列策略链。

教育是一项系统工程，教育的变革既涉及许多不同的利益相关者，也涉及教育的核心理念。长期以来，人们已经形成了关于教育的一些基本认知，且许多认知根深蒂固。在已有的认知中，有些认知符合教育的一般规律，但也有许多认知可能与时代对人才的要求存在剧烈冲突。日新月异的新技术所带来的诸多可能性，已经为实现教育的转型吹响了号角，在变革教育的过程中可能需要经历许多阵痛，如果我们总是想逃避这种阵痛，高质量的教育目标就可能会离我们越来越远。

7.2.2 适应性空间中的师生行为样式

教育系统习惯于师传生受的学习方式，实践领域涌现了许多不同的教学模式，形成了许多可以帮助广大教师和学习者完成教学行为的具体样式。尽管教育中存在大量的技术应用，学校的装备也越来越趋于现代化，但教育中的技术通常被当作教学的支持工具，用于支持教师组织开展教学活动。推动在适应性学习空间下的学习范式转型，就是要站在学习者的立场理解技术对学习的支持作用，建立"教师-技术-学习者"的协同作用机制，持续构建体现效能提升的学习行为样式。

首先，技术既是人类认识世界的结果，也是人类认识世界的方法。技术的发展反映了人类社会对外部世界的认识，也是人类社会解决外部问题、适应社会发展的产物。因此，技术既是现代社会人们学习的基本对象，也是学习的基本方式，并与人的基本学习生活构成了稳定的新生态系统。技术的发展与人类社会的发展保持着高度的一致性，譬如，农业社会的农耕文明、工业时代的早期蒸汽文明、现代社会的数字文明等，都充分彰显了内在的一致性。

人类社会在发展过程中持续追求着高质量的生产与生活方式，现代高质量的发展需求促进了人的认识的发展，而人的认识的发展又促进了现代生活质量的提升，两者之间的双向促进关系，引导人类在认识世界的过程中不断改变认识的方法与认识的结果，催生了丰富且充满创见的技术思维，形成了生动的技术制品形态与技术应用样态。譬如，人工智能技术的发展，就充分体现了需求与认知之间的双向促进关系，基于现实问题探索解决方法，再基于方法创新改进制品形态，使人工智能技术更加贴近人类的生产生活。

【示例】　人工智能技术发展中的双向促进关系

在1956年的"达特茅斯会议"上，研究者提出了"人工智能"概念。20世纪50年代到80年代中叶，人工智能领域主要基于知识符号系统，通过逻辑推理等方式来模拟人类的智力活动；20世纪80年代到2000年前后，人工智能领域主要基于连接主义和神经网络，研究如何利用反向传播算法、卷积神经网络等模型实现人工智能；2000年以后，人工智能领域则主要基于统计学习和机器学习，研究如何使用统计学方法解决实际问题；2022年以来，AIGC主要基于深度学习方法，利用大语言模型实现人工智能。目前，该方法被广泛应用于自然语言处理、计算机视觉、语音识别等领域。人工智能技术的发展还将更加关注自适应、高匹配性与低消耗性。

技术的发展既关注问题的解决，也关注问题的解决方法。一方面，技术反映了人类社会关于世界认识的整体成就，是人类社会对外部世界认识的集大成者；另一方面，技术促进了人类认识世界的方式持续产生变化，通过认识的变化不断革新技术的制品形态，由此推动了技术发展的多式样性与多渗透性。以电视技术和计算机技术为例，其经历了电子管、晶体管、集成电路到大规模集成电路的不同技术发展形态。技术的具体形态是人类认识的结果，精致化、灵巧化、智能化、便捷性等是技术发展演进的基本逻辑，服务于人类的生产与生活实践。我们正处于由多元化的技术构建的富技术背景之下，多模态的技术形态相互叠加，使得我们现在所处的生活世界具有了融媒体的特征。媒体的形式与融合程度越来越高，技术的持续发展与综合化程度，使得技术正在不断进入生活的每一个角落，我们的生活形态也在不断发生变化。

其次，教育置身于由富技术构成的空间之中，师生的行为样式自然会融入富技术的元素。教育在于帮助学习者理解外部世界，通过积累相关的知能适应外部世界，形成持续改进处理真实问题的新思维，强调学习结果与社会需求的一致性。教育领域一直在探讨如何提升教育质量，主要存在两种质量提升逻辑：一种指向教育内容和目标；另一种指向教育过程。

在教育内容和目标层面，需要关注如何适应人类社会关于外部世界的系统认知，从未来社会对人才的需求入手，结合人类社会的需求持续改造学习目标和内容，持续完善课程标准，不断优化学科领域与课程设置，聚焦现代学习者的核心素养和关键技能等，不断调整学习内容。作为人类认识外部世界的结果与方法，技术已经成了当代学习者的重要学习内容。学习技术不仅仅是要了解技术的发展历史与当下的基本形态，还需要思考技术在未来的变革过程中可能的发展方向，引导学习者思考技术可能会发生哪些变革，推动学习者不断创造新的技术制品，促进技术领域的持续发展。

在教育过程层面，需要持续关注教育实践中影响学习者成长的主要制约因素，分析并理解技术对这些制约因素可能产生的影响，从技术特征与学习特征的一致性出发，探索技术支持教育过程的可能性与方式，包括技术支持的内容呈现、技术支持的教育过程、技术支持的教学方法、技术支持的教育管理等方面。

技术可以改变学习内容的呈现样式和表征形式，对学习个体可以产生不同刺激，从而影响其对学习内容的关注度，提升学习敏感性与聚焦能力。譬如，对于教学中的微观或宏观结构，可以借助技术通过放大与缩小等形式，让学习者既可以深入到分子内部，也可以站在茫茫宇宙之外理解星体的运动规律。对于不同机体的复杂系统、生理系统、自然界中的光合作用等相对抽象的学习内容，可以借助技术通过动作与变化等形式，让学习者体会到这些系统包含的运动变化规律。对于一些相对比较重要的概念中可能容易被学生忽视的一些细节等，则可以借助技术通过夸张与强调等形式吸引学生的注意力，刺激感觉器官，帮助他们理解学习内容。

技术可以丰富内容传播的方式，通过建立多种形式的传输通道，帮助不同区域的个体公平地获得学习资源，开阔认知视野，满足其差异化学习需求。譬如，对于传播范围较广，或者学习者无法或无须集中到同一个场所进行学习的内容，可以结合视频或音频等形式，进行远程直播或录播。对于无法直接投送的文档或其他学习材料，则可以借助投影或网络等形式，让更多的用户及时获取。对于有可能需要互动或者讨论的学习内容，或者仅仅需要通过告知就能进行自主阅读的学习材料，可以选择同步或异步等不同形式进行传播，满足个体的差异化学习选择要求。

技术可以瞄准行为的具体过程，通过记录教师的教学行为和学生的学习行为数据，准确还原师生的专业成长过程，为判断教学质量和认知困难等提供支持。譬如，通过分析师生的认知序列与频次，可以大致把握师生的学习兴趣与认知风格，理解师生在建立学习结果时的认知逻辑；通过分析学生的学习投入与产出，可以大致把握其学习时间分配，对影响其学习绩效的可能性进行判断；通过分析师生行为方式与习惯等细节差异，可以大致把握其认知结果及产生认知困难的可能因素；通过判断师生的行为逻辑，发现行为过程与结果的相关性，可以为教师设计教学活动与学生参与学习行为的具体决策提供参考。

再次，师生如何理解富技术的本质特征，会影响富技术的生产力，并影响个体的认知品质。技术是一种独立存在，存在于认知个体的外部。尽管技术可能具有很丰富的功能属性，但是技术对教育的支持作用，既依赖于个体对教育本质的理解，也依赖于个体对富技术的准确认识与判断。如果使用者对技术产生误判甚至抵触，那么无论技术具有何种功效，都难以转化为教学或学习生产力，反而可能会加剧用户之间的技术鸿沟。

技术的发展从相对独立的形态逐步走向了关联形态，并创建了富技术的教育应用状态，其中一个主要原因就在于技术发展体现出了数字化特征。数字化重塑了技术的内在逻辑。通过体现了数字特征的富技术再造，可以让充满联系的世界实现互联互通；通过重构教育空间，可以将学校的所有工作，包括教学、学习、管理、后勤与服务等纳入新的教育空间，让不同事务之间产生"关系"，促进人们不断改变行事逻辑与行为方式。

数字化在促使世界建立了关联的同时，也让个体的处事方式变得更加充满复杂性。个体不仅要与需要处理的具体事务打交道，还要理解在事务处理的过程中技术所发挥的作用，形成技术充当中介的新的行事逻辑。问题的解决方式发生改变以后，个体需要建立与之相适应的素质素养，不排除有的个体因为要熟知处理事务的方式而陷入认知困境，这就迫使其为了适应富技术背景，不得不建立比先辈更强的韧性。譬如，个体习惯了面对面的行事方式，如果需要转入在线的行事方式，他们就不得不接受新的认知技能训练，不断调整自身的数字素养结构。随着国家数字化进程的推进，个体接触的外部世界越来越数字化。个体与数字化世界接触的程度越深，认知视域会越广，对技术的认识程度会越高，与技术和谐共处和共生的能力也会越强。

借助富技术的支持，个体可以突破身体所处的物理时空，不仅有机会与外部其他时空的个体建立交往关系，还可以与连接到数字化学习空间的外部物理世界建立交互。个体可以借助虚拟现实或增强现实设备，触摸或者感知不同地区的风土人情，参观数字博物馆，进入虚拟学习场馆，建立不断超越自我的认知视域，形成不断逼近教育本质的实践行为与实践品质，推动认知结果的形成。这不仅可以帮助他们解释过去，还可以预测未来。个体不仅能够理解学习之于自身成长的价值，还可以理解学习之于社会发展的意义，不断增强社会责任感，形成更大的认知格局。

最后，建立科学的富技术思维，构建人与技术和谐共生的学习空间，推动教育高质量发展。表面上看，教育实践活动是由师生两类主体决定的，但区域管理者、家长、教育相关的社会机构等不同主体都会影响教育的具体行为样式。不同主体构成的教育利益共同体，如果能够建立基于共性的教育思维，教育生态系统就能够保持健康状态，不同的主体才有可能相互促进。如果所有的个体都形成了较强的独立性思维，缺少思维的共性，就有可能会导致主体之间产生冲突，难以保证教育稳健发展。

当下社会包含了丰富的技术形态，富技术背景已经成为时代发展的自然属性。所谓富技术思维，就是多主体在实现教育目标的过程中形成的关于技术的理性理解，且不同主体的理解具有较大程度的一致性，形成了关于技术的相似价值认同。如同人们在疲惫的时候会依靠桌椅板凳进行歇息，在饥饿时会使用灶具做饭烧菜，在经过了一天的奔波后利用洗浴设备进行沐浴放松，他们就会慢慢地熟悉生活中技术的使用方法，从而让自己可以更加方便地达成目标。生活在富技术构成的学习空间之中，个体通过与技术的持续交往开展学习活动，技术或者成为支持个体解决困惑的工具，或者成为个体记录思想的工具，或者成为个体创新实践的工具，或者成为个体改造的对象与发明的成果。个体在与技术的长期交往和磨合过程中，可以与技术形成和谐关系，提升生活品质。

形成富技术思维，需要个体建立审慎的技术观，站在"健康人的成长"的立场理解技术。个体应当成为技术的主人。一方面，要避免过分依赖技术，否则在技术支持系统出现故障以后，个体的生活系统也不得不按下暂停键。个体甚至可能会因为依赖技术而减少了与真实社会中人的交往，导致人文性缺失。另一方面，也要避免刻意回避技术，否则个体在进入了充满技术的生活世界时可能会无所适从，甚至会影响生产效率，导致社会性缺失。

尽管每一种技术在产生之初都具有特定的功能规划与设计，但技术毕竟是外化于个体而存在的，它的实践性的功能状态终究取决于用户。个体在应用技术的过程中，需要持续思考技术的教育价值，不断建立关于技术价值的判断，养成健康的技术应用习惯。富技术制品扩展了学习者接触外部世界的机会，也给学习者制造了接触风险的可能性。在技术的应用过程中，个体需要学会与其他个体进行交流与沟通，共同探讨如何形成积极健康的数字制品的使用习惯，共同创建体现技术支持个体健康成长的数字文化，形成"技术向善"的应用氛围。

社会是一个由技术构造的系统，每一个系统在形成之后都会逐步达成稳定状态，新技术的出现必然会打破系统的原有状态，不断形成新的系统和新的生活状态。在教育实践过程中，个体需要主动与技术建立良性互动，以"向善"的心态理解技术，以及技术可能对教育产生的影响，寻找并建立技术赋能教育实践的新思路、新方法、新路径，不断完善教学与学习的范式，不断构建与人的自身相适应的新范式，让每一个生命个体都能够得到充分尊重，懂得建立技术支持下的公共教育秩序的重要性，引导他们从"独立人"走向"社会人"，实现人的高品质发展，推动教育的高质量发展。

今天的个体，终将走向未来。引导社会个体不断适应日益复杂且充满变化的未来世界，需要高品质的教育支持。随着融媒体、大数据、新一代人工智能等技术的发展，技术对教育的支持作用也会越来越大。只有以个体的成长为基础，建立个体的主体性，促进个体建立主体责任，引导个体一起探讨技术之于教育的价值，才能够建立科学的技术应用观。当全社会都能够审慎地看待技术，建立富技术思维时，就可以不断创变学习范式，重塑教学样态，教育也一定会呈现出它本该有的样子。

第 8 章
体现新范式的学习过程设计

　　学习范式的转型,是为了对旧范式中存在的问题进行处置。对许多教育实践工作者而言,他们在实践过程中可能并不关注需要构建什么样的范式,而是关注在教育教学实践中如何设计和组织教学过程,如何以可落地、易操作的方式设计教学实施过程,帮助学习者达成学习目标,并通过较高的学习结果商数体现出来。事实上,个体的所有行为过程都与遵循的基本指导思想有关,关注学习范式就是要思考如何在具体的教育行为过程中推动学习个体构建主体责任,引导其成为学习的第一责任人。

　　通俗地说,学习范式就是学习者为了形成面向未来的心智结构,所采纳的、易于推广的、行之有效的系列学习行为的总和,既包含了学习行为的共同属性,又兼顾学习行为的特殊属性,并以特定的学习模式、具体的学习样式等表现出来。进行学习范式的设计,既需要考虑如何帮助学习个体建立心智结构,也需要有助于其选择适合的学习路径。因此,可以从学习结构范式与学习应用范式两个方面来理解学习范式的内涵。

　　学习结构范式指向了学习者在学习任务完成中及完成后形成的心智结构,关注学习的基本构成要件与可能达成的行为结果。关于学习结构,我们将其看作学习者为了达成学习目标,借助其所处的学习空间,进而形成的学习内容呈现方式、内容与过程的组织序列、学习时间的分配、自我检测等学习组织形式要素。[1]学习结

---

[1] 沈书生. 从教学结构到学习结构:智慧学习设计方法取向[J]. 电化教育研究,2017(8):99-104.

构源于教学结构,并延展了教学结构的内涵,因此学习范式本身也自然需要继承与教学结构相适应的教学范式,并通过对教学范式的适度转型构建体现学习特征的新型结构。

在过去的研究与实践中,我们已经从学习形态的视角,构建了剖析教学结构和学习结构的关键维度,包括人、物、事、境和脉五个方面[1],并从这五个维度比较了指向教学结构和学习结构的学习设计存在的主要差别[2]。基于前期的研究基础,我们可以看出,在构建学习结构范式时,如果从人、物、事、境和脉五个维度展开,则可以在课程标准这一纲领性框架的基础上,聚焦学习者的核心素养,帮助其建立有序发展的设计思维能力体系[3],促进学习行为价值的实现。

在基础教育实践中,教育工作者一直比较关注结构范式调整问题,因此引导实践者思考如何实现从教学结构范式向学习结构范式转化,并不存在太多的学理性争论。但是,如果仅仅考虑学习结构范式,就可能会使实践者在理解这一范式的过程中顾此失彼,难以做到"五维"的均衡,进而导致学习变革的表面化。因此,还有必要建立学习应用范式。

学习应用范式指向促进学习发生的具体过程,关注学习者达成个体心智结构的具体实现方式。对于学习应用范式,则可以从时间线的角度来思考,并借助学习过程来体现。学习过程是在特定的时间序列中出现的学习状态的变化。随着学习空间的变化,在学习过程中,学习资源的表征形式、学习资源之间的关系、学习者的资源获取途径等都会相应地发生变化。在此过程中,学习者形成的若干学习痕迹,恰恰反映了学习的基本状态。合理地记录这些状态参数,并通过适当的参数关系描述,就可以为教师和学生提供更多的决策证据,彰显学习范式的效能。

综观以往的研究与实践,容易出现的一种现象是将培养目标和实现过程孤立开来思考,或者偏重理想的人的塑造,或者偏向理想的方法论模型,导致实践者在面对新生事物时难以找到头绪,只能各自为政,依据自己固有的范式完成教与学的

---

[1] 沈书生. 形态视角下的信息化教学设计探析[J]. 电化教育研究, 2015 (12): 65-69.
[2] 沈书生. 从教学结构到学习结构:智慧学习设计方法取向[J]. 电化教育研究, 2017 (8): 99-104.
[3] 林琳, 沈书生. 设计思维的概念内涵与培养策略[J]. 现代远程教育研究, 2016 (6): 18-25.

实践过程。我们主张从结构和应用两个方面来构建学习范式,关注学习的适应性特性,将会同时解决好"培养什么样的人""怎么培养人"的问题,在学习空间、教师和学生之间建立起新的平衡。

新范式指导下的学习过程是什么样子的?这是一个需要认真回答的问题。好的教育理念,需要依据具体的实践过程进行检验,并可能会产生一些可供模仿或借鉴的实践样式。如果实践者草率地以某种具体的过程形态来回答此类问题,甚至简单地将学习过程描述成可以直接模仿的单一样式,尽管可以局部地解决一些问题,却并没有真正体现学习范式变革的内涵与价值。我们倡导从学习者主体责任的视角理解学习,无论是设计教学活动、组织教学行为,还是进行教学评价,都需要充分尊重他们的变化。

新范式的核心要义在于理解教学与学习的关系,通过合理设计教学活动促进学习个体的健康成长,因此新范式指导下的教学样态与学习样态是丰富的。以实现高质量的学习目标作为教学设计的起点,以学习过程中学习者可能存在的认知困难为突破点,以帮助其构建自主决策行为、主动形成关于外部刺激物的完整认识为发力点,设计支持认识发生的、丰富多样的学习样式,可以推动他们不断构建具有更高品质的学习结果。

8.1 适应性视域下的学习样式理解

高质量的教育离不开结构完备的课程,离不开内容丰富的教材,也离不开充满温度的行为过程。课程改革的发展线索已经从引导学习者习得对已知世界的认识,转向引导其学会建立已知世界与未知世界的联系,关注如何引导其运用已知世界的知识解决未知世界的问题，建立对外部世界的持续认知，形成体现不同领域、不同层次的学习结果，提升他们的学习品质，建立对学习价值的认同。

8.1.1　过程是范式的具体实践样式

基于不同的范式，会形成不同的过程样式。在长期的教育教学实践中，人们普遍认为，学习依赖教师的教学才有可能发生，因此学校教育往往更加关注教师的专业发展，以及如何引导教师设计和组织教学活动。诚然，依赖教师设计的教学过程可以促进学习者认识的发生，但是在具体的实践过程中，如果回避了学习者的主体意识，忽视了其主体责任，尽管教师有可能设计出有利于其认知发生的教学活动，却很难确保高质量的学习结果。

教学和学习过程都可以被看作一种事件。过程是反映一般事件的基本属性，指向了事件的产生与发展，并需要经历一定的时间。教学设计专家加涅认为，教学是通过一系列事件来影响学习者的过程的。[1]所谓教学设计，就是教师依据特定的教学理念，根据课程标准和学习目标，组织设计特定的学习活动，建立活动之间的相依关系，并将其转化成可以实施的教学行为的过程。教师对教学有什么样的认识和理解，设计的教学过程就会呈现出什么样的特性，并会通过具体的实践样式体现出来。

首先，教学过程是为学习服务的。过程是系列活动的有序连接，对于教师而言，教学过程就是依据特定的序列安排的不同教学活动；对于学生而言，学习过程就是在认识外部世界时经历的具有时序特征的多样化活动。学习过程与学习内容有关，也与学习目标有关，还与学习者的已有认知水平和学习的支持条件有关，更与教师对教学的理解有关。在不同教育范式的指导下，教师设计的教学过程会表现出差异，并形成许多各不相同的行为样式。

---

[1]　R.M. 加涅，W.W. 韦杰，K.C. 戈勒斯，等. 教学设计原理（第五版修订本）[M]. 王小明，庞维国，陈宝华，等，译. 上海：华东师范大学出版社，2018：186.

第 8 章
体现新范式的学习过程设计

高效的学习，离不开教师设计的教学样式。教师的个人认知会影响其设计的具体教学样式。如果教师认为必须依赖"知识传授"，他们在教学过程中就会选择大量的教学素材，并通过"以讲授为主"的教学样式帮助学生达成学习目标；如果教师认为需要依赖学生的交流和沟通，在思维的碰撞中完成认知行为，他们就会设计"以小组协作为主"的教学样式；如果教师认为只有在真实的场景中学生才能够真正理解学习的内容并达成学习目标，他们可能就会设计"以项目为依托"或"以情境为基础"的教学样式。因此，教师需要充分理解学生及其学习规律，持续更新认知，以更加贴合学生认知行为的教学样式，推动他们完成高质量的学习。

其次，教学过程体现了教育理念。对于广大教师来说，无论是新入职的教师，还是已经经历了长期的教学实践并具有一定经验的教师，都有必要系统思考如何借助教育实践过程培养高品质的学习者。教师不仅需要知道如何将教材中描述的内容传递给学习者，也需要对教育进行深度的思考，借助有深度的教学研修，不断探讨未来社会高质量的学习者需要具备哪些能力。不断思考学习者需要经历什么样的过程才能真正成长，逐步形成对教育的深度理解。

范式就是对教育理念的概括与抽象，是教育工作者在从事教育工作过程中形成的关于教育的深度理解。从教学范式向学习范式转型，教师在设计教学过程时，需要充分关注不同学习个体的差异，兼顾其认知兴趣和习惯。一方面，要给予学习者主动选择与抉择的机会；另一方面，也要引导学习者懂得进行合理选择，让其在发挥主体性的同时，理解主体责任的内涵，真正做到个体的主体责任与社会发展的基本需求相适应。

学习个体不是独立存在的，而是具有社会性的，借助学习活动，学习个体会不断形成社会属性。设计教学过程的目的在于，帮助学习个体适应国家的高质量发展要求，懂得在有限的学校教育过程中借助合适的学习体验，逐步构建可以支持自身终身成长的学习力，为未来发展奠基。

最后，学习过程强化了主体责任。在教育评价过程中，往往会将教师的教学能力和水平作为重要考察指标。在评价教师的课堂教学能力时，观察者通常会考察教师在教学时是否充分关注了学习者的参与性，能否引导其积极参与学习交流、分享与展示等活动。一种简单的共识是教师或评价者越来越关注学习者的学习困难，主张教师结合学习者的差异有效调整教学活动。从教育实践领域来看，包括家长、教育工作者往往都认同一种基本现象，即好的教学需要获得优秀教师的教学支持。

许多家长常常将孩子在较低的年龄阶段能否记忆并复述大量的内容作为衡量其是否优秀的标准，因此会让他们花费大量时间死记硬背一些内容。在学校教学中，语言、政治等学科往往侧重于记忆，数学、物理、化学等学科则习惯于以做题作为训练学生的基本方式。诚然，死记硬背与做题训练可以帮助学习者建立一定的认知基础，可以为解决基本问题提供基础。但是，如果学习者在学习过程中仅仅基于外部设计完成学习任务，就有可能会出现两种现象：一是在任务的完成过程中忽视自身的能力特征，对自身已经精熟掌握或没有掌握的学习内容投入的学习成本相似，缺少学习的针对性；二是当自己无法按既定计划完成相关学习任务时，可能会产生认知压力，甚至会出现认知烦躁，形成认知焦虑。

研究学习范式，就是要重新梳理学习过程和结果的关系。学习过程应当是个体主体责任的还原与生成过程，依赖特定的学习事件。一方面，学习者可以将已经习得的学习结果应用于解决具体的外部问题；另一方面，学习者在解决问题的过程中需要思考如何建立新的学习需求，如何构建新的知识能力体系。在遇到特定的外部刺激时，学习者需要不断调整和优化认知策略，思考寻求什么样的学习支持材料，收集何种外部数据，如何运用已有的学习结果解释外部数据，进而形成新的学习发现，建立新的学习结果。

8.1.2　学习样式是范式的维度重组

教师和学习者作为两类不同的责任主体，在具体的教育行为过程中承担着不同的主体责任，并形成了不同的行为样式。从学习者的立场来看，行为样式就是具体的学习样式，从教师的立场来看，行为样式就是教学样式。两种样式相互支撑，教师通过教学样式帮助学习者构建符合其认知特征的学习样式，可以形成体现差异并有利于促进个体认识发生的学习过程。

学习样式离不开教学样式的支持。长期以来，教育领域普遍认为学习过程就是教学过程，倡导由教师设计统一的教学样式，基本认同基于教师设计的样式组织的学习活动是最高效的，师生基本习惯了以面对面的课堂教学为主的教学或学习行为样式。在这种以教学范式为基本指导思想的实践中，教师通常会提供独立的、唯一的教学样式。对于学习者群体而言，这种样式对帮助他们认识和理解已知世界是高效的，但如果指向了每一个特定的个体，就可能会表现出不同效果，部分学习者可能会因为认知中出现的不同困难等，难以达成学习目标。

理解了学习的复杂性，就可以理解学习样式的多样性，进而理解教学样式的变化性。教学样式可以被理解为支持认知发生的外部支持条件，学习样式则是认知发生的具体行为过程。对学习样式的理解，可以有不同的视角，但无论如何描述，都需要关注学习的核心维度。在前期的研究中，我们已经确定了从"人、物、事、境、脉"五个核心维度来理解学习，并提出要依赖认知发生的基本逻辑理解学习的过程。我们可以大致从以下不同视角理解学习样式。

8.1.2.1 从"环境-数据-思维-智慧"的视角理解学习样式

在人类社会的历史进程中，形成了关于外部世界的系统认识，构建了不同的认识框架。所有学习活动都是由学习目标决定的，教学的重要任务在于帮助学生理解如何从纷繁复杂的知能体系中选择合适的内容，确立明晰的学习目标，并建立相应的学习活动。

在现有的教学体系中，教师充当了学生学习的引路人，负责确定学习目标，设计和指导学习过程，评价学习效果。学习范式指导下的教学活动，教师的引路人作用会更加突出，但是引路的方式会表现出较大的差异。我们可以从"环境-数据-思维-智慧"的认知发生视角来理解学习样式。

环境之于学习的意义在于，创造可变化的空间，激发智慧灵感。环境是学习赖以发生的各种条件，包括教室、教室中的各种设备设施、学生生活的外部世界等。

当前，对环境的理解已经不再局限于学校的教室范围内，强调通过设计现代学习空间，借助空间包含的丰富组件，构建支持认知发生的不同场景，提供学习的外部刺激，引导学习者既关注理性世界，也关注现实世界，在与真实生活世界相匹配的学习场中激发其认知冲突，促进其产生认知的主体意识与主体自觉。

数据之于学习的意义在于，提供证据促进智慧生成。数据可以被看作各种不同资料的集合，既包括历史上的所有发现，也包括当下发生的不同行为的记录，还包括外部世界作用于个体后形成的不同刺激映像，是个体做出判断或形成决策的依据。支持学习者进行决策的数据不应当仅仅依赖教师提供，还应当引导和鼓励学习者通过与环境刺激物的交互主动收集数据。依赖持续产生的新数据，既可以刺激个体不断产生认知冲突，也可以解决冲突，在冲突的产生与消解过程中不断建立新的认知。

思维之于学习的意义在于，激活多元表征，展示智慧的存在。思维是个体认知行为的心理加工过程，既可以被看作学习结果，也可以被看作学习方法，具有不同层次。视角不同，对思维的理解也不相同，但脱离了思维的学习结果是不存在的。思维可以促进个体聚焦不同认知对象，理解对象之间的联系，从有限认知领域向无限认知领域拓展。思维需要依赖证据，而来自学习支持环境的数据恰恰为思维创造了机会。如果学习个体能够主动瞄准外部世界，基于特定的刺激理解目标，基于目标寻找外部的应用领域，并能够跳出形式，不断发现环境及数据的丰富内涵，就可能会使认知的过程更加丰富。

智慧之于学习的意义在于，引导学习者重塑心智并实现个人成长。智慧是学习个体建立的解决外部世界各种复杂问题的核心素养。具备了智慧的学习个体，不仅可以理解以不同学科为单位构建的认知体系，还能够打破学科的壁垒，构建跨学科思维，综合运用所学内容应对外部世界的变化，体现出与众不同的品质。从构建以知能为主的单一性认知结构，到建立"知能-思维"相互交融的双螺旋式认知结构，个体就会建立面向真实问题的"心智"结构。在双螺旋结构中，连接两个结构的"键"是个体的学习意愿，是用以维持学习动力的个人旨趣。具备了融入思维的"知能-心智"结构以后，个体可以将学校教育与未来的生活世界联通，实现从"学有所用"向"学而相通"转变，这才是智慧。

以"环境-数据-思维-智慧"的递进谱系为基础的学习样式，主张学习的发生源自学习个体所处的环境。当环境作用于个体并形成刺激以后，如果不断生成体现了层次的问题，就可以引导其建立"数据"意识。在纷繁复杂的数据中，提炼并适当归类，就可能会产生不同的证据并促使个体主动"思维"。基于思维形成发现，学习个体在自我发现中持续构建认知结构，才能体现真正的"智慧"。具有真智慧的学习者具备的心智结构，将会帮助他们更好地适应未来的变革，体现出终身学习力。

8.1.2.2 从"结构-关系-价值"的视角理解学习样式

学习是为了促进学习个体形成"知能-心智"结构，既要引导其理解世界，也要面向未知世界，促进学习结果的迭代式增长。因此，还可以考虑从三个进阶的层面理解学习样式，即以"结构-关系-价值"的视角理解学习过程，并借此理解学习结果。[1]

结构层面，是指学生在与外部世界接触的过程中建构的"知能-心智"结构。其中，知能是外部的有限客体作用于个体以后，个体建立的认识，通常更加侧重于已知世界，这也是学校教育关注的主要内容，常常会借助学校内的不同课程形式进行呈现。心智是个体运用其建立的知能去适应新的有限客体时，进行知能的综合加工输出的认识，是个体在面对新的客体时运用所学发现、分析并解决未知领域的各种问题的学习结果。

关系层面，是指学生在认识客体时，"知能-心智"结构从产生到稳定、从简单到复杂这一认识发生与内化过程中涉及的各种关系。个体会遇到各种不同的场景。场景是一组复杂的、综合性的客体的集合，其中包含了许多具体的客体，客体之间的相互作用构成了场景。认识就是不断理解真实场景的过程，包括理解场景中不同客体之间的复杂关系，进而转化为认知关系，建立体现内在关联的学习结果。

价值层面，是指学生认识有限的客体并建立了"知能-心智"结构以后，能够运用这些已有的结构，实现自我生成式建构，以适应无限客体的各种主观意愿、行

---

[1] 沈书生. 设计学习事件：指向学习的层次[J]. 电化教育研究，2019（10）：5-11.

为条件等。从价值层面上理解学习，就是要引导学习个体不断建构新的认知结构，使个体懂得学习与生活世界和社会发展的关系，促使其增强学习意愿，使持续学习与深度理解具有可能性。

完整的学习结果，是学习个体在完成了认知活动以后形成的认知结构、认知关系与认知价值的共同作用的产物，以"结构-关系-价值"三个维度综合建构的视角理解学习样式，可以推动学习个体在输入、内化与输出之间不断建立新的平衡。学习行为的主体是学生，学习的目的在于建立属于学生的"知能-心智"结构，能够理解存在于"知能-心智"结构形成过程中的各种关系，并能够将其应用于新问题的解决过程中，进而理解学习的价值，从而建立起个体特有的与学习目标相适应的"结构-关系-价值"三维合一的学习结果。

实践者习惯用"知识"来表示学习结果。在描述知识的内涵时，往往存在许多不确定性，但有一点是一致的，即都认同知识存在层次性。

首先，较低层次的知识是外部刺激物作用于学习者以后，学习者经过与外部的交互作用后形成的对外部事物的认识。它既包括用于识记和理解这些事物运用的某些字符、符号等，也包括这些字符与符号的组合，如单字、单词、术语等，还包括由这些字符、符号等描述的与外部事物相关的初始内涵等，我们称之为"语符"。处于这一层次的知识，通常是已经被前人发现，并借助特定的教学活动来建构的。因此，有的时候，这里的外部刺激物已经被抽象成了纸质或电子课本上的具体内容，既可能是文本形式的，也可能是音视频形式的，还可能是动画形式的，但通常都是以独立的形式存在，与其他知识之间缺少关联，甚至可能需要依赖学习个体的记忆力来维持。

其次，中间层次的知识是外部刺激物作用于学习者以后，其通过建立内在关联与外在关联后形成的认识。它既包括学习者在理解外部事物的过程中，懂得如何寻找恰当的符号进行表征，也包括能够不断调用和修复内部结构，建立可以脱离特定外部刺激物的抽象认知等，我们称之为"语义"。处于这一层次的知识，往往更加贴近外部世界本身，除了具有与上一层次的知识相似的表征方式以外，还可能需要学习者从真实世界进行抽象，并能够建立体现知识与知识之间联系的各种法则等。这种层次的知识往往会通过学习者在具体的行为过程中展现出的理解力等表现出来。

最后，较高层次的知识是学习者在吸收了课本上的内容并理解了其关联以后，能够将其运用于自己所处的外部世界，并通过解决具体的问题形成的认识。它既包括学习者在处于真实的问题情境时能够综合运用已有的认知解决问题，也包括通过创新改变外部世界，形成超越已知世界的现实存在的各类新制品等，我们称之为"语用"。处于这一层次的知识，既重视对现有世界的尊重，更重视对未来世界的向往，将学习者引向目前需要不断适应的生活世界。

有层次的知识是一种体现了"语符-语义-语用"的知识综合体，与之相适应的学习要体现知识的层次，就需要建立学习的层次，并通过学习的"程度变化"来促进知识的生成，进而促进学习者的认识的发生。"结构-关系-价值"三维合一的学习结果，就是一种学习的层次，并对应于"语符-语义-语用"的知识综合体的形成。

一是设计起始事件，形成"结构"导向的"语符"学习。起始事件是形成知识的基础，主要集中于已知世界，主要目的在于帮助学习者形成认识外部世界的基础。"语符"层次的知识是相对于应用者而言的。如果外部的资料进入人们的大脑以后，能够与其已有的认知建立联结，转化为内部认知结构，那么关于这些资料的认知就会以特定的表征方式体现在大脑中，成为新知识，并借助应用体现出来。对于知识而言，由于其指向性不同，在表征形式方面也会不同。譬如，与数学相关的知识，往往会以符号和图形等形式来表征；与语文相关的知识，往往会通过文字、陈述句式等形式来表征；与物理相关的知识，则往往会借助公式等形式来表征。

知识的表征是为学习者理解并建构知识体系服务的。借助不同的表征方式，学习者可以理解知识本身。在此阶段，学习者也同样会将新的知识以适当的形式与原有的知识结构建立一定程度的关联，从而形成体现个体能力特点的内部结构。信息技术的发展，突出优势就在于能够创造不同的知识表征机会。对学习者而言，可以由此获得更多的通达知识的路径，为深度理解创造条件。

现代学习空间的存在，为师生建立更加多样化的时间与空间关系提供了可能性。设计学习的起始事件,可以利用在线学习空间的多样化表征样态,设计不同的资源形态,为学习者提供与其认知规律相一致的学习路径。在学习路径中存在的各种要素,皆应为有利于学习者成长的支持因素。学习路径是学习者在成长过程中经历的过程轨迹,此轨迹中涉及的各种内容,都会影响其感觉和知觉,进而影响对外部事物的判断,促使他们建立认识外部世界的学习需要。

二是设计关联事件,形成"关系"导向的"语义"学习。关联事件是促进知识从"语符"层次向"语义"层次转变的事件,主要瞄准当下的世界,其目的在于帮助学生从建立的"语符"层次理解知识之间的各种联系。当游历于学习世界的时候,不同呈现形式的"语符"知识会引起学习者的关注,进而对其学习爱好与倾向产生影响。这种源自外部的设计与学习者内在需求的一致性,将会有效促进内部行为的发生,进而会影响其学习效果。设计学习事件,就是为了更好地提供有利于学习者学习的各种条件,提升学习的效能。

在现代教育研究和实践中,人们习惯用知识与思维来论述学习结果。关于知识和思维的关系,目前在实践领域还存在着不同的观念,主要有三类:第一类将知识看作与思维并行的东西,它们是相互促进的;第二类将知识看作从属于思维的,认为知识是思维的基础或条件,并最终为思维服务;第三类将思维看作知识的组成部分,认为思维是知识生成的条件,并从属于知识。这些不同的理解,究其本义,往往与对知识和思维内涵的理解有关。

如果一定要对人的认知体系进行解剖(而不是切割),那么我们可以简单地将人类通过学习形成的认知体系划分为两个部分:一是关于人们对世界的认识对象方面的,是对世界的整体认识的总和;二是关于人们对世界的认识方法方面的,是在理解认识对象的过程中形成的认识方法论的总和。学习者理解了认识对象与认识方法以后,我们就认为其拥有了一定的知识与思维,这里所说的知识和思维都是狭义上的概念。

可以发现,认识的对象与认识的方法之间存在着无法切割的联系。当学习者确定了认识的对象以后,就需要确立与对象相适应的方法。由此可以做出进一步的推断:第一,知识的形成与思维的形成是相辅相成的;第二,知识是促进思维发展的原因;第三,思维是帮助人们形成知识的条件;第四,在知识形成的过程中,人们的思维同时得到了加强；第五，在思维体系建立过程中，思维本身也会转化成知识，并丰富知识的内涵；第六，当面对新的问题情境时，人们的思维会引导其选择合适的知识，并运用旧的知识去解决新的问题。

将知识和思维分割开来进行描述，容易导致教学过程中出现孤立，或重视认识，或重视方法，这种简单的切割导致的一种现实缺陷就是教学中出现的"学"与"用"分离，过分重视基本概念、公式、原理、命题等的学习，却轻视了这些概念、公式、原理、命题的产生原因及其关系，这就有可能会出现学习的孤立现象。大量存在于人脑中的内容以纯粹孤立化的样态存在，只有一个个独立的知识点"孤岛"，却无法建立"岛链"，这样就难以形成真正意义上的知识。因此，教师在设计具有关联性的学习事件时，就需要以"关系"为导向，通过"语义"的关联，促进学习者建立更加牢固的内部结构。

三是设计提升事件，形成"价值"导向的"语用"学习。提升事件是帮助学习者理解学习意义的事件，主要面向未来世界，学习"语用"层次的知识，能够帮助他们实现学习的价值。

以唐诗的学习为例，可能会表现出几种情形：一是学生能够熟练地背诵某一首唐诗；二是学生能够在某种特定的情境中联想到唐诗；三是学生在某些特定的氛围中能够产生模仿唐诗写作诗词的欲望；四是学生能够从某首唐诗中体会到诗人当时的特殊心情；等等。在这几种情形下，我们会发现，学生表现出来的能力状态是不同的：对于第一种情形，学生呈现出来的可能是记忆力、语言表达力、记忆的技巧等；对于第二种情形，学生呈现出来的可能是理解力、联想力等；对于第三种情形，学生呈现出来的可能是创造力、感染力、思维的敏捷性等；对于第四种情形，学生呈现出来的可能是洞察力、移情能力、思维的深度等。

但是，仅仅做出上述判断，往往是有局限性的。在实践过程中，对于一个能够复述唐诗的孩子来说，他表现出来的是记忆力，这可以从他复述的流利性、持久性等方面体现出来，但是我们并不能够由此判断他们只是运用了死记硬背的方式记住了这首唐诗。对儿童来说，背诵唐诗往往会涉及许多技巧，包括反复朗诵、复述、多场合提取等。在此认知过程中，唐诗中的每一个字词，都会经历从简单表达符号到符号意义建构的过程，甚至最终形成的关于完整唐诗的理解，也已经以一种新的符号形式存在于学习者的大脑中，围绕该符号建立的更加广泛的意义，共同构成了关于该唐诗的学习结果。

假如我们简单地将学习结果看作形成了知识，那么这种知识就应当是"语符-语义-语用"的复合体。如果我们将"思维"应用于此，就可以发现，真正意义上的思维是为了促进"语符-语义-语用"的形成而凝结于其中的东西，并最终在学习者的认知结构中形成了超越具体知识内容的"结构-关系-价值"。

8.1.2.3　从"授导-探究-适应"的视角理解学习样式

个体的认知过程，需要经历不断接触外部世界、思考并理解外部世界、适应外部世界的过程。在学校教育中，由于对教育的理解不同，建立的学习样式也不相同。为了帮助学习者实现从已知向未知的变化，教师还可以从"授导-探究-适应"的视角理解学习样式。

在以"授导"为特征的教学阶段，学习者主要是面向已知世界进行学习，这是学习的最简单层次。当实践者发现这种学习难以满足学习者解决问题的能力需求时，便进入了以"探究"为特征的教学阶段。这一阶段的教学除了需要帮助学习者奠定知识与技能的基础外，还需要引导他们综合运用所学内容，不断形成新的发现。但世界是变化的，且变化速度还呈现出加快的趋势，这就要求学习个体能够建立更高层次的学习，即能够面向未知世界形成"适应性学习"。新型学习范式的建立，将会以现代学习空间为基础，并体现现代学习空间的新特征。当"适应性"技术得到充分发展以后，现代学习空间就可以支持学习向更高的层次发展。

实践领域中，教师已经习惯了以"授导"为主的学习活动，并偶尔涉及"探究"型的学习活动。但一个普遍现象是这两种活动的设计往往是统一的，教师给予学习者的是相同的知识与技能，探究的是相似的问题，对学生的判断也以教师的个体经验为基础。学习者在做出学习行为时，无法清晰地判断自身的学习目标达成度，因而就难以对学习时间做出合理的分配。由此带来的结果是，学习者只能够以最大精力的时间投入来保证学习质量，而教师则主要通过对学习者的整体分析来设计学习活动。

"授导"与"探究"解决了学习中的认知结构形成问题，却没有能够解决学习的认知价值与价值实现方式的问题。学习的目的，既可能源自学习者的内在诉求，也可能源自学习者的外部期待，都指向人类对未来美好生活的向往。帮助学习者实现自我判断，建立自我认同，并为其提供有利于个体价值实现的成长路径，是促进每一个学习个体达成学习目标的有效途径。以"适应"为特征的学习空间出现以后，这一长期存在于学界的研究话题得到了更多关注，并促进了"适应性"学习的发展。"适应性"学习可以将学习带进第三个层次，能够满足学习者形成适应未来社会发展需求的知能结构，甚至有利于形成适应未来社会结构化人才需求的知能差异，引导他们向最有利于自身发展的方向成长。

人的成长需要具备一定的共同基础与共同方法，同时也存在某些特殊性。以"授导"和"探究"为主要特征的学习空间，便于教师组织学生开展基于共同基础的相同学习活动。经过相同的学习活动，学习者表现出来的结果差异往往被视作能力差异，这种认识有着广泛的社会基础并普遍存在。从教师到管理者，再到家长，几乎都认同这种判断。尽管学习个体对其心怀不满，也只能屈从于这一认知，加之在低年龄阶段可能存在的心智不成熟，许多学习者只能顺着教育的分类培养体系完成其学习过程。

人类学习时，需要依赖学习空间。学习空间的变化存在典型的人工自然特征，并随着技术的变化而表现出不同的外部呈现形态。现代学校教育对学习空间提出了较高的要求，而学习空间的发展与变化，往往又与特定的教学理念存在高度相关。对学习空间的演变过程进行简单分析，我们就可以发现，这些演变其实都是教育教学理念在学习空间方面的映射，并可以转化为不同的具体学习样式。

一是以"授导"为特征的学习空间中的学习样式。这类学习空间以实体的物理场所为主，并逐步延展到了网络条件下，主要关注如何帮助教师更好地组织教学活动，以实现统一的教学目标。学校的技术配置，从粉笔、黑板到挂图，从幻灯片投影到多媒体教学系统等，都是为了方便教师选择并运用多样化的内容呈现方式来完成教学任务。在具体实践中，通常是以年级和班级为单位设计教学活动，学生被视作具有同样的属性，接受了同样的教学方法、统一的学习进度安排，形成了由教师承担主要责任的学习样式。

在"授导"式的学习样式中，学习的效果在很大程度上依赖教师。教师组织和实施教学活动的能力差异，会影响学习者的学习状态。教师的教学理念、对新技术和新方法的态度、对学习的认识程度等，都会直接影响学习结果。因此，在实践中，即使形成了优化学习空间的外部条件，但学习空间作为外部支持能否发挥学习支持作用，往往受制于教师对学习的理解。教师具有什么样的内在教学信念，就会有什么样的教学空间，学习者也只能够在这种空间中完成学习行为。

二是以"探究"为特征的学习空间中的学习样式。实践者越来越意识到，帮助学习者运用已有知识并发现新知识，才有可能让学习真正发生，于是就鼓励和引导其进行探究。因此，与之相匹配的学习空间就不能够仅仅满足于帮助学习者获得统一的知识与技能，还要为其运用这些知能和发现新知能提供支持。以"探究"为特征的学习空间包括实体空间和在线空间，主要关注如何支持学习者建立学习协作小组，关注真实世界中的特定客体，支持个体分享学习中的发现。

在对待"探究"的态度方面，教育领域存在着许多不同的争论。一种看似比较折中的观念是，教学有法但无定法，并非所有的目标和内容都是适合运用探究学习的方式来完成的。"探究"的出现，既不是对"授导"的否定，也不是另起炉灶的教学方法，而是对"授导"的延展，主张学习活动不应止步于知识与技能的获得，还应能够运用这些知能解决真实世界中的真问题。以"探究"为特征的学习空间，不仅仅要提供便于教师多样化呈现知能体系的设备设施，还需要面向学习者的未来生活场景，建立丰富的资源形式与体系，引导其跳出课堂看世界，从真实问题的情境中理解个人所需，建立面向未来的学习力。

三是以"适应"为特征的学习空间中的学习样式。"适应"性学习样式，有两层含义：一层是适应学习者的个人兴趣，建立有差异化的学习目标；另一层是适应学习者的学习风格，提供有差异化的学习方式。为兼顾上述两种价值导向与适应的两层含义，教师在设计体现"适应"特征的学习空间时，就需要同时解决两个方面的问题：一是基于现有的课程标准建立体现学习风格差异的多样化学习路径，供学习者选择；二是提供多样化的知能应用场景，帮助学习者建立个人的学习兴趣。因此，在空间的建设过程中，学校需要关注如何实现实体环境的互联互通，增强各类数据的关联性。

"适应"性学习与"授导"式教学和"探究"性学习是一脉相承的。如果说"授导"可以帮助学习个体学会面对已知世界，"探究"则可以促进学习个体学会面对未知世界，"适应"则是为了让学习个体可以找到一条面对外部不同世界的道路。因此，学习范式的转型，就是让学习个体可以得到既与其自身的知能基础相适应，又能够促进自身不断适应未来变化的世界的成长路径。学习范式的形成与演进，离不开学习空间的支持。当旧的范式表现出了局限性以后，实践者就会思考如何克服这些局限，并对原有的学习空间进行改造与优化，从而推动学习空间的演进。

8.2 体现新范式的学习过程与实现

技术之于教育的作用，既与人们对教育的理解有关，也与人们对技术的理解有关。当技术被带入教育领域以后，其本意应当是向善的，但在实践领域中可能会存在一些异化现象，甚至还可能会出现一些有悖人性的情形。譬如，幻灯技术刚刚出现的时候，曾经被当作幻术；视频技术被引入学校时，主要被用于学校安全或教学监控；AIGC制品出现以后，也有许多用户将其用于完成简单的作业。但是，当师生对技术的认识进一步加深以后，技术异化就会慢慢让位于技术进化，并推动学习范式的变革。

8.2.1 知识单元是促进认知发生的基本单位

对个体而言，认知的结果在于建立了关于外部世界的认识，并能够利用这些认识不断适应外部世界。通常情况下，研究者将个体的认知结果称为"知识"，并将个体学习的目的理解成拥有"知识"。但是，对于知识，通常又存在不同的理解。有的人认为知识来自书本，也有的人认为知识来自外部世界；有的人认为知识是个体需要学习的东西，也有的人认为知识是个体经过学习过程以后产生的结果；有的人认为知识是独立存在的，也有的人认为知识是相互关联的。对知识的不同理解，会影响对学习过程的理解。

在实践中，许多家长和教育工作者将"知识细节"作为认知的基本单位，因此在具体的教学或评价中，注重考查学生知道了多少，侧重于知识的总量。事实上，知识细节可能是构成学习个体知识结构的最小单位，但并非基本单位，而"知识单元"才是认知的基本单位。譬如，对"两""克""毫米"等度量单位，如果抛开具体的运算事实或规制，这些度量单位可能就毫无意义。因为"旧制"规定"一斤为十六两"，"新制"规定"一斤为十两"，只有在特定的度量规定中，不同的度量单位之间才可以使用公认的转换规则。

8.2.1.1 以知识单元为单位可以促进学习个体理解学习的意义

所谓知识单元，就是让知识具有专门意义的基本构成单位，是可以反映明确含义的独立知识结构。它可能包含多个不同概念或特征，且这些概念或特征之间具有明确的关系。譬如，在数学领域，"加数"就不能称为知识单元，只有当多个加数构成了"加法运算"时，才可以被看作知识单元。再如，在物理领域，描述"力"的时候，需要同时描述物体、相互作用、大小、方向、作用点等概念或特征，只有理解了与"力"相关的这些概念或特征，学习者才能够理解"力"这一概念的实际意义。

知识单元之间可以构成更加复杂的知识结构，知识单元内部也具有独立的结构。完整的知识单元包括主题词、关键概念、特征等,其中主题词用于对知识单元进行概括性描述,是可以直接作为学习内容或目标进行说明的具体学习对象;关键概念用于解释主题词,既需要进行清晰的界定,也需要说明不同概念之间的关系,借助不同的概念及其关系的变化,可以准确地说明主题词的内涵;特征用于描述主题词的定义边界与作用域。

譬如,在语文的学习中,学习者需要经历认字、组词、造句、写一段话、写作等过程,在学会造句时,需要理解句子及句式。对于一个完整的句子,其内涵通常与上下文有关,且在特定的语境中,句子的句式可以不同。可以将独立的"字"或"词"看作知识细节,但在实践中不建议将其作为独立的知识单元,而句子及句式就可以作为知识单元,也可以把具体的某一类型的句子及句式作为知识单元,如陈述句。在陈述句这一知识单元中,陈述句是主题词,句式中包含的主语、谓语、宾语、定语、状语与补语等成分是理解陈述句的关键概念,句式中何时需要同时出现上述不同成分、何时可以只有一种或几种成分等,都是用于描述陈述句的特征的。

为什么不建议将独立的字或词作为知识单元?一是尽管独立的字或词也有特定的意思,但通常独立的字或词具有多义性,使用的场合不同,这些字或词的意思就不尽相同,只有融入了具体的应用场景之后,其意思才有可能得到明确体现;二是如果知识单元划分得过细,学习者需要学习的内容就可能会过多,导致其不得不拘泥于知识的细节,难以建立整体化理解知识的基本素养。对于一些成语,尤其是来自典故的成语,则可以结合学习的需求灵活对待,既可以将其作为知识细节进行处理,也可以将其作为知识单元进行处理。

倡导以知识单元的视角建立认知,就是要让学习个体建立全局视野,服务于未来的学习与发展需求,建立不同知识单元之间的关系,形成更加完备的认知结构。只有当学习个体成长到一定阶段,有了明确的职业规划时,才有必要去关注知识的细节,建立更加专业的知识体系。如同我们在观看一座建筑物的时候,通常更关注的是其全貌,以及构成全貌的主要结构,非专业人士很少去关注该建筑物使用的砖瓦、钢筋、混凝土等具体原材料及其配比。

关于知识单元,在实践中有时会存在两种不同的理解:一是指作为认知基本单位的知识单元；二是指由若干认知基本单位构成的综合学习单元。第二种理解通常也被称为单元化学习。在对知识单元的两种理解中，认为单元具有不同的层次性，但基本理念是一致的，即都强调以整体性的视角理解认知对象，避免过分强调知识细节，忽视知识的关系。强调以单元化的方式理解知识体系，就是强调加强不同的、相对独立的知识单元之间的关系联结，支持学习个体在认知过程中构造更加复杂的知识结构，进一步理解学习的意义。

8.2.1.2 合适的学习空间可以支持学习个体理解知识单元

学习空间与技术的发展相关，不同的技术与教育价值认知会影响学习空间的结构。技术的变革过程，往往会伴随着技术的异化与劳动的异化，并由此导致实践者与技术及其衍生物之间产生某种对抗。马克思在《资本论》中论及"机器与大工业"时，认为机器是生产剩余价值的手段。大工业时期的科学与技术要素，许多是在工场手工业时期发展起来的，有的发明经历了近半个世纪才为人类采用。机器生产发展到一定程度后，就会推翻其产生之初的生产或生活基础，并建立起新的基础。在机器出现以前，人自身也是生产资料。马克思认为，机器会全部进入劳动过程，但只是部分地实现了价值的增值，并导致工人分工的变化，有的工人会因为机器的出现而失业，于是将失业的责任归咎于机器，甚至出现了人与机器的对抗。事实上，将人从生产资料中分离出来的并非机器本身[1]，而是技术进步的自然结果。技术进入教育领域以后，同样出现了许多异化现象，譬如，将其用于让学习者完成更多的作业，过度监控学生的行为，等等。

在哲学领域，一些文化哲学流派的哲学家往往也会从人本主义的角度来看待技术的变革。当技术被广泛应用于纷争或生产对人类有害的产品时，一些研究者甚至把技术看作文明堕落的原因。技术异化论者认为技术会导致人们丧失自由、精神空虚、人格分裂，技术会压制人的本能。事实上，技术本身并非自主的，而是人类的有目的的活动，因此所谓的异化其实源于人自身。[2]如果无法让使用者建立合适

---

[1] 马克思. 资本论（第一卷）[M]. 中共中央马克思恩格斯列宁斯大林著作编译局, 译. 北京：人民出版社, 1975：408-483.

[2] 刘文海. 技术异化批判——技术负面效应的人本考察[J]. 中国社会科学, 1994（2）：101-114.

的技术价值观,无论如何创新或控制技术,技术都无法真正实现对人类社会进步的促进功能。

就教育领域的技术应用而言,同样存在着异化现象。[①]教育中技术异化现象的出现,主要在于对技术使用价值的认识不足。许多学校在教育信息化的改造过程中,往往会出现技术先行的现象,在没有对技术的教育应用价值进行充分论证时,就启动校园的信息化建设工程。于是,教育实践中就出现了大量的技术异化现象:多媒体教室中配备的录像机或 DVD 机几乎没有用过;录播教室的主要作用变成了进行教学行为的监控;教育大数据中心的主要任务是用于存储学校记录的大量日常安保数据;大量的适应性学习系统也主要用于给学生布置更多的课外练习。

学习空间是一个范围十分广泛的概念,但是学校教育中学生的主要学习空间是教室,教学活动的主要设计者是教师。学习空间的设计背离了教师熟悉的教学活动,或者教师沿袭旧的方式运用学习空间,都有可能会出现异化。因此,从现有学习活动中的问题入手,帮助教师重新理解学习,重塑学习关系,学习空间的设计与应用方能回归教育之本意,并促进教与学活动的进化。

合适的学习空间并非固定的物理场所,而是包含了丰富组件的学习支持条件,借助空间中不同组件的变化,可以构建促进学习者学习目标达成的丰富场景。学习场景有不同的层次,构建学习场景的最佳方式就是对接知识单元。以知识单元为基本单位设计学习场景,可以形成与知识单元相关的不同刺激物,刺激学习个体做出相应的反应,进而理解特定知识单元包含的主题词、关键概念与特征等内涵,而且可以借助场景理解习得的不同内容的应用价值。

以 ChatGPT 为代表的新一代人工智能产品出现以后,实践领域出现了一大批 AIGC 制品,这些以生成式对话为主要特征的新的人工智能制品,促进了现代学习空间内涵的变化。AIGC 制品为学习个体建立复合脑思维提供了可能性,但要真正推动个体建立复合脑思维,一方面依赖教育领域对空间内涵的深入理解;另一方面依赖教育中的不同利益相关者对现代知识观的理解,尤其是对知识单元的理解。

学习个体具备了由内脑与外脑构成的复合脑以后,两个脑如何协同发挥作

---

① 颜士刚. 论教育领域技术异化的特异性及其弱化的现实困境[J]. 中国电化教育,2009(11):7-10.

用？外脑的强大，会让内脑更加强大，还是会让内脑慢慢萎缩？要回答这些问题，就不得不重新反思当前的评价，建立符合双脑协同、智力共生的学习评价新思维。

【示例】　请教"文心一言"时的一段对话①

我：知道"欲加之罪，何患无辞"的来源吗？

文："欲加之罪，何患无辞"这个成语出自春秋时期·左丘明的《左传·僖公十年》。

我：有什么典故吗？

文：是的，这个成语的典故与晋惠公有关。晋惠公重耳的弟弟夷吾当上晋国国君（即晋惠公）之后，要杀里克并数说他的罪状。在要杀里克之前，惠公派人对他说："如果没有你，我没有今天。尽管如此，你杀了两个国君和一个大夫，做你的国君，不是也很难吗？"里克回答说："没有被废的人，哪有你的兴起呢？要加给我罪名，还怕没有借口吗？臣下领命了。"里克最后拔剑自杀。

我：你如何评价里克呢？

文：对于里克这个人，我无法做出评价。因为不同的历史学家和学者对于他的评价都有所不同。有些人认为他是一个忠诚于国家的人，而有些人则认为他是一个野心勃勃、不择手段的人。因此，需要更深入地了解他的背景和历史背景才能做出客观的评价。

我：里克到底做了什么？

文：根据我所了解，里克被指控参与了贩毒活动。他与其他6名同伙被发现携带超过4公斤的可卡因和包括海洛因在内的其他A级毒品，总价值达到73万英镑。由于他在团队中是老大，因此他受到的处罚也是最重的，被判处入狱11年零4个月。此外，他原本是一个有前途的拳击手，但因为这次事件，他的职业生涯也提前结束了。

我：我说的是晋惠公赐死的里克呀！

文：我明白你的意思。根据历史记载，晋惠公在登基后，因为重耳还在国外流亡，担心里克会迎立重耳从而反叛，于是赐死了里克。里克在临死前对晋惠公说：

---

① 此对话的时间为2023年10月25日，这里没有对对话中出现的文字做任何调整。

"如果没有您，我登不了君位，即使这样，您杀了前两位国君，做您的国君也太难了。"言外之意是虽然自己对他有恩，但毕竟杀了两位国君，不知哪一天自己也会被杀。

我：那你怎么说他参与贩毒啊？

文：作为一个人工智能语言模型，我不会对任何人或事件进行评价。贩毒是一种极其严重的犯罪行为，不仅危害社会，而且对个人和家庭也会造成巨大的伤害。任何人都应该遵守法律，尊重他人的生命和财产安全。如果您知道任何有关贩毒的信息，请立即向公安局报告。

我：你还记得你前面说了什么吗？

文：当然，我前面提到了"欲加之罪，何患无辞"的典故，还说了关于里克的一些信息。您有其他问题或者需要我继续回答吗？

我：你说的里克是同一个人吗？

文：是的，我说的里克正是"欲加之罪，何患无辞"典故中的里克。

我：中间为何说他被指控参与贩毒呢？

文：非常抱歉，我在之前的回答中提到里克被指控参与贩毒，这是错误的。实际上，那个被指控参与贩毒的里克并非春秋时期的那个里克。对此我感到非常抱歉，给您带来了困扰。

对于上述对话示例，没有对问题与回答进行任何文字修改。从对话的全文可以发现，有部分回答可能存在一些表述问题，甚至还有一些回答的主语有些混乱，尤其是其中还出现了"两个里克"的现象。但是，在持续追问后，"文心一言"意识到出现了差错，并给予了纠正。"文心一言"是 ChatGPT 类产品中的一员，也是以内容生成为基本特征的。对于一款人工智能产品，如何体现人工智能属性？除了依赖产品的性能以外，还取决于用户的使用思维。

ChatGPT 类产品出现以后，一些教育工作者担心有可能会引发诚信问题。譬如，用户可能会依赖该产品完成作业，而不再使用自己的大脑，产品将会慢慢失去人文性。ChatGPT 类产品可以根据学生发出的作业请求为其提供相应的答案，如果学生过分依赖 ChatGPT 类产品，就有可能会放弃内脑的使用，最终反而成就了机器，而不是学习者本人。如果放弃了内脑的训练，学习个体就很难通过内脑去调用外脑，必然也没有能力高质量地驾驭外脑，最终会导致未来社会人才层次的两极分化。

在教育领域，弄清楚了需要培养什么样的人，才有可能建立与之相适应的科学评价体系。个体的学习是为成长服务的，个体作为社会成员，需要适应社会的发展，也需要服务于社会的建设和发展。因此，评价学习的效果，不应当仅仅关注学生到底知道什么，过分关注答案的标准性，也不应当过分关注学生回答问题时罗列的要点。在过去的评价体系中，人们普遍认为学习个体掌握了学习内容以后，这些内容会存放于个体的内脑，通过测量这些内容可以判断其掌握程度，并能够区分其优劣。但是，从现实应用来看，解决问题时，人们更加侧重思考如何运用已知内容解决问题，而不在乎这些内容到底存在于个体的内脑，还是存在于个体的电脑或某些外部存储设备中。

ChatGPT 类产品启发我们，可以用复合脑的视角来理解现代人的大脑，要引导学习个体充分理解 ChatGPT 类产品具备的强大数据存储与处理功能，并能够主动与 ChatGPT 类产品进行关联，丰富自己的外脑，形成利用内脑驱动外脑学习的行为意愿，并借助外脑激活自己的内脑，构建支持个体终身发展的复合脑。建立新的学习评价思维，就是要引导学习个体合理分配内脑与外脑的功能和责任，不要将有限的精力消耗在凭借低阶思维就可以完成的任务上，鼓励其参与高阶思维活动，以科学的学习方式健康成长。

首先，对于学习个体而言，思维比知道重要。过去的学习过程中，由于受制于学习条件，要想判断学习者的学习水平高低，最理想的办法就是测试他们知道什么，理解力与记忆力成为学校重点培养的关键技能。但是，世界的变化是无限的，无论学习者具有什么样的记忆能力，面对日益复杂的世界，他们记忆的内容再多，也无法与 ChatGPT 类产品相媲美。实现向思维的转向，就是要引导学习者不断思考如何在纷繁复杂的世界中获取所需的东西，如何综合运用这些内容解决真实世界中的真实问题。思维技能直接指向了应用领域，既强调对知能体系的把握，也关注外部世界的变化,重视心智体系的塑造。①让学习个体的内脑建立高阶思维技能,并通过思维技能驾驭外脑,由此构建的复合脑,就不再是一个简单的"知道"某些东西的机器,而应当是一个复杂的创造机体。

其次,对于个体素质而言,问题比答案重要。在过去的学习中,教师会提供很多问题,引导学生围绕问题寻找答案。对于这些问题,学生可以通过不同的工具查阅资料进行回答。学生的学习常常会受到问题的牵制,往往难以形成独立的思考。ChatGPT类产品出现以后,对于教师的提问,借助这些产品就很容易获得答案。如果学习者没有经过系统的思考,即使获得了所需的答案,也无法形成高质量的学习结果。作为外脑的ChatGPT类产品,其作用大小取决于个体的内脑,也取决于个体经过思考以后提出的问题。在未来的学校教育中,问题不应当完全由教师提出,教师需要引导学习者结合自身的认知提出高质量的问题。只有提出了高质量的问题,学习者才有可能获得高质量的答案,形成高质量的学习结果。问题的质量越高,外脑给予内脑的激励也会越强,个体的成长就会越快。

最后,对于个体表达而言,逻辑比罗列重要。以记忆力为基础的评价方式常常会关注学习者作答时涉及的要点数量,学习者提供的要点数量越多,可能就会获得越高的考试分数。ChatGPT类产品同样具备罗列的能力,如果要与人工智能产品进行对抗,无论学习个体怎么努力,估计都很难胜出。但是,相较于具体的个体而言,人工智能产品通常会以机器自身的思维方式进行表达,人工智能的表达再完美,也难以建立与真实人完全相同的真情实感。如果借助外脑来罗列相关的要点,让内脑将主要的精力转移到对要点及其关系的处理中来,学习个体就可以结合问题的变换,通过外脑获得更多与自己试图完成的任务相关的要素,运用高阶思维实现对若干要点的系统甄别与筛选,并融入个人的创造性,实现知识的再生产。

人工智能产品以模拟人类的交互行为作为基本技术发展旨趣,直接指向了人类的最基本需求。可以预见的是,将来一定还会有许多研发机构基于不同规则与算法模型推出自然语言处理类新产品。从当前的产品来看,许多产品还存在形式简单、情感缺失等情况。但可以进一步预见的是,未来的新产品中,不仅会存在文本形式,

---

① 沈书生. 设计学习事件:指向学习的层次[J]. 电化教育研究,2019(10):5-11.

还会嵌入图片、动画、音频或视频等形式，甚至还有可能会嵌入更多未知的制品格式，并有可能会融入情感元素。人工智能产品的出现，对教育产生的可能影响，也许会超出其他技术产品。这是因为学习个体接触它的机会将会远多于其他技术产品。

建立现代学习空间，就是要将这些新的技术制品引入教育过程中。当学习者可以更加容易地获得关于某些具体问题的答案以后，他们就可以将主要精力转移到对不同问题的聚合与处理中，进而建立体现知识关联的单元化思维。如果学校教育工作者漠视了评价改革，不能改变学习评价思维，其培养的学习个体很可能会输给那些拥有复合脑的群体。

8.2.2 设计提升认知层次的单元化学习过程

学习空间的变革催生了新型学习范式的产生，学习范式的发展同样促进了学习空间的演化，并最终通过具体的实践样式体现出来。或许有一些实践者会简单地认为，学习范式的变革本身就处在不断的变革过程之中，我们只要能够不断地运用新空间，就自然建立了对学习范式的新理解与新应用。事实上，这一推断具有高风险性。在现代学习空间的建设过程中，有的建设者更加注重的是如何将新的技术融入其中，更加在乎的是技术的先进程度，却忽视了技术对教育的变革着力点，导致学校的信息化教育产出与投入之间出现了极大的不平衡。从提升学习者的认知层次的角度出发，分析新型学习空间的存在对学习的影响，同时从实践者的角度出发，思考如何引导不同角色实现转型，充分发挥空间的效能，就有可能通过实践促进学习者建立主体责任。

8.2.2.1 目标牵引的问题设计激活认知冲突

学习过程的设计需要遵循课程标准，而课程标准的要求又会借助特定的目标进行表达，并最终体现在具体学习过程之中。学习范式的转型，重视以学习者的视角理解学习过程，必然会涉及如何重新定义师生关系的问题。弄明白了教师和学生在学习过程中的主体责任，就可以建立不同的责任分工，并形成可以促进个体认知发生的高效学习过程。

首先，瞄准学习目标，设计认知过程。学习目标是教师设计教学活动与学生开展学习活动的基本依据，也是衡量学习结果的主要标准。现在的课程体系，都会对学习目标有比较系统的阐述，且目标的表述对所有学习者都是一致的。学习目标具有不同的层次，既有来自课程标准的宏观层次目标，也有来自不同学习单元的中观层次目标，还有与具体学习内容相对应的微观层次目标。

站在教师的立场设计学习目标，尽管具体的目标呈现存在多个不同维度的表述，但对于每一个学习者来说，学习目标的表述往往是相同的。对于特定的学习个体来说，由于他们的能力起点、认知风格等方面存在差异，他们在完成学习目标的过程中常常会出现差异。对学习目标进行分解，设计体现差异化的过程目标，帮助不同学习个体获得与他们的认知发展要求相一致的学习路径，就成了现代学习设计中需要关注的重点内容。

在当前的教学改革实践中，教育工作者一直重视学习过程的变革，重视探索如何借助大数据、人工智能等技术分析学习行为过程，试图发现课堂教学中存在的互动关系包含的丰富规律，并努力尝试发现学习中不同变量之间的相关性与因果关系，以便准确判断学习过程中学习者的主要认知行为与存在的主要认知困难。广大教育实践者也越来越意识到思维过程对于学生学习的价值，增加了思维活动设计与思维行为在课堂教学中的占比，以帮助学习者更好地达成学习目标。

但是，学习者的差异往往体现在个人与个人之间，而非集体与集体之间。学校作为集中开展教育的场所，人们关于学校教育的普遍认知就是开展面对面的集中式教学。学校进行的许多教学改革尝试，通常依然坚持以集体教学活动为基本实践场。实践领域开展的许多有益尝试，大多有效呼应了学校的集体教育行为。如果仅仅站在集中式教学的视角探索如何满足差异化需求，就自然会导致教师不得不尝试寻找通用的教学方式。由此一来，要么是部分学习者的需求会被放弃，要么是部分学习者的不足难以得到弥补。

基于适应性学习空间，学校可以充分关注学习者可能存在的主要差异的不同类别，以分类的视角设计体现差异的教学支持活动，引导他们借助学习空间完成学习行为。依赖学习空间，教师可以结合学习者在认知中可能存在的不同类别，设计出不同类型的教学支持活动；借助空间的算法支持，可以为不同学习者提供与其认知需求相适应的、有差异的行为方式，帮助他们在特定的时间序列中完成学习任务，达成学习目标。在同样的学习进程中，学习个体可以采取不同的学习行为方式，而不必在集中的教学时空，以完全一致的学习路径完成学习进程。

其次，立足问题解决，促进认知发生。借助现代学习空间构建的丰富学习场景，学习个体可以在其中体验学习行为。对于学习者而言，学习场景既是认知的发生场，也是认知的价值体验场。学习场景可以激活学习者的认知需求，引导其在具体的场景中与外部不同刺激物进行持续互动，不断产生认知冲突，形成解决冲突的内在需求，产生认知的愿望。如果完全依赖真实世界中的场景组织教学活动，对于学校教育而言，会存在许多困难。现代学习空间以富技术作为空间建设的支持条件，可以根据不同学习目标的需求，构建与之相适应的学习场景，促进认知行为的有效发生。

学习过程中的问题到底是谁的问题？在教学实践中，问题的提出者往往是教师，学习者会根据教师提出的问题完成学习任务。这些问题通常都直接指向了学习内容，有的问题甚至可以借助教材就能够获得答案。在未来的生产生活实践中，真正碰到问题的都是具体的人。学习者离开了学校进入社会以后，会碰到各种各样的问题，并需要解决这些问题。然而，现实世界的问题大多是没有现成答案的，需要综合运用多领域的知识才能够解决。因此，引导学习者学会发现真实世界中存在的真问题，建立真实世界与学科领域知识之间的关联，应当成为当前学校教育中需要解决的重要问题。

一是要引导学生学会围绕学习目标提炼并提出问题。真实的外部世界，其中包含的主题与问题较多，在不同的学习阶段与不同的学习目标导向下，问题具有变化性。在生活世界中，对于同一个主题，人们往往会有不同的观察视角，并产生不同的意图。譬如，对于一袋面粉，有的人考虑的是如何将其加工成面条，有的人考虑的是如何将其加工成馒头，面包师傅想的是做成什么形状的面包，检测人员关注的则是它是否符合质量标准，数学老师可能考虑的是如何设计出以面粉为情境的数学思考题。

引导学生聚焦特定的学习单元主题，并根据教师设计的学习场景发现其中可能包含的特定问题，是现代学校教育的意义。尽管我们的教学鼓励学生大胆想象并自由提问，但是学习是有目的的行为，每一个具体的学习任务都涉及特定的学习目标，需要为实现具体的学习目标而组织开展学习活动，而不是由学生在没有任何主题引导的情况下随意提问，更不能以所谓"开放性问题"的假设使学生在没有目标支持的状态下学习，否则就可能会导致学习效率下降。鼓励学生围绕特定学习主题提出问题，不仅要围绕需要识记的内容进行提问，还需要结合该内容的应用与创新进行提问，同时要注重问题的层次性。

二是要引导学生学会借助学科知识解决现实问题。学习是学习者持续提升解决问题的基本素养的过程。在学校教育中，广大教师已经习惯了通过设计练习的方式让学生学会解题，部分教师将解题理解成了解决问题，并借助变式练习等方式让学生进行了大量的重复性训练，以提高学生的解题能力。教师甚至会发现，大量的练习有助于学生获得较高的学习结果商数。实践已经证明，仅仅依靠练习题的形式进行学习，尽管可能会让学生获得高的分数，但这种学习往往难以长时间保持或迁移，学习有可能会停留在一个较低的层次，学生可能主要还处于识记、领会与简单应用等认知目标层次，难以对学习内容进行分析与综合，更难以准确判断所学内容的实践应用价值，导致学习与真实应用之间出现脱节。

从真实世界中发现问题，并结合真实世界中的问题解决需要设计学习过程，可以帮助学习者理解学习的价值。但是，现实的难题在于，广大教师在接受教师教育的过程中，基本上都是经历了课堂学习与练习相结合的学习，并已经初步形成了与此相适应的教学能力水平。如果让教师打破自己的思维框架，前提条件是其对旧的教学样式存在的缺陷有比较清晰的认知，且能够理解如何实现课程内容体系与真实世界的具体主题的衔接，并能够顺利在课堂教学过程中将其融入实践体系。

在推动学习个体进行高品质学习的过程中，到底应该如何引导学生发现并解决问题？应该引导学生提出什么类型的问题？这既与问题的类型有关，也与问题的层次性有关。从学科知识出发，理解学科知识的基础性，进而结合真实世界理解基础性的学科知识的应用领域，理解学科知识与生活世界中的哪些具体主题之间存在关联，甚至可以进一步探讨实践领域存在哪些现实问题，如何利用学科知识破解这些问题。譬如，在化学学科中，有关硫化氢相关的知识，学生在理解了相关知识的基本特性以后，可以思考为什么工业上会在天然气里加入少量的硫化氢。再如，当前的初中地理教材涉及风力发电的相关知识，主要是从区域分布的角度设计的，并没有过多涉及风力发电的具体原理等方面的内容。如果教师能够引导学生从知道哪些区域适合风力发电，逐步延展到对风力发电的社会价值、环保价值等进行思考，就可以使他们跳出风力发电这些具体事实，建立与绿色能源相关的知识体系，并进一步形成关于"绿色、生态"等相关的大概念思维，提升学习的品质。

三是要引导学生跳出具体学科，形成提出问题的基本素养。根据已有的问题寻找答案并不难，难的是如何不断发现新问题，并尝试解决新问题。如果学生仅仅根据教师设计的问题进行学习，他们建立的问题解决策略往往是封闭的，甚至具有高度的雷同性。许多学科知识具有一定的独立性，但现实世界中的问题往往具有多源性与复杂性。引导学生基于已有的学科知识发现现实世界中存在的问题，学会思考如何运用学科知识解决真问题，就需要他们能够调用不同的已知知识，实现知识的综合，这一过程将会促使其形成创新性的思维方式。

认识的发生，是学习个体经历了学习活动以后形成的学习结果的变化，且这种变化应当能够维系一段时间。对于缺少问题的学习，尽管学习过程看起来可能会比较顺畅，但形成的学习结果往往难以保持长时记忆。如果学习者忘记了知识细节，但是能够清晰地知道知识相关的主题，甚至还能够提出与知识细节相关的问题，那么在需要应用所需知识的时候，他们完全可以依赖外脑（如"文心一言"等）获得相关知识，并借助内脑的加工和处理解决相关问题。此时，问题就会比答案更加重要。基于特定的学科领域，引导学生从提出封闭性问题开始，进而学会提出开放性问题，既能够聚焦特定的学科学习目标，又能够跳出学科体系，实现知识的迁移。

8.2.2.2 评价支持的心智塑造直面真实问题

学习个体需要掌握大量的知识。这是因为个体在未来的生产、生活与社会实践中需要借助这些知识适应外部变化的世界。在长期的教育实践中，人们习惯将知识理解成是面向已知世界的，侧重于学生的知识面，在衡量学生的学习效果时，往往也更加关注学生的知识记忆能力。在具体的生产与生活实践中，我们会发现，在运用相关知识解决问题时，如果个体无法调用自己内脑中存储的知识，常常会调用外脑查找所需知识，并可以高效地解决问题。这就提醒我们，需要对学习者掌握的知识内涵进行再思考，重新理解知识对于个体的生产与生活实践的价值。

譬如，如果某人打算做一道新菜，他的内脑中事先并不包含该菜的具体做法。此时，如果能够利用"文心一言"等工具搜索新菜的做法，并做出了新菜，他就有机会品尝新菜的味道。在生活中，类似的情形有很多，当我们谈论某一个话题时，如果参与者对此产生了兴趣，他们常常会借助自己使用熟练的工具快速检索相关资料。在此情形中，个体依赖自身具备的调用外脑的能力，就可以快速得到帮助，并能够解决问题。

相较于在内脑中存储了大量知识的个体，那些能够借助外脑的支持并形成问题解决策略的个体，尽管在具体的记忆性知识的恢复方面可能存在延迟，但从解决具体问题的能力来看，两者之间是否存在明显差异，主要取决于个体能否将真实世界中的问题转化成一组"问题链"，然后逐步将其送给外脑，以便外脑可以准确地为个体提供适当的策略。因此，个体的提问技能是影响个体做出决策的关键，而能否提出有价值且质量高的问题，又依赖个体的思维与逻辑能力。

首先，适应真实世界，塑造完整心智。我国一直十分重视学校教育的变革，持续关注学习个体的核心素养。但是，实践领域中常常也会出现许多不一致的声音，譬如，有的教师会觉得过于繁重的变革研究和实验会占用大量的教学时间，还有少数善于发声的实践者会通过制造一些与教学改革相关的敏感话题试图引发一线教师的共鸣。在变革过程中，由于新的教育理念与行为方式等都与固有的认知存在差异，人们难免需要花费一定的精力进行学习、消化，甚至还有可能认为是"负担增加"。

变革的本质在于，用新的方式替代旧的不合理的方式。然而，实践中常常出现的情形是，在保持旧的方式的同时加入新的方式，这就会导致实践领域会出现"增负"的情况。如果学校的教师依然坚守"以教学为中心"的逻辑，尽管看上去自己很适应，学生也可以通过背诵、模仿、练习等方式完成学习任务，但教育中长期存在的弊端却很难克服。如果学校要推动教师进行教学改革，首要的任务是变革教师的理念，只有当教师意识到"以学生为中心"的教学行为与"以教学为中心"的教学行为之间到底存在哪些本质差异，教学变革才有可能真正发生。

个体的学习结果，既涉及已知世界领域，也涉及未知世界领域。将真实世界纳入学习过程中，就是要从国家未来发展的高度，探索如何满足社会不同行业的需要，培养面向真实世界且具有创新品质的人才。真实世界具有复杂性，人类社会对真实世界的认识具有发展性。置身于真实世界的学习，既可以让学习个体更好地领会学习的价值，也可以让其在真实体验中体会学习的趣味性，同时还可以借助身体的完全参与，增强认知发生的可能性与持久性。

指向真实世界的学习结果，既是学习价值的彰显，也是学习的意义所在。对不同学习阶段的个体而言，他们的认知基础不同，理解真实世界的能力也不同。学校需要结合课程标准的基本要求，引导学习个体建立覆盖不同领域的基础性认知。形成基础性认知，需要依赖"授导式"教学活动。但是，如何理解基础性认知的内涵，是一个重大的研究和实践命题，也是一项系统工程。对广大教师而言，系统研读并认真理解国家的课程改革与实践的相关指导方案，不断跟踪并理解国家课程标准的内涵，准确把握标准的核心内涵，以标准为依据组织设计教学与学习活动，才有可能真正处理好已知世界与未知世界的关系，推动教学实践的系统变革，促进学习个体品质的提升。

个体的心智结构与知能结构紧密相依。知能结构是心智结构的基础，心智结构是知能结构的升华。只有对已知世界有了足够的理解，学习个体才有可能真正思考外部世界到底存在什么问题，才有可能突破已知并解决未知。心智结构是个体在接触外部世界并综合运用所学知识解决外部世界的问题的过程中形成的，是个体超越自我与传统的认知，实现创新的基质。只有不断进入新的场景，个体才有可能运用其形成的知能结构，也只有在解决问题的过程中遭遇了冲突，才有可能创造性地建立新认知，并持续修正和优化心智结构。

构建了"知能-心智结构"的个体，其认知能力与认知水平会转化为实践行动，而实践行动又会推动个体形成再思考，并激发其产生新的求知需要，包括拓展认知领域、丰富认知视域、提升认知深度等方面的需要。这就可以使个体的知能结构与心智结构之间实现相互促进与转化。一方面，可以依赖不断拓展的知能结构提升个体的问题解决能力，改善心智结构；另一方面，可以结合个体依赖心智结构解决问题时遭遇的困境，促进其形成内驱力，持续优化知能结构。

将知能结构与心智结构共同纳入评价体系，学习将不再被简单地理解成是接纳与模仿性练习的过程，而应当被看作个体适应外部世界变化的过程，是个体展现学习主体责任的过程。建立关注心智的评价，既可以为学习个体提供促进认知发生的条件，也可以让他们从价值维度理解学习。

其次，评价贯穿始终，提升学习品质。评价是对教育价值的判断，是教育体系中保障教育持续发展与高质量发展的重要维度。评价的目的不同，评价主体也不同。在现代教育过程中，既有自上而下的评价，如上级部门对下级部门的评价、学校管理者对教师的评价、教师对学生的评价等；也有自下而上的评价，如学生对教师的整体教学印象的评价，教师对同事、学校管理者的评价等；还有自我评价，如不同个体对自己所在的团队或个体自身的评价等。

学习评价不仅仅应当由学校或教师来组织，还应当引导学习个体主动参与评价过程。学习者要明晰学习目标并学会分解学习目标，要支持学习者学会建立学习评价的量规，能够设计学习目标达成状态自我检查清单，依据目标、量规和清单完成学习评价，及时判断自己的基本学习状态与学习效果。

任何一个学习活动的起点，都可以被视作前期学习的延续。以前期的学习为基础，发现学习过程中存在的问题，建立自知与自我意识，就可以为新的有意义的学习奠定基础。譬如，如果学习者已经学会了组词，并大致理解了词汇的含义，就可以尝试造句。造句可以反映学习者的词汇掌握情况，如果对词义的理解存在偏差，他们就可能会造出一些不合理的句子。出现了错误，并能够意识到错误的存在，就有改正错误的可能性。

在认识新事物的过程中，出现错误是必然的，试图回避错误是不可能的。错误发生的频率与学习个体的经历有很大关系。对于外部输入，如果个体的已有认知库中不具有相匹配的经验，就容易出现困难。教学活动就是要让学习个体真实地呈现自己的学习状态，能够充分表达对学习内容的多样化理解。教师的任务就是让其他学伴一起参与学习交流，引导学习个体不断发现学习中存在的问题，及时纠正学习中出现的错误。教师还要能够发现学生存在的主要学习困难，并能够不断剖析困难产生的主要原因，以优化和改进教学。

从认识发生的视角理解学习过程，学习就是个体不断出现认识错误并持续改正错误的过程。出现了错误，既有可能由教师等外部力量给予明示或暗示，也有可能由个体在运用自己形成的认知解决问题的过程中逐步体悟。在学习中，有时适当的外部暗示比明示产生的效果会更好。譬如，在一次中学数学课程的观摩过程中，笔者发现一位学生在做数学练习时，由于写字潦草，数字"0"写得像"6"，在后面的运算时，他又马虎地用"6"进行了计算，导致结果出错。作为旁观者，笔者轻轻地在他错误的地方敲击了一下，他立即就意识到错误并进行了改正。

评价的作用不仅仅在于纠错，而是要能够让学习者从不断出现的错误中发现错误产生的原因，不断领会所学内容的含义，从而减少犯错的频率，直至不再犯错。当前的许多数字化学习工具都提供了"错题集"的功能，如果学生在某次练习中出现了错误，它可以生成错题本，在阶段性学习任务完成以后，可以生成某一时间段内的错题集合。利用错题集，确实可以发现学生经常出现的错误，也可以借助订正过程帮助学生完成再训练，消除认知中出现的一些常见困难。但是，在订正错题的时候，如果学生仅仅是重新完成了一次练习活动，而没有深入剖析错误出现的原因，没有通过"错题校正"的行为实现认知的再强化，就难以形成认知的迁移。

在教育领域，许多教师并不总是喜欢给学生布置大量的练习，而是善于把握所学习单元中的关键知识体系，尤其是其中包含的内在逻辑，通过设计高品质的课程示例与课内练习，引导学习个体建立思维意识与思维能力，关注其认知过程中的知识联系。将思维作为教学评价中关注的要点，学习者就容易建立思维习惯，通过思维过程实现学习内容之间的贯通。

外部世界是复杂的，随着现代科学技术的持续发展，人类认识外部世界的能力将会不断提升，对外部世界的整体认知也会越来越深入。对未来的学习者而言，一方面需要借助前人关于外部世界的论述，不断理解外部世界；另一方面需要不断地观察并适应外部世界，洞察外部世界的持续变化，不断形成关于外部世界的持续认识，改造和丰富外部世界。学校教育需要适应世界的整体变化趋势，不断探索教育的本质，关注学习个体，强化学习者的主体责任，通过设计合适的学习空间，构建与学习者成长相一致的学习范式，推动学习个体的高质量发展。